ALTE ABENTEUERLICHE REISEBERICHTE

Kronprinz Rudolf von Österreich im Jahr seiner Orientreise 1881
© *IMAGNO/Austrian Archives*

KRONPRINZ RUDOLF VON ÖSTERREICH

ZU TEMPELN UND PYRAMIDEN

MEINE ORIENTREISE

1 8 8 1

Herausgegeben von

Heinrich Pleticha

Mit 48 zeitgenössischen Stichen

EDITION ERDMANN

Kronprinz Rudolf von Österreich
Zu Tempeln und Pyramiden – Meine Orientreise 1881
ISBN 3-86503-023-8

Umschlaggestaltung: Roman Lang, Stuttgart
Umschlagtypografie: Michael Kimmerle, Stuttgart
Satz und Reproduktionen:
Rund ums Buch – Rudi Kern, Kirchheim/Teck
Schrift: 9 Berthold Garamond
Druck und Bindung: Friedrich Pustet, Regensburg
© 2005 by Edition Erdmann GmbH, Lenningen
Printed in Germany. Alle Rechte vorbehalten.

5 4 3 2 1   05 06 07 08 09

INHALT

5

Fürstliches Reisen

Am Abend des 9. Februar 1881 traf sich auf dem Südbahnhof in Wien eine Gruppe von Männern. Zu ihnen gehörten der Großherzog von Toscana, General Graf Waldburg, Burgpfarrer Abt Mayer, Major von Eschenbach, Graf Hoyos und der Maler Franz von Pausinger. Den Mittelpunkt ihrer Gruppe bildete der österreichische Kronprinz Rudolf, mit dem sie gemeinsam eine größere Reise nach Ägypten und ins Heilige Land antreten wollten.

Rudolf war damals 23 Jahre alt und passte so ganz und gar nicht in das Schema der gekrönten Häupter und Fürstlichkeiten. Der sensible, hochbegabte junge Mann zeigte im Gegensatz zu den Wünschen seines Vaters Franz Josephs I. keinerlei militärische Interessen, sondern vorwiegend wissenschaftliche. Er hatte schon mehrere große Reisen unternommen und mit zwanzig Jahren bereits ein erstes kleines Buch über eine Donaureise veröffentlicht. Seit seiner Jugend beschäftigte er sich vor allem intensiv mit der Vogelkunde und pflegte enge Kontakte zu dem Thüringer Ornithologen Alfred Edmund Brehm. Mit dem dreißig Jahre älteren Wissenschaftler verband ihn eine enge Freundschaft, sehr zum Missfallen der Hofkreise, die einen nach ihrer Meinung ungünstigen Einfluss des protestantischen und liberalen Wissenschaftlers auf den Prinzen fürchteten.

Die bevorstehende Fahrt in den Orient war in merkwürdiger Kombination als Jagd- und Pilgerreise geplant. Dementsprechend waren der Großherzog von Toscana als erfahrener und begeisterter Jäger und Abt Mayer als wichtigste Begleiter ausgewählt worden. Brehm, der ja den Orient schon bereist und einen vorzüglichen Bericht darüber veröffentlicht hatte, durfte nicht teilnehmen.

Die beiden Reiseziele Ägypten und Palästina zählten schon seit der Antike zu den »Touristenländern«, wie wir heute sagen. Vor allem Palästina wurde das ganze Mittelalter hindurch von christlichen Pilgern aufgesucht. Die Organisation dieser Pilgerreisen ähnelte dabei schon den Techniken des modernen Massentourismus. Nach Ägypten kamen im Altertum immer wieder Griechen und Römer, im Mittelalter und in der frühen Neuzeit blieb es dagegen abseits und rückte erst mit dem Feldzug Napoleons seit dem Ende des 18. Jahrhunderts wieder stärker in das europäische Blickfeld. Dann blühte mit dem wachsenden Interesse für die Altertümer des Landes auch der Tourismus auf.

Während aber das Heilige Land stets von deutschen Pilgern aus allen Bevölkerungsschichten bereist wurde, blieb Ägypten vorwiegend eine Domäne der Engländer und Franzosen. Zu den deutschen Reisenden zählten eine Reihe Adliger, unter ihnen Hermann Ludwig Heinrich Fürst von Pückler Muskau (1788–1871), der auf einer ausgedehnten Reise das Niltal besuchte und darüber unter dem Titel »Aus Mehemed Alis Reich« einen umfassenden klugen Reisebericht veröffentlichte. Unmittelbar danach folgte ihm Herzog Maximilian in Bayern (1808–1888), der Großvater Kronprinz Rudolfs mütterlicherseits, der auf seiner Reise bereits von einem ganzen Stab von Mitarbeitern und Vertrauten begleitet wurde, unter ihnen auch der Maler Heinrich von Mayr. Dieser lieferte zu dem 1839 von Herzog Max veröffentlichten Werk »Malerische Ansichten aus dem Orient« die entsprechenden prachtvollen Bilder. Dieses Buch dürfte Rudolf als Vorbild für seine eigene Arbeit gedient haben.

Die Einweihung des Suezkanals brachte 1869 noch einmal einen Höhepunkt des Adelstourismus. Der ägyptische Vizekönig hatte eine ganze Anzahl europäischer Fürstlichkeiten zur Eröffnung eingeladen, unter ihnen die französische Kaiserin Eugénie, den preußischen Kronprinzen Friedrich Wilhelm und den österreichischen Kaiser Franz Joseph I. Der preußische Kronprinz führte ein zwar nicht für die breite Öffentlichkeit, wohl aber für einen engeren Bekanntenkreis gedachtes Tagebuch über seine Reise, die ihn über

Italien und Istanbul durch das östliche Mittelmeer und über Suez nach Kairo führte. Er war bei der Abfassung dieses Tagebuchs achtunddreißig Jahre alt, seine Aufzeichnungen bleiben verhältnismäßig knapp, persönliche Notizen stehen im Mittelpunkt, durchsetzt mit einigen guten Beobachtungen zu Land und Leuten. Sie wurden auszugsweise 1899/1900 in einer Biographie des inzwischen verstorbenen Kaisers veröffentlicht und in der Originalfassung erstmals 1971 herausgebracht (vgl. Anhang B).

Kaiser Franz Joseph folgte ebenfalls der Einladung des Vizekönigs. Der damals 39-jährige Monarch reiste allein, weil seiner Frau Elisabeth die Strapazen der Reise zu groß erschienen. Er wählte ungefähr den gleichen Reiseweg wie der preußische Kronprinz, reiste über Griechenland zuerst in die Türkei und besuchte Istanbul, von da ging es zurück nach Griechenland und anschließend über das Mittelmeer nach Palästina. Dort besuchte er vier Tage lang die wichtigsten heiligen Stätten in Jerusalem, Bethlehem und Umgebung. Die nächste Station war Port Said, wo der Kaiser als ranghöchster Gast an den aufwändigen Feierlichkeiten zur Eröffnung des Kanals teilnahm. Die letzte Station bildete dann noch Kairo, wo er die Pyramiden besuchte, ohne sich allerdings näher mit ägyptischen Altertümern und Sehenswürdigkeiten zu beschäftigen. Die Rückreise erfolgte über Alexandria und von dort mit dem Schiff nach Kreta, Korfu und Triest.

Franz Joseph hatte bei den vielen offiziellen Veranstaltungen keine Zeit, ein Tagebuch zu führen. Wohl aber existieren von ihm zwölf ausführliche Briefe an seine Gattin Elisabeth, in denen er ihr regelmäßig über seine Erlebnisse und Beobachtungen berichtete (vgl. Anhang C). Diese Briefe, seine mündlichen Erinnerungen und das erwähnte Ägyptenwerk des Großvaters dürften Rudolf nachhaltig beeindruckt und bei seinem Plan einer Ägyptenreise beeinflusst haben.

Die Fahrt ging von Wien aus nach Triest, wo die Reisegesellschaft schon von der Jacht »Miramare« erwartet wurde, auf der Rudolf bereits zwei Reisen unternommen hatte. Hier stießen noch einige Offiziere zu der Gruppe. Bei schlechtem Wetter und stürmischer See, die allen Beteiligten zu schaffen machte, ging es nach Korfu und an der Peloponnes vorbei zur Insel Zante (Zakynthos), wo man eine Wetterberuhigung abwartete. Am 16. Februar konnte die Reise endlich fortgesetzt werden und die Gruppe erreichte zwei Tage später die ägyptische Küste bei Alexandria. Hier setzt das zweite Kapitel des Reiseberichts ein (in der vorliegenden Ausgabe Kap. 1).

Ägypten war zur Zeit von Rudolfs Reise staatsrechtlich gesehen noch eine Provinz des Osmanischen Reiches. Damals lebten dort nur knapp fünf Millionen Einwohner, davon allein in den Städten Alexandria und Kairo 200 000 und 260 000, in weiteren zehn Städten insgesamt noch einmal 160 000, alle anderen lebten in Dörfern auf dem Lande, d. h. in der schmalen Flussoase zwischen der libyschen und der arabischen Wüste. Unter türkischer Oberhoheit stand Ägypten seit 1516. 1806 wurde der aus Albanien stammende Mehemed Ali zum Pascha und Statthalter des Sultans ernannt. Innerhalb weniger Jahre gelang es ihm, mit Unterstützung europäischer Staaten seine Macht auszubauen und vom Sultan die Erblichkeit der Statthalterwürde für seine Familie zu erlangen. Sein Nachkomme Ismael erhielt 1867 den erblichen Titel »Khedive« und die Würde eines Vizekönigs.

Unter dem Einfluss vor allem von Frankreich und Großbritannien begann die Modernisierung des Landes, die zahlreiche europäische Geschäftsleute, Händler aber auch Glücksritter anlockte. Der Schiffsverkehr nach Alexandria wurde ebenso gefördert wie der Ausbau der Eisenbahnlinien. Den Höhepunkt der wirtschaftlichen und verkehrsmäßigen Erschließung bildete der Bau des Suezkanals zwischen dem Mittelmeer und dem Roten Meer, mit dem nach den Plänen und unter der Leitung des Franzosen Ferdinand Lesseps 1859 begonnen wurde.

Seine Vollendung und Einweihung 1869, an der eine ganze Anzahl europäischer Fürstlichkeiten teilnahm, erhöhte zwar das Ansehen des Khediven Ismael, führte aber zu einer starken Verschuldung Ägyptens, die noch erhöht wurde durch eine ruinöse Finanzwirtschaft und die Verschwendungssucht des Khediven. Diesem blieb schließlich nichts anderes übrig, als seinen Anteil an den Suezkanalaktien für vier Millionen Pfund an England zu verkaufen. Der britische Premier Disraeli sicherte durch diesen finanziellen Schachzug seinem Land die Kontrolle über den Kanal als dem wichtigsten Seeweg von Europa nach Indien. Unter dem Druck von England und Frankreich berief Ismael schließlich fachkundige europäische Finanzberater, die aber die Verschuldung nicht mehr verringern konnten. Am 1. Mai 1879 betrug allein die Zinsschuld Ägyptens über zwei Millionen Pfund. Die europäischen Mächte betrieben daraufhin die Ablösung des Khediven durch den Sultan in Istanbul. Die Nachfolge übernahm sein Sohn Tewfik.

So war die innerpolitische Lage Ägyptens, als Rudolf das Land bereiste. Er erlebte es sozusagen in den letzten Monaten seiner Unabhängigkeit. Denn obgleich sich Tewfik ernsthaft bemühte, die Belastungen abzubauen und der allgemeinen Unzufriedenheit im Lande Herr zu werden, kam es am 9. September 1881, also nur sieben Monate nach dem Besuch des Kronprinzen, zu einer Militärrevolte unter Arabi Pascha: Als sich die Lage noch weiter zuspitzte, nutzte Großbritannien die Situation, eine englische Flotte bombardierte Alexandria und britische Truppen besetzten das Land, in dem zwar offiziell der Khedive weiter regierte und das auch weiterhin zum Osmanischen Reich gehörte, de facto aber von einem britischen Generalkonsul verwaltet wurde. Die Franzosen gaben ihren politischen Einfluss im Lande auf, sicherten sich aber nach wie vor die führende Rolle in der Altertümerverwaltung.

Der Fremdenverkehr entwickelte sich seit der Mitte des 19. Jahrhunderts besonders rasch. 1862 organisierte der Engländer Thomas Cook seine erste Gesellschaftsreise in das Land am Nil.

Kronprinz Rudolf bereiste das Land also genau im Übergang vom orientalischen Mittelalter zu einer europäisch geprägten Neuzeit. In seinem Bericht geht er aber auf die politische und wirtschaftliche Lage nicht näher ein, obgleich ihm die Probleme bekannt gewesen sein dürften, denn auch Österreich gehörte zu den finanziell betroffenen Mächten. Für die Geschichte des Landes und die archäologischen Zeugnisse fand er in dem Ägyptologen Heinrich Brugsch einen erfahrenen Berater, der ihn begleitete und dessen ausführlichen Vorträgen der aufgeschlossene junge Mann mit großem Interesse folgte und sie teilweise wörtlich in sein Buch aufnahm.

Heinrich Brugsch (1827–1894) stammte aus Berlin und gehörte damals zu den bedeutendsten Archäologen seiner Zeit. 1868 war er Professor in Göttingen geworden und dann in ägyptische Dienste getreten. Wegen seiner Verdienste wurde er 1881 mit dem Pascha-Titel ausgezeichnet. Nach der Reise mit Kronprinz Rudolf besuchte er noch mehrfach Ägypten und die libysche Wüste. Sein Bruder Emil, den Rudolf nur einmal kurz erwähnt, stand ebenfalls im Dienst der ägyptischen Altertumsverwaltung.

Von Ägypten aus setzten Rudolf und seine Begleiter ihre Reise über Port Said nach Palästina fort. Auf den zwei Jahre zuvor erfolgten Wechsel in der Kanalverwaltung und die politischen Hintergründe dafür geht der Kronprinz ebenfalls nicht ein, wichtiger ist ihm auch im Bereich der Kanalzone die Beschreibung einer Jagd. Das kurze Stück nach Haifa wurde auf der »Miramare« zurückgelegt.

Palästina war wie Ägypten eine türkische Provinz, ein armes Land. Ein zeitgenössisches Lexikon spricht von »grauenvoller Verödung«. Mit Ausnahme von Jerusalem mit etwa 25 000 Einwohnern und Hebron mit 10 000 gab es nur noch ein paar unbedeutende Orte. Aber es war eben Reiseland und gerade seit der Mitte des 19. Jahrhunderts war auch hier der Strom der Reisenden – oder hier wohl eher Pilger – angeschwollen. Einige gute Reisebeschreibungen wie etwa die »Reise einer Wienerin in das Heilige Land« von Ida Peiffer (1844) waren erschienen und gerade von Österreich aus bestanden intensive Beziehungen zu den Niederlassungen der katholischen Orden im Heiligen Land.

Der Kronprinz absolvierte das übliche Pilgerprogramm mit dem Besuch der heiligen Stätten in Jerusalem und Bethlehem. Man hat bei der Lektüre nicht das Gefühl, dass ihn diese emotional besonders berührten oder ihn die historischen Zusammenhänge interessierten. Fast abfällig bemerkte er später, dass Palästina ein echtes Touristenland sei, »die Schweiz ins Religiöse übersetzt«. Dafür ist seine Beschreibung einer ausgedehnten Jagd im Jordantal umso lebendiger.

Am 12. April trat die Reisegesellschaft auf der »Miramare« die Heimfahrt an, die auf der üblichen Route entlang der dalmatinischen Küste nach Triest und mit der Bahn weiter nach Wien führte. Damit war die Reise beendet.

Man könnte das ganze Unternehmen als einen Nachklang der Kavalierstouren des 18. Jahrhunderts ansehen, aber Rudolf hegte größeren Ehrgeiz. Das Buch des Großvaters mag ihn angeregt haben, selbst eine ausführliche Schilderung der Reise zu geben. Sie war eine durchaus beachtenswerte Leistung und zeugt von den Interessen, der guten Beobachtungsgabe und nicht zuletzt auch von dem schriftstellerischen Talent des Dreiundzwanzigjährigen. Man staunt, mit welcher Schnelligkeit Rudolf trotz seiner sonstigen Verpflichtungen die selbstgestellte Aufgabe bewältigte. Eine erste unbebilderte Ausgabe des Reiseberichts erschien im Verlag der Hof- und Staatsdruckerei schon 1881. Der junge Autor charakterisierte sie selbst mit den Worten: »Es ist kein wissenschaftliches Werk, sondern bloß ein schriftlicher Reisebericht.« Richtig bekannt und dementsprechend verbreitet wurde das Buch allerdings erst ab 1884 in einer neuen illustrierten Ausgabe mit Bildern von Franz von Pausinger, der ja zur Reisegesellschaft gehört hatte.

Die freundliche Aufnahme und der damit verbundene Erfolg mochten Rudolf zu weiteren schriftstellerischen Arbeiten angespornt haben. Neben politischen Denkschriften und kleineren

Werken förderte er das heute in seiner Art noch unübertroffene 24-bändige Werk »Die österreichisch-ungarische Monarchie in Wort und Bild« als Herausgeber und Mitarbeiter, das von 1883 an erschien. Lange konnte er sich an seinen schriftstellerischen Erfolgen allerdings nicht erfreuen. Knapp 31 Jahre alt endete er am 30. Juni 1889 sein Leben auf tragische Weise durch Selbstmord.

Würzburg, Dezember 2004   *Heinrich Pleticha*

KRONPRINZ
RUDOLF VON ÖSTERREICH

MEINE ORIENTREISE

1881

1. Kapitel

Ägyptens Küste bietet den Anblick flacher, gelber Dünen dar, die sich nur hie und da zu wellenförmigen Sandhügeln erheben. Zuerst gewahrt man einige hochragende Minaretts, den Leuchtturm, mehrere außerhalb der Stadt befindliche Windmühlen; bald darauf taucht das vizekönigliche Schloss Mustapha-Pascha, in phantastisch orientalischem Stil erbaut, aus den Wogen empor.

Nun wird es ernst, die Ankunft naht heran; ein Boot schaukelt leicht über die Wellen unserem Schiffe entgegen, die Lotsenflagge lässt dessen Zweck erkennen. Orientalen, keine reinen Araber, Leute der Hafenstädte, Mischvolk, wie es nur das Morgenland hervorbringen kann, rudern das Fahrzeug mit nervigen Armen. Braune Gesellen, in mehr kleinasiatischer Tracht, den Turban am Kopf, schreien und gestikulieren der »Miramar« zu; in ihrer Mitte steht ein brauner Mann in feiner, echt orientalischer Kleidung, eine farbige Binde um den dicken Bauch gewickelt, ein krauser schwarzer Bart umrahmt das ausdrucksvolle, ziemlich echt arabische Gesicht, die gelblich-braunen Hände sind geziert durch silberne Ringe.

Wir stoppen; langsam und würdevoll steigt der Lotse über die Fallreeps-Treppe empor, um nach kurzem Gruß auf der Kommando-Brücke den Platz einzunehmen; sein Boot schleppen wir nun nach. Einem engen und klippenreichen Einfahrtskanal fahren wir entgegen, durch den man zum Port-Bieux gelangt. Rechts fessel das halb zerfallene, aber in interessantem Stil erbaute Schloss Said Paschas (El-Meks) unsere Aufmerksamkeit, an dasselbe reihen sich einige Batterien und ziemlich ausgedehnte Palmenwälder; um den gut gebauten Wellenbrecher in den Hafen einbiegend eröffnet sich eine reizende Aussicht auf die ganze Stadt. Würden nicht die Minaretts und einige in arabischem Stile erbaute, größere Gebäude den orientalischen Charakter wahren, könnte man sich leicht in eine südeuropäische Hafenstadt versetzt denken. Der Haupt-Typus Alexandriens von außen ist unleugbar europäisch.

Als wir den Wellenbrecher passiert hatten, entrollte sich vor uns ein sehr eigentümliches Bild.

Die Batterien salutierten, desgleichen die türkischen Kriegsschiffe »Mehmet-Ali«, »Makkarosa« und die Yacht des Khedive; in den Takelagen standen die Matrosen in landarmeeartigen Waffenröcken, den Fez am Kopfe, von einem der Schiffe erklangen die schönen, echt orientalischen, an einen ungarischen Csárdás erinnernden Weisen des türkischen Sultansliedes, während von der Yacht herüber die modernen Töne der neuen Khedivial-Hymne erschollen. Mehrere österreichische Lloyddampfer prangten in der vollen Flaggengala. Der Hafen war dicht gefüllt mit Schiffen, alle geschmückt; die große Flagge des türkischen Kaiserreiches, der weiße Halbmond mit dem Sterne im blutig roten Feld, neigte sich zum Gruße. Der Wasserspiegel wimmelte von Booten, in denselben saßen Araber aller Klassen, Arme und Reiche, doch ohne Unterschied malerisch drapiert, schöne charakteristische Gestalten, auch viele Leute in Zivilkleidung konnte man bemerken: Levantiner, Griechen, Italiener und Juden, mit oder ohne Fez am Kopfe.

In mehreren kleinen, aufs Schönste dekorierten Dampf-Mouchen kamen uns die Mitglieder der österreichisch-ungarischen Kolonie entgegen; eine Musikbande intonierte die Klänge des »Gott erhalte«; viele Dalmatiner, in den weißen und grünen

schönen Trachten der Täler der Bocche di Cattaro, den waffen-
strotzenden Pas um die schlanke Gestalt gewickelt, schwangen unter Zivio-Rufen ihre Mützen; sie bildeten einen merkwürdigen
Kontrast, als christliche Orientalen neben den ebenfalls farbenprächtigen Orientalen des Islams. Kaleidoskopartig bewegte sich
das Gemenge von Flaggen, Farben, Kostümen und Uniformen auf
unzähligen Fahrzeugen um uns herum; schon lange lagen wir an
der Boje, als die Leute uns noch neugierig umschwirrten.

Gar bald erschien Generalkonsul Baron Schäffer mit den Beamten des österreichischen Konsulates an Bord der »Miramar«; nach
kurzer Begrüßung mussten wir die auf schönen Galabooten heran-
fahrenden Würdenträger empfangen. An ihrer Spitze stand Mustapha-Pascha, der Minister des Äußern, den sein Herr von Kairo zu
unserer Begrüßung hierher gesandt hatte; ferner kamen noch mehrere Generäle und der Hafen-Kapitän, auch Abd-el-Kader-Pascha
war schon anwesend, in der blauen Uniform eines ägyptischen Di-
visions-Generals. Der Khedive hatte die Güte, diesen angenehmen
gebildeten Mann von halb türkischer, halb arabischer Abstammung uns für die ganze Reise in Ägypten zuzuteilen. Wir lernten
ihn alle ohne Ausnahme schätzen und achten und schieden nach
langem täglichen Verkehr in wahrer Freundschaft von ihm. Als die
ägyptischen Honoratioren sich wieder entfernt hatten, kam die österreichische Kolonie. Nebst mehreren Dalmatinern, die bei den
großen Bankhäusern angestellt sind, waren auch auffallend viele
Österreicher aus allen Teilen der Monarchie anwesend, doch weitaus den größten Teil der Kolonie bilden Nicht-Österreicher von
Geburt, Levantiner aller Art, die sich der Sicherheit der Geschäfte
wegen und besonders, dank dem Ansehen und der hervorragenden
Tätigkeit unseres im Inlande nur viel zu wenig geschätzten Lloyd,
unter unseren Schutz stellen lassen.

Nachdem wir einige Zeit hindurch mit den einzelnen Landsleuten von Geburt und auch jenen, die es nur dem Namen nach sind,
gesprochen hatten, verließen sie wieder alle die »Miramar« und wir
zogen uns in die Kabinen zurück, um die Uniformen mit Zivilklei-
dern zu vertauschen. Bald darauf ließ sich die ganze Reisegesellschaft an die Hafenstiege hinüberrudern; dort erwartete uns Baron
Schäffer und mit ihm schritten wir zu den bereitgehaltenen Wa-

gen. Viele Gepäckträger, Hammál auch Scheyyál genannt, eine eigene Kaste des ärmsten arabischen Volkes, in blauen hochgeschürzten Hemden, mit mageren braunen, sehnigen Beinen und nackten Armen, europäisch uniformierte Douaniers (Gumruktschi), türkische Matrosen, Hafenarbeiter, darunter höchst merkwürdige Typen, umlagerten uns neugierig gaffend.

Der Khedive hatte die Güte, uns schon hier seine Equipagen zur Verfügung zu stellen; es waren echt englische Wagen und Pferde, die Dienerschaft durchwegs Franzosen in moderner europäischer Livree, als einziges Markmal des Orients den Fez am Kopfe. Vorläufer fehlten auch nicht, jene leichtfüßigen, mageren Gesellen in phantastischen Kostümen, mit fliegenden weißen Ärmeln, lange Stäbe schwingend. In jedem Tempo laufen sie den Equipagen voraus, ununterbrochen schreiend. In den engen arabischen Vierteln der Städte lernt man sie schätzen, denn nur mit Mühe und vielen Stockungen könnte man ohne sie dieses Gewühl von Menschen und Tieren passieren. Kaum hatten wir durch ein weites Tor die Hafengebäude verlassen, als uns auch schon das echt orientalische Leben begrüßte. In einer engen Gasse, gebildet von Häusern in arabischem Stile, wimmelte es von Menschen aller Art; laut schreiende Eseltreiber, die obligaten Wasserträger, Verkäufer, blaue Fellachen-Hemden neben rein weißen Burnusen, Weiber im faltenreichen Gewande, altertümliche Krüge am Kopfe tragend, blinde Bettler mit langen Stäben, Gassenjungen, lärmend und ungezogen, wie sie nur der Orient erzeugen kann.

Viele Türken und Kleinasiaten in ihren farbenreichen Kostümen fielen uns auf. Schon der Gesichtsausdruck ist ein von jenem der Araber ganz verschiedener, auch die Hautfarbe ist eine lichtere. Der echte Araber ist dunkel, die Züge sind schön und edel, die Gestalt mager, aber sehnig; in jeder Beziehung zwar besser, doch unverkennbar ähnlich den Israeliten. Der Fellache des kultivierten Nillandes ist kein reiner Araber, er ist ein Typus, den man auf den Bildnissen der alten Ägypter regelmäßig findet; ich betrachte ihn als das Urvolk dieses Landes und behalte mir vor, an anderer Stelle eingehender über dieses Thema zu sprechen.

Nachdem wir diese kurze orientalische Straße passiert hatten, gelangten wir in den europäischen Teil der Stadt. Breite Gassen mit schönen, echt abendländischen Häusern und Gewölben bilden jenes Stadtviertel, in dessen Mitte die »Place Mehmet-Ali« als Glanzpunkt erscheint. Es wäre uninteressant, eine typuslose europäische Hafenstadt zu schildern. Alexandrien hat in vollem Maße diesen Charakter. So elegant und regelmäßig auch die Straßen gebaut sind, haftet doch ein gewisses Wesen an der Stadt, das uns befremdet. Der orientalische Schmutz und die Verwahrlosung, welche arabischen Städten sogar einen genialen, malerischen Reiz verleihen, passen schlecht zu den geraden, schablonenhaften Bauwerken des Abendlandes; man erkennt auf Schritt und Tritt den Eindringling, der mit Mühe einem fremden Weltteil seinen Typus aufprägen will; nur ungern trägt der freie Wüstensand europäische Städte und noch weniger das gewinnsüchtige Wesen der Bleichgesichter.

Durch einige Hauptstraßen fahrend, gelangten wir auf die Place Mehmet-Ali, in deren Mitte das Reiterstandbild des großen, tatkräftigen Kriegers Mehmet-Ali, des emporgekommenen Sohnes eines mazedonischen Straßenwächters aus Kawala, steht. Nicht ohne Grund schenkte dieser Mann seine volle Zuneigung der Stadt Alexandrien und verstand es, dieselbe in jeder Beziehung zu heben; er tat dies nur, um sich von der Welt mit seinem Vorbilde Alexander dem Großen vergleichen zu lassen.

Der Reisende steht in Alexandrien auf historischem Boden; nie wird mehr diese Stadt jenen Glanz und jene Blüte erreichen, wie in den Tagen der großen alexandrinischen Bibliothek, als hier für Verkehr, Kunst und Wissenschaft ein Zentrum der damaligen gebildeten Welt zu finden war.

In den europäischen Straßen herrschte reges Leben. Die Leute, die man sah, trugen jenen undefinierbaren Typus einer Mischrasse an sich, den man mit dem Namen »Levantiner« bezeichnet. Es ist dies ein Gemenge von italienischem, griechischem, armenischem und jüdischem Charakter. Fast alle sind europäisch gekleidet, die meisten aber mit dem Fez am Kopfe; außer ihnen bemerkte ich noch Dalmatiner und Albanesen in Kostüm, auch Türken und Kleinasiaten; viele griechische Popen und einiger Franziskaner repräsentierten das Christentum. Araber als Eseltreiber, Last- und Wasserträger durcheilen gleichfalls die europäische Stadt, die gro-

21

ße Masse derselben bleibt aber doch in den arabischen Vierteln. Mohren und Nubier stehen vor den Häusern der reichen Bankiers, bei denen sie mehr als Prunkgegenstände als zum eigentlichen Nutzen dienen.

Gar bald waren wir der geraden Straßen müde und fuhren nach dem arabischen Viertel, durch einige enge Gassen, in orientalischem Stile erbaut, die Häuser mit Erker- und vergitterten Haremsfenstern geziert, gelangten wir in das Zentrum des morgenländischen Lebens; immer langsamer mussten wir fahren und endlich den Wagen ganz verlassen. Zu Fuß durchschritten wir den Bazar. Alexandrien spielt als arabische Stadt keine Rolle und dennoch wirkt der kleine, unbedeutende Bazar mit seinem eigentümlichen Leben und Treiben geradezu überwältigend auf den Europäer, der direkt aus dem Abendlande kommend, sich noch niemals von orientalischem Wesen umgeben sah.

Die Massen von Neugierigen, von Käufern und Verkäufern, die herumlungernden Kinder und Hunde, die rücksichtslosen Eseltreiber, die merkwürdigen Kostüme und Typen waren auch hier schon vertreten, doch in weit geringerem Maße als in Kairo; darum werde ich mich darauf beschränken, die arabischen Viertel und den im ganzen Oriente berühmten Bazar der alten Kalifenstadt zu schildern, so gut es eben geht, denn ein spezielles Studium erfordert die volle Kenntnis jenes höchst interessanten Lebens.

Nur langsam und mit vieler Mühe gelangten wir durch den ganzen Bazar; am entgegengesetzten Ende erwarteten uns die Wagen und wir fuhren nach dem Bahnhof an der Südseite der Stadt, dessen Einrichtung sowie der Charakter der Waggons mich lebhaft an England erinnerten, nur schien alles etwas verwahrlost zu sein. Ein Eisenbahnzug führte uns längs der Dünen, welche die Seen vom Meere trennen, nach dem Sommeraufenthalte und Seebade der reichen Ägypter, Ramléh genannt; nur hie und da, besonders nahe der Stadt, sieht man die Dünen mit ihrem gelben Wüstensande, darauf Zigeuner- und Beduinenzelte, schwermütige Kamele und schreiende Esel, arabische Hütten und verfallene Gräber; das meiste ist in Gärten mit reizenden Villen umgewandelt.

Mit Früchten schwer beladene Orangen- und Zitronenbäume neben schlanken Palmen verwandeln die ganze Strecke in einen

Park. In Ramléh angelangt warteten wir nur zehn Minuten auf den nächsten Zug, der uns nach Alexandrien zurückbrachte. Dieser kurze Ausflug bietet dem Fremden den Anlick eines Paradieses, das menschlicher Fleiß aus dem sterilsten Boden hervorzuzaubern verstand. Nach Alexandrien zurückgekehrt, fuhren wir zu Wagen längs dem Mahmûdiyé-Kanal nach dem großen öffentlichen Garten von Ginênet-en-Nusha. Der Weg längs des Kanales hat viel Interessantes. Die Straße war belebt; außer allerlei Landvolk führen auch Wagen, Lohnkutschen und Equipagen die elegante Welt Alexandriens durch die herrlichen Baumreihen nach jenen schönen Gärten, in denen die kühlen Abende Labung gewähren. In den Fluten des Kanales nahmen Männer und Frauen der armen Volksklassen ihre vorgeschriebenen Waschungen vor und an den Ufern knieten fromme Muselmänner, ihr eigentümliches Gebet, das Gesicht gegen Mekka gewendet, halblaut lallend. Unter der eleganten Welt sah man viele auffallend schreiende Toiletten und einen falschen Chic, doch unleugbar schöne Gesichter; auch eine bedeutende Zahl Demimonde waren vertreten, im Typus sehr ähnlich jener Wiens und Pests; wie man mir sagte, rekrutiert sich dieses leichte Volk in Ägypten größtenteils aus Österreich.

Der Garten von Ginênet-en-Nusha hat den vollen üppigen, fast tropischen Charakter aller ägyptischen Gärten; gewürzte Düfte durchschwellen die Luft und blühende Vegetation erfreut das Auge des Fremden. Eine Militär-Kapelle spielte fröhliche Weisen und viele europäisch gekleidete Leute ergingen sich in den schattigen Lauben. Wir fuhren nur rasch durch alle Anlagen und statteten dann noch dem schönsten Landhause der Umgebung Alexandriens, der Villa des reichen Griechen Antoniadis, einen Besuch ab. Der Garten, auffallend gut gepflegt und von dem verschwenderischen Klima Afrikas unterstützt, bietet ein schönes Gemenge von Kunst und Natur. Das Landhaus selbst, reizend eingerichtet, erzielt mit allem Raffinement die Erhaltung einer kühlen Temperatur. Der Hausherr zeigte uns mit vieler Aufmerksamkeit seinen schönen Besitz. Durch die Allee längs des Kanals fuhren wir nach der Stadt zurück, bogen dann ein und gelangten außerhalb derselben zur berühmten Pompejus-Säule.

Der Weg, den wir einschlugen, unterhielt mich sehr, denn ich fand manch Anheimelndes. Die Ränder der orientalischen Städte, selbst jene der östlichen Länder Europas, tragen in den Hauptzügen stets denselben Charakter an sich. Die Häuser werden immer kleiner; in verwahrlosten Gärten, zwischen undefinierbaren Schutt- und Schmutzhaufen, neben ruinenartigen Gebäuden und wüsten Friedhöfen endet die eleganteste Stadt. Hier kennzeichneten diesen Typus noch deutlicher die verfallenen Grabstätten, jene eigentümlichen runden Bauten und Kuppeln, kleine Palmenwälder, ausruhende, schwer beladene Kamelherden, halbwilde Hunde, Büffel und Esel und ein die ganze Atmosphäre durchdringender gelber Staub.

Zwischen den letzten Häusern der Stadt erhebt sich ein runder künstlicher Hügel, auf demselben steht die alte Pompejus-Säule aus einem 63 Fuß hohen Monolith, von rotem Assuaner-Syenit gebildet, geschmückt durch ein roh gearbeitetes korinthisches Kapitäl. Vor Zeiten soll darauf die Statue des Kaisers Diocletian gestanden haben. Wir waren in einem günstigen Augenblick gekommen; vom Hügel aus genossen wir einen herrlichen Anblick, in der schönsten Beleuchtung lag die Stadt vor uns ausgebreitet: in nördlicher Richtung der weite Meeresspiegel, südöstlich die gelben Dünen und der große Maryut-See. Die Sonne ging eben unter; im warmen Dunste und Staub erschien ihre Scheibe wie bei uns an manchen Nebeltagen; der westliche Himmel war übergossen von den farbigsten Tinten, orangegelbe, rötliche und bläuliche Töne herrschten scharf abgegrenzt nebeneinander und übergossen alles mit goldigem Licht, während der östliche Himmel in die blauen Schatten der Nacht gehüllt war, nur hie und da unterbrochen durch helle Sterne. Solche Effekte kann nur der Orient, aber vor allem das durch seine Beleuchtungen berühmte Ägypten, hervorzaubern.

Während wir noch voll des schönen Natureindruckes die Fernsicht genossen, zogen auf der Straße am Fuße des Hügels lärmende Scharen vorbei. Zuerst kamen Herden von schwarzen Ziegen mit herabhängenden Ohren, dann Kamele, eines hinter dem anderen; sie schritten, von ihren schreienden Führern umgeben, abends nach ihren Behausungen; bald darauf folgte ein Begräbnis. Einige

Männer trugen den Sarg, eigentlich eine Holzkiste ohne Deckel, überhängt mit einem Tuche; an der Kopfseite bewies ein aus Holz geschnitzter Turban, dass ein Mann zur ewigen Ruhe wandere. Viele Klageweiber umringten tänzelnd, händeringend und laut jammernd den Sarg; eine lange Reihe Menschen, Gebete sprechend, folgte langsam nach; das Ganze bot ein höchst eigentümliches Bild dar.

Mit einigen Umwegen und durch das Tor »Porte de Moharrem-Bey«, der alten, jetzt schon ganz zwecklosen Festungsmauer, gelangten wir wieder in das Innere der Stadt. In den Abendstunden herrscht auf allen Gassen ein noch viel regeres Leben als tagsüber, und der Lärm, das endlose Geschrei, bildet einen auffallenden Kontrast gegen die Ruhe der Nacht, die über die Natur ausgegossen ist. Die großen Gewölbe waren noch alle beleuchtet und die Kaffeehäuser offen. Die Aufschriften sind im europäischen Viertel entweder griechisch, französisch oder italienisch. Die Nacht war schon vollkommen hereingebrochen, als wir an Bord der »Miramar« eintrafen. Zum Diner kam der deutsche Generalkonsul Baron Saurma, der sich von nun an viel unserer Reisegesellschaft anschloss und dem wir große Gefälligkeiten, besonders in jagdlicher Beziehung, zu danken haben.

Am 19. früh verließen wir die »Miramar« und nahmen Abschied von ihr für recht lange Zeit; ein ägyptisches Galaboot des Vizekönigs führte uns an das Land. Dieses höchst eigentümliche Fahrzeug war ganz orientalisch ausgestattet; alles in roter Farbe, sowohl die auffallend gekleideten Matrosen als auch die gepolsterten Sitze, die reich drapierten Bordwände und das baldachinartige Dach. Die orientalischen Seeleute rudern ganz anders als die europäischen, doch unleugbar macht der vollkommen im Takt geführte Ruderschlag, stets von merkwürdig summendem Gesang begleitet, einen günstigen Eindruck. In Wagen gelangten wir vom Hafen zum Bahnhofe, wo sich eine große Menge Menschen versammelt hatte, fast durchgehend Österreicher oder doch Mitglieder unserer Kolonie; eine Musik spielte das »Gott erhalte« und Dalmatiner in farbenprächtigen Kostümen schwangen unter Zivio-Rufen ihre Mützen. Nach wenigen Minuten verließ der Zug die Bahnhofshalle. Der Vizekönig hatte uns seinen eigenen Hofzug zur Verfügung gestellt, große geräumige Waggons, in der Mitte ein reizender offener Aussichtswagen. Gute Übergänge ermöglichten das freie Zirkulieren durch alle Räume des Zuges. Außer uns allen waren noch Baron Schäffer mit den Beamten des österreichischen Generalkonsulates, dann Baron Saurma, Abd-el-Kader Pascha, der Minister des Äußern Mustapha Pascha, einige Ägypter und die Herren der Eisenbahndirektion, an ihrer Spitze Herr Zimmermann, ein äußerst angenehmer und gebildeter Franzose, der sich in Liebenswürdigkeiten überbot, anwesend.

Der Zug ging sehr rasch und nur im Fluge glitten interessante Bilder an uns vorüber. Anfänglich führt die Bahn auf einem niederen Landrücken, welcher die großen Sumpf-Seen – den Maryuti'schen rechts, denjenigen von Abukir links – voneinander trennt. Die weiten Wasserflächen waren bedeckt von Wasserwild aller Art und auf gelben Sandhügeln standen düstere Reiher mit weit vorgestrecktem Halse. Nach einiger Zeit verschwinden die Sumpf- und Wasserstrecken des nördlichen Delta, um dem reichen Kulturlande zu weichen. Überall Anbau, weite Saatfelder, wahre Wälder von Baumwollstauden, tiefe Kanäle, hohe Dämme; dazwischen hie und da schlanke Palmengehölze, dunkle Gärten, ruinenartige braune, aus Lehm erbaute Dörfer mit hohen Minaretts. Das ist der stets gleichmäßige Typus des kultivierten Unterägypten.

Reges Leben herrscht auf den Dämmen, die zugleich als Wege dienen, und in den Feldern. Fellachen arbeiten und pflügen, halbnackte Gestalten sind an den Schöpfrädern beschäftigt. Braune Fellachen, Weiber im engen blauen Hemde, bloße Kinder führend, schreiten neben stolzen Kamel-Karawanen; Beduinen-Stämme auf der Wanderung durch das Kulturland von einer Wüste zur anderen zu Fuß und zu Pferd, die Frauen auf Kamelen, ein kleines Volk für sich, unabhängig und stolz; Vollblut-Araber, weiße Burnuse, schöne Rosse, lange Gewehre, krumme Säbel, Turban und schlichte Fellachenkappe; langbehängte Ziegen neben wolfartigen Hunden, graue verkümmerte Bauernesel neben wohlgepflegten weißen oder schwarzen Reiseseln der Reichen. Ein Zug wohlhabender Leute, die Männer in bunten Gewändern zu Pferd, die Frauen in farbigen turmähnlichen Behältnissen am Rücken der Kamele, den Augen der Unwürdigen verborgen. Die Felder wimmeln von weißen Kuh-

Unterägypten

reihern, die dem pflügenden Landmanne folgen, und hurtigen Spornkiebitzen; zwischen den Ufergebüschen girren rötliche Palmtauben und rütteln langschnabelige Graufischer, echt ägyptische Tiere; vor dem Eisenbahnzuge flieht ein Wolf über die Äcker, und Milane in Unmassen, Falken und Geier umkreisen die Ortschaften.

Bunt und farbenprächtig, belebt, reich an interessantem menschlichen Treiben und merkwürdiger Tierwelt, in graublaue Dünste der Mittagshitze gehüllt, tritt dem Wanderer das alte Unterägypten entgegen.

Damanhúr, ein kleines, echt arabisches Städtchen, ist längst schon passiert; fortwährend schauend, neue Eindrücke auffangend, durchfliegen wir die Ebene. Der Nil ist erreicht; über die eiserne Brücke rasselt der Zug und zum ersten Male begrüßen wir die braunen, majestätischen Fluten dieses ältesten historischen Stromes. Am rechten Ufer durchbrausen wir den Bahnhof von Kafr-ez-Zayat, einem kleinen, nahe gelegenen Orte. Nach kurzer Fahrt erreichen wir die berühmte alte Stadt Tanta. Von weitem einem Schutthaufen ähnlich, von blühenden Gärten, Palmen und düsteren Sikomoren umgeben, bietet erst der nähere Anblick das bunte stets bewegte Leben des Orients und die in grauem Lehm ausgeführten Häusermassen in wilder Unordnung, fast aufeinander gehäuft, durch arabischen Stil dennoch malerisch geschmückt dar.

Tanta ist durch die daselbst dreimal im Jahre stattfindenden Märkte berüchtigt. Schon zu den Zeiten Herodots gab es in Unterägypten, damals im östlichen Delta, jene das ganze Land in Bewegung versetzenden Messen, die zu den ärgsten Orgien und Bacchanalien entarteten. Im Altertum zu Ehren der Göttin Bubastis, jetzt zur Feier des Said von Tanta (Sejd-Achmed-el Bedawi), der daselbst um das Jahr 1200 als Heiliger starb, blieben sich diese Feste bis heutzutage in ihrem unzüchtigen Wesen gleich.

Nur wenige Minuten hielt der Zug in Tanta, dann ging es weiter, immer durch gleiche Gegenden, stets dieselben Bilder. Bei Benha-el-Asl passiert man den Nilarm von Damiette. Zwischen Gärten steht ein großes Schloss, berühmt durch eine grässliche Geschichte, die sich darin abspielte. Im Jahre 1854 wurde nämlich daselbst Abbas-Pascha, Sohn Tussums, der schon zu Zeiten Mehmet-Alis regierte, von zwei Mameluken ermordet; wie es heißt, soll er dieses Endes nicht ganz unwürdig gewesen sein.

Gar bald erfreut uns ein herrlicher Moment, das Einerlei der unterägyptischen Landschaft findet allmählich sein Ende. Über dem Kulturland hinweg taucht hie und da der gelbe Horizont der libyschen Wüste in südwestlicher Richtung empor, gerade vor uns erheben sich die in die Mittagsdünste wie in einen gelbgrauen Schleier gehüllten Pyramiden von Gizeh; es ist ein feierlicher Moment und unwillkürlich bemächtigen sich ernste Gedanken des Reisenden, der zum ersten Male das Wahrzeichen der vor Jahrtausenden blühenden Kultur des ewigen Pharaonenlandes, die unverwüstlichen Ecksteine der Weltgeschichte mit eigenen Augen erblickt.

Südöstlich türmen sich die tafelförmigen Wüstengebirge des Mokattam, darunter die Mauern der Zitadelle und die hohen Minaretts der Moschee Mehemet-Alis empor. Zwischen alledem im Dämmer der Mittagshitze das Häusermeer der afrikanischen Weltstadt. Je mehr wir uns der alten vielgepriesenen Kalifenstadt nähern, desto üppiger erscheinen die Gärten neben der Bahn; Palmen- und Sikomoren-Wälder umgeben einzeln stehende Häuser, und endlich taucht die schöne dunkelgrüne Schubra-Allee vor uns auf. Noch einige Minuten und der Zug rollt in die Bahnhofshalle ein.

Der Vizekönig, umgeben von hohen Würdenträgern, steht am Perron, uns auf das Freundlichste begrüßend. Die zahlreichen Mitglieder der österreichisch-ungarischen Kolonie empfangen die Landsleute mit einer stürmischen Ovation. Wir gehen zu den bereitstehenden Wagen, schönen, echt europäischen D'Aumont-Equipagen, ein Bataillon Infanterie leistet unter den Klängen unserer Volkshymne die Ehrenbezeugung. Bezaubernd wirkt der erste Blick in das bunt bewegte Kairenser Leben. Durch eine kurze Gasse fahren wir zur Brücke, über den Kanal, in die üppig grüne schattige Schubra-Allee. Ein Bild folgt dem anderen und wie im Traume gleiten die interessantesten Eindrücke am Auge vorüber. Dichte Menschenmengen wogen auf und nieder; schwer beladene Kamele, kleine Esel, lärmende Orientalen in farbigen Gewändern, halb offene Kaufläden und Kaffeehäuser, davorhockende Leute; Kinder wälzen sich im Staube herum, alles lärmt, stößt an, weicht nicht aus; erschreckte Fellachen-Weiber im blauen Hemde, Säuglinge oder Wasserkrüge am Kopfe tragend, fliehen schreiend vor dem dahereilenden Wagen. Die Vorläufer bahnen durch Hiebe mit ihren Stöcken den Weg für die Equipagen. Rechts und links bemerke ich hübsche Häuser inmitten herrlicher Gärten. Nach wenigen Minuten biegen wir durch ein Gittertor links ein, zwischen Gebüschen und dichten Anpflanzungen steht das Schloss Kasr-en-Nusha. Eine Infanterie-Abteilung begrüßt uns mit lauten Hornsignalen.

Das hübsche äußerst gemütliche Absteigequartier, welches uns der Vizekönig in der liebenswürdigsten Weise zur Verfügung gestellt hatte, ist ein aus zwei viereckigen Gebäuden bestehendes Schloss; eine durch große Fensterscheiben gezierte Galerie, unter der sich die Einfahrt für die Wagen befindet, verbindet die beiden Trakte. Von außen wie von innen ist alles europäisch, doch sind wie überall bunte Verzierungen, hübsche Teppiche, ganz orientalisch eingerichtete Badezimmer und verschiedene kleine Details, die an das Morgenland mahnen.

Bald hatten wir uns häuslich eingerichtet und genossen in vollen Zügen den ersten Eindruck des orientalischen Lebens. Sowohl die Einrichtung der Behausungen als auch die vielen reizenden Terrassen, der Duft des blühenden Gartens und die milde wonnevolle Luft erinnerten an all jene Herrlichkeiten, die uns die morgenländische Phantasie in ihren Märchen vorführt.

Nach einem kurzen Gabelfrühstück fuhren einige von uns mit Baron Saurma auf die Jagd. Die Stadt musste passiert werden, und so kamen wir abermals über den Kanal und durch die europäischen Stadtteile mit ihren breiten Gassen, den hübschen Häusern und üppigen Gärten der reichen Leute vorbei; von weitem sahen wir den Eingang nach den arabischen Vierteln und auf den Straßen unterhielt uns das wilde Durcheinander von europäischen Equipagen, elenden Droschken, Reit- und Lasteseln, Maultieren, Kamelen, von Arm und Reich, Bettlern und bunten Morgenländern, echtem Islam neben halbeuropäischem Levantinertum, und außer alledem der große Tross wahrer Abendländer, Touristen und ihresgleichen. An Kasr-en-Nil vorüber erreichten wir gar bald, über die Brücke fahrend, die Dämme und hohen Alleen, die sich gegenüber der Stadt zwischen all den großen Gärten dahinziehen. Neben dem Schlosse Tussum-Paschas erstrecken sich, umgeben von Kanälen und halbbewässerten Äckern, einige große Zuckerrohrfelder. Eines derselben beschlossen wir zu jagen.

Prinz Taxis und der Bruder des Baron Saurma erwarteten uns daselbst. Die Schützen wurden allsogleich postiert und die Hunde gelöst. Lange Zeit hindurch schienen die Dachseln keine Spur zu finden; endlich begann eine Jagd, lautes Gekläff näherte sich dem Rande des Feldes. Leider verließ der Wolf an einem Punkte sein Versteck, wo kein Schütze stand, und so gingen wir zu einem anderen, über einem breiten Kanal liegenden Zuckerrohr. Die Hunde wurden abermals gelöst, doch gar bald brachen wir die Jagd ab, da wir während des Triebes die traurige Entdeckung machten, dass an der einen Seite des Feldes der Schnitt des Zuckerrohres begonnen hatte.

Sehr viele Arbeiter, sehr arme wenig bekleidete Fellachen, darunter höchst merkwürdige Erscheinungen, arbeiteten da unter der Leitung eines in lange faltenreiche Gewänder gehüllten, mit Rhinozeroshaut-Peitsche bewehrten Aufsehers. Dieser brave Mann kam während der Jagd würdevoll auf mich zugeschritten, hielt eine lange Ansprache, von stolzen Handbewegungen begleitet, der ich mit vieler Mühe endlich entnehmen konnte, dass er wünsche,

Arbeitende Fellachen

ich solle den Platz verlassen. Da der Ton seiner Stimme und die Bewegungen seiner Hand energischer zu werden begannen, rief ich Osman, den schwarzen Kawassen des Barons Saurma herbei; als der biedere Orientale die reiche Livree eines Konsulats-Dieners sah, fiel die Stimme in milde, flehentlich bittende Töne herab, und eilig suchte er im dichten Zuckerrohr Schutz vor weiteren Drohungen. Wir gingen alle zu den Wagen zurück: der erste, ganz kurze Jagdversuch auf Raubtiere war missglückt, dafür hatten wir einige kleinere Stücke erlegt.

Baron Saurma fuhr nun mit uns nach dem ältesten Teil der Stadt, dem im Süden gelegenen Alt-Kairo. Die Brücke musste abermals passiert werden, und dann uns nahe vom Nil neben einem vizeköniglichen Schlosse rechts wendend, führte der Weg gar bald in das höchst interessante Labyrinth von Schutt, Ruinen, Schmutz und Trümmern. Der ärmste Teil der Bevölkerung wohnt da in elenden, halb verfallenen Häusern; zwischen Steinen und Sandhügeln endete die Fahrstraße, und neben zwei hohen Palmen mussten wir aussteigen und den Weg zu Fuß fortsetzen.

Ein Abend am Mokattam

Von einem hohen Schutthaufen, dessen eine Seite zwischen Ruinen einer alten Mauer das letzte Haus der Stadt bildet, wo des Nachts nur Hyänen und Schakale mit den halbwilden Hunden in Gemeinschaft heulen, genossen wir eine herrliche Fernsicht. Die Sonne tauchte eben zwischen den buntesten Tönen, von Dunststreifen umgeben, in der gelben libyschen Wüste unter, die Pyramiden, die hohen Zinnen und Minaretts der Stadt, die Zitadelle sowie auch die ernsten Wände des Mokattam-Gebirges vergoldend. Es war ein Bild so reich und großartig an Farbeneffekten und so geschmückt durch landschaftlich und architektonisch schöne Momente, dass es schwer fiele, sich im Geiste etwas Herrlicheres auszumalen.

Zwischen Schutt und Trümmern steht die jetzt schon unbenützte, ganz zur Ruine gewordene Moschee Kasr-el-Ain. In ihren alten Mauern hausen sehr viele Triel, jene merkwürdigen Sumpfvögel von nächtlicher Lebensweise; mit Einbruch der Nacht verlassen sie unter unaufhörlichem Pfeifen, einem Ton, den man allnächtlich in ganz Ägypten vernimmt, ihre Verstecke und ziehen nach dem nahen Nil.

Wir postierten uns längs der Wände der Moschee und erwarteten das Erscheinen dieser komischen Vögel. Als es zu dunkeln begann, verließen mehrere ihre Schlupfwinkel, doch so rasch, dass es nur Hoyos gelang, einen derselben herunterzuschießen. Nun kletterten wir über Schutt und Trümmer, von dem Gekläff der aufgescheuchten Hunde verfolgt und von den aus ihren Höhlen hervorkriechenden Arabern neugierig angegafft, bis zu unseren Wagen.

Die Heimfahrt ging anfänglich nur sehr langsam vonstatten, denn das Gewirre von Ruinen Alt-Kairos musste bei voller Dunkelheit passiert werden; später folgten einige Gärten und endlich hatten wir die eleganten Stadtteile erreicht, in denen buntes Leben auf den gut erleuchteten Gassen wogte. Zu Hause angelagt speisten wir, und nach dem Diner erschien ein glänzender Fackelzug, von Landsleuten inszeniert, im Garten von Kasr-en-Nusha. Das »Gott erhalte« und die Hoch-, Eljen- und Zivio-Rufe klangen ganz eigentümlich inmitten der ruhigen Pracht einer afrikanischen Nacht. Nach Schluss dieser hübschen Ovation zogen wir uns alle zur Ruhe zurück.

Am 20. in früher Stunde fuhren wir durch die Stadt nach den ältesten Teilen der arabischen Viertel, um da in der koptischen Kirche der heiligen Messe beizuwohnen. Durch eine schmale, nur für Fußgänger passierbare Gasse gelangten wir zur Tür des alten Gotteshauses. Die nächsten Gebäude sind von Christen, hauptsächlich Kopten bewohnt, und so entstand im Laufe der Zeiten eine christliche Kolonie, das so genannte »Haus der Christen«. Einige Geistliche mit langen Bärten, dunklen Gesichtern und ausgesprochen semitischen Zügen, in faltenreichen, von jenen aller anderen Konzessionen streng verschiedenen schwarzen Gewändern, erwarteten uns da, ihren Bischof an der Spitze.

Die koptische Religion, in Sitten, Gebräuchen, Liturgie und Kostümen, blieb, wie alles im Orient, stets auf derselben Stufe. So wie die ersten Christen, welche den Glauben aus Asien nach Afrika brachten, das Messopfer lasen, ihre Zeremonien abhielten und predigten, tun es ihre Nachfolger, die heutigen Kopten, noch immer; dadurch, dass dieser Ritus niemals mit dem Abendlande in Berührung kam, erhielt er sich rein und unverfälscht, und wir sehen in den ägyptischen Kopten das getreue Bild der ersten Tage des

Christentums. Sie sind die Vertreter unseres Glaubens in Nord-Ost-Afrika, doch reicht ihr Verbreitungskreis weit in das Innere des schwarzen Erdteils.

Dem Blute nach gehören sie dem Volke an, unter dem sie leben; und umgeben von den Stürmen und den siegreichen Fortschritten des Islams, wusste diese im Verhältnis zu den Andersgläubigen kleine Kolonie alter Christen ihr Wesen und die reinsten Überlieferungen ganz intakt bis zum heutigen Tage zu erhalten.

Wir sahen unter den Priestern und Chorknaben ganz schwarze und dunkelbraune Gesichter, echte Afrikaner. In der schlichten, ärmlich eingerichteten Kirche waren ziemlich viele Christen, meist Kopten, doch auch Bekenner anderer Riten anwesend. Die Frauen trugen das alte morgenländische Gewand, ähnlich jenem aller orientalischen Christinnen, deren wir später im gelobten Lande noch so viele sehen sollten. Dem Islam gleich waren die Koptinnen (Frauen) mit weißen Schleiern verhüllt.

Die Messe wurde vom Burgpfarrer gelesen und nach derselben verabschiedeten wir uns von den Vertretern dieser so überaus interessanten Religionsgenossenschaft, um nun die arabischen Stadtteile genau zu durchstöbern.

Das alte orientalische Viertel von Kairo gehört zu den effektvollsten, anregendsten, farbenprächtigsten Bildern, die eben nur der Orient bieten kann. Ein genaues Studium und viel Raum, eine spezielle Arbeit würde es erfordern, diese Eindrücke richtig und ausführlich zu schildern, daher kann ich mich an dieser Stelle nur auf die Wiedergabe der Hauptmomente, die mich am meisten fesselten, beschränken.

Zwischen Kaufläden, Bazaren, Kaffeehäusern, dem bunten Gewühl des arabischen Lebens, gingen wir hindurch, um unser nächstes Ziel, die alten, historisch auch interessanten Moscheen zu erreichen.

Die Gassen sind eng, an manchen Stellen der Sonne wegen mit Strohmatten oder Teppichen überhängt. Die Häuser selbst aus grauem Lehm erbaut, mit den reizenden Erkern, den vergitterten Haremsfenstern und all den Schnörkeln und Verzierungen der arabischen Baukunst, bieten den Anblick eines wilden Durcheinanders; nichts ist symmetrisch, doch alles malerisch, auch der Verfall,

Fackelzug

der oft hervortretende ruinenhafte Anstrich, hat hier seine Berechtigung, verleiht dem Bilde den Typus der Echtheit des vollen morgenländischen Charakters.

Zuerst betraten wir den Vorhof der großen schönen Moschee Gâma-el-Hâssanên, erbaut zu Ehren von Hâssan und Hussên, den Söhnen Alis, des Schwiegersohnes des Propheten. Hussên war gefallen 680 nach Chr. Geb. in der Schlacht bei Kerbela; sein Kopf ist hier in der Moschee bestattet, daher werden daselbst alljährlich im Monate Rebi-el-sani, dem vierten des mohammedanischen Jahres, vierzehn Tage hindurch große Feste gefeiert.

Nachdem wir Pantoffel angelegt hatten, führte uns ein gastfreundlicher Derwisch in das große Gotteshaus, dessen Inneres architektonisch schön eingerichtet und reich verziert ist. Auf kostbaren Teppichen saßen viele Leute, der Kleidung nach wohlhabende Orientalen, im Kreise herum und lasen halblaut aus alten Büchern die weisen Sätze des Korans; inmitten der Gläubigen hockte ein besonders schriftkundiger Mann und erklärte die wichtigsten Stellen; andere knieten oder lagen flach am Boden, ihre Gebete verrichtend, mit dem Gesicht gegen Mekka gewendet.

Wie überall zeigte eine mit grünem Samt und Gold bunt geschmückte Stelle die Richtung des für die Mohammedaner heiligsten Punktes der Erde an. Große Kronleuchter hängen von der Kuppel herab und die echt morgenländische Art der Einrichtung des Tempels und des Benehmens der Gläubigen fesselt die volle Aufmerksamkeit des Wanderers.

In einem architektonisch sehr hübschen Nebenhof befindet sich ein Bassin für die heiligen Waschungen; mit Steinplatten begrenzt, bietet dieses Bad auf den ersten Blick den Eindruck der größten Reinlichkeit; erst bei näherem Betrachten erkennt man, wie ekelhaft jene Sitte ist, die der Koran seinen Bekennern auferlegt.

Bevor der Mohammedaner den heiligsten Raum der Moschee betritt, muss er gewisse, genau bestimmte Reinigungen vornehmen. In hockender Stellung, unter dem Gemurmel von Gebeten, werden die Waschungen begonnen, deren genauen Verlauf zu schildern mir der Anstand verbietet. Wenn alles zu Ende ist, wandert der fromme Mann betend nach dem Innern des Gotteshauses. Ich sah mehrmals viele zugleich die fromme Säuberung vornehmen, und das kleine Bassin hat weder Zu- noch Abfluss! In allen den vielen Gängen, Vorhöfen und Hallen der Moschee treiben sich Leute, darunter oft höchst interessante Gestalten, in langen Gewändern herum und scheußlich verkrüppelte Bettler jammern nach milden Gaben.

Als wir die Moschee verließen, ritt eben ein alter Mann mit blendend weißem Bart, in herrliche orientalische Stoffe gehüllt, mit grü-

nem Turban, als Zeichen der Abstammung vom Propheten, am
Kopfe, zum Tor, stieg von seinem reich geschirrten Schimmelhengs-
te herab, den er dem nachlaufenden Diener übergab, und schritt
würdevoll in das Innere des Gotteshauses. Dieser vornehme Mor-

Zum Gebet

genländer war ein Bild, eine höchst interessante Studie, und die Weisen aus den üppigen Märchen hätte ich mir nie anders vorgestellt.

Unser Weg führte uns nun nach der hochberühmten Moschee Gâma-el-Azhar; sie ist so alt wie das heutige Kairo. Djôhar, der Feldherr des fatimidischen Kalifen Muizz, begann den Bau.

Neben dem Haupttore unterhielt ich mich in einem langen Vestibül mit dem Betrachten der echt orientalischen Barbiere. Am Boden hockend, halten sie die Köpfe ihrer Opfer zwischen den Knien und nun wird mit ätzender Seife eingerieben, hierauf geschabt und rasiert, bis der Schädel spiegelglatt ist; denn der wahre Mohammedaner trägt niemals Haupthaar, nur der ganz arme Landbewohner und der zügellose Beduine sind behaart; der Städter hält ein kahles Haupt für die größte Zierde.

Mit eleganten Bewegungen arbeiten, scheren und waschen die Haarkünstler des Orients und ein Duft von Rosenöl und anderweitigen wohlriechenden Salben umgibt die Stelle ihrer Tätigkeit.

Von da gelangen wir an einer kleinen Neben-Moschee vorbei in den großen Hof, mit seinen Zisternen für die heiligen Waschungen; die umliegenden Säulengänge sind durch Holzwände und Gitter in Hallen getrennt, welche zur Aufbewahrung von Manuskripten dienen. Auf der östlichen Seite des Hofes befindet sich das kolossal große, von 380 Marmor-, Porphyr- und Granitsäulen gestützte und mit wahllos zusammengeschleppten antiken Überresten geschmückte Sanktuarium der Moschee. Vier Gebetsnischen für die vier anerkannten Sekten des Islams: Schafeïten, Malekiten, Hanefiten und Hambaliten, sind im Hintergrunde angebracht; zahllose farbige Lampen hängen von der Decke herab und ein buntes Seitengemach wird als das Grab des Heiligen Abd-er-Rahmân-Kichya gezeigt.

Das Merkwürdigste aber sind die 10 000 Studenten aus allen Ländern des Islams, die sowohl das Sanktuarium als auch die Hallen, Höfe und Vestibüle des großen Gebäudes füllen. Sämtliche orientalische Menschen-Typen, vom Schwarz des Negers bis zum blassen Gelb des Tscherkessen, sind da vertreten; das eigentümlichste Farbengemenge von Kostümen erfreut das Auge, selbst echte wissbegierige Beduinen in ihren weißen Mänteln reihen sich den Schülern an.

In kleinen, aus Rohrgittern geflochtenen Hütten sitzen auf er-höhtem Posten die Lehrer, urkomische Gestalten; meist alte, oft bucklige Leute, in orientalischem Gewand, den Turban am Kopf, Brillen auf der Nase; unter den lächerlichsten Bewegungen krei-schen sie mit heiserer Stimme ihren Vortrag herunter; alte verstaub-te Korane, das Um und Auf der morgenländischen Wissenschaft, liegen vor ihnen und mithilfe eines langen Bambusstabes erhalten sie Disziplin und Aufmerksamkeit in den Reihen ihrer Schüler. Um jeden Lehrer herum hockt, liegt oder sitzt auf blanker Erde ein dich-ter Kreis apathisch aussehender Jünglinge; viele horchen, manche müssen repetieren; man kann sich vorstellen, wie lärmend es in die-ser so genannten Hochschule, in diesem endlosen Hörsaal zugeht. Das Bild wirkt in der Tat verblüffend auf jeden Europäer, und schwerlich könnte man sich einen für uns fremdartigeren Anblick denken, als das Getriebe in der altberühmten Universität von Kairo. Nach kurzem Aufenthalt verließen wir den heißen Raum, in welchem ein perfider Gestank und Unmassen von Fliegen den Abendländer zum Rückzug drängen.

Nun kamen wir auf unseren nächsten Wanderungen noch an drei durch ihre hohen, schlanken Minaretts und farbigen Bema-lungen auffallenden Moscheen-Bauten vorüber. Die erste ist die Gâma Sultan Kalaûn aus dem Jahre 1287, die zweite Gâma Moha-med-en-Nâsir aus dem 13. Jahrhundert, und die dritte Gâma Bar-kûkîye aus dem 14. Jahrhundert stammend. Im Ganzen bieten die-se Gebäude außer einigen geschichtlichen Reminiszenzen weniges Interesse.

Desto bemerkenswerter ist das alte, von viereckigen Türmen flankierte Siegestor Bâb-en-Nasr, dessen ehrwürdige graue Gestei-ne an die Tage des arabischen Mittelalters erinnern.

Die Pforte durchschreitend, verfolgten wir den Pfad, der uns ne-ben einem alten mohammedanischen Friedhofe vorbei, zwischen Schutt- und Trümmerhaufen längs der dunklen Stadtmauer, zum bekannten Stadttor Bâb-el-Futûh führte. Beide erwähnten Tore, je-nes des Sieges und dieses mit dem Beinamen der Eroberung, stam-men aus derselben Zeit und wurden erbaut unter der Regierung des fatimidischen Kalifen Mustansir. Von nun an drangen wir wieder in die belebten Teile der arabischen Viertel ein, die volle, unge-

teilte Aufmerksamkeit dem bunten Treiben im Innern der Baza-
ren-Stadt zuwendend.

Kairos Bazare zu schildern, ihr Leben in richtigen Farben darzu-
stellen, gehört zu den schwierigsten Aufgaben, die eben nur einem
schreibenden Wandersmanne zufallen können. Ich beschränke
mich auf wenige, kurze Charakterzüge dieses farbenprächtigen Bildes.

Die alte arabische Stadt wird durch eine von der Place Atab-el-
Kadra beginnende und bis fast zu den Kalifen-Gräbern führende
Straße, die so genannte Muski, durchschnitten. Es ist dies die
Hauptader des Kairenser echt orientalischen Lebens. Nicht sehr
breit, unregelmäßig gebaut, ungepflastert, feucht und schmutzig
durch die einfach ausgegossenen Abfälle, Tummelplatz zahlloser
halbwilder Hunde, mit Matten überdeckt, von betäubendem Lärm
erfüllt und mit ekelhaftem Gestank durchsättigt, bietet sie das wahre Bild der morgenländischen Großstadt.

Alle möglichen orientalischen Völker der verschiedensten Hautfarbe, Männer mit Turban, im weiten bunten Gewand, Soldaten,
Beduinen, Israeliten im alttestamentarischen Kostüm, Türken,
Kleinasiaten, Griechen, Miriditen, Levantiner und Armenier, Reiche und Arme, Fellachen im blauen Hemd, Bauernweiber, Säuglinge an der Brust, wohlhabende Frauen zu Esel von ihren Eunuchen
gefolgt und gehütet, Reiter zu Kamel, Maultiere mit Waren beladen, dunkle Nubier, echte Neger, mohammedanische Prozessio-
nen, feierliche Derwische, Geschäftsleute, verkrüppelte Bettler,
Wasserträger mit dem Ziegenfellschlauch am Rücken, das alles
wogt im wirren Durcheinander auf und nieder.

Dazu wirkt betäubender Lärm auf das Ohr des Europäers. Das
Brausen der Volksmenge mischt sich mit dem Jammern der Bettler,
dem Gekreisch der Geschäftsleute, dem Klirren der Geldstücke,
dem Klappern der Trinkschalen, den pomphaften Erklärungen der
Hausierer und Kaffee-Verkäufer, dem Gebrüll der Kamele, dem
Gekläff der Hunde, den warnenden Rufen der Eseltreiber und der
den Wagen vorlaufenden Sâis.

Immer bieten sich dem Fremden neue Bilder, und endlos
herrscht dieses wilde Treiben vom frühen Morgen bis in die späte
Nacht hinein auf der langen Zeile der Muski.

Ägyptische Bettler

Rechts und links erstrecken sich nun die Bazare, mit dem Labyrinth von engen Gassen und Höfen; das Ganze in Form eines echten Trödelmarktes, dessen Interesse im Wesen der orientalischen Waren, in der unverfälschten Bauart und besonders im Benehmen der Käufer und Verkäufer beruht.

Der Bazar der christlichen Kaufleute Sûk-el-Hmzaûwi, ferner jener der Gewürzhändler Sûk-el-Attârin, dann Sûk-el-Fahhâmi mit tunesischen und algerischen Waren, bieten viel Anregendes. Das Quartier der Juweliere Ghôhargîye im Judenviertel, weiterhin Sûkes-Saîgh, Bazar der Gold- und Silberschmiede und Sûk-en-Nahhâsîn der Kupferschmiede, wurden von uns gründlich durchstöbert.

Schönen arabischen Schmuck, alte Waffen, Silber- und Goldarbeiten kaufte ich ein. Mit gekreuzten Beinen sitzen in weiten Gewändern, Schibuks rauchend und Kaffee schlürfend, die beturbanten Kaufleute in den offenen Buden. Mit gierigen Blicken betrachten sie die Fremden, dieselben genau musternd. Erkennen sie die Unkenntnis und Unbeholfenheit der mit der Hinterlist der Orientalen nicht vertrauten Wanderer, dann lassen sie allsogleich ihrer vollen Redekunst freien Lauf, die teuersten Gegenstände werden förmlich aufgedrängt und ohne die Hilfe eines geschickten Dolmetschers ist der arme Europäer verloren, büßt alles Geld ein, das er mitgenommen hat, und bringt womöglich noch falsche, unschöne Dinge nach Hause. Im Bazar zeigt sich der Araber als echter Semite, als wahrer Bruder des Juden, von Letzterem kaum unterscheidbar.

Der interessanteste aller Kairenser Bazare ist der Chân Chalil, ein eigenes Stadtviertel überdeckter Buden, schon aus den Zeiten des Mameluken-Sultans el-Aschrâf Salâheddîn-Chalîl stammend. Hier findet man das bunteste Treiben morgenländischen Lebens und die unverfälschtesten Waren aller Art, alles orientalisch, auch Produkte aus Negerländern, besonders vom Sudan.

Im Teppich-Bazar ging ich in den Hof des Hauses eines reichen Kaufmannes. Mit würdevollem Benehmen entrollte der alte Handelsherr seine schönsten Stoffe, türkische und besonders persische Teppiche von hohem Werte.

Nach mehrstündigem Aufenthalte in den arabischen Stadtteilen drängten wir uns wieder durch das Menschengewühl der engen Gassen in die Muski zurück. So herrlich, farbenprächtig und malerisch das orientalische Leben, insbesondere dem an die schablonenhafte Monotonie Europas gewöhnten Reisenden auch erscheinen mag, hat selbst dieses Paradies seine bösen Schattenseiten. Zu denselben rechne ich in erster Linie das viele Ungeziefer. Millionen von großen schwarzen Fliegen hausen innerhalb der Gassen, umschwärmen den Orientalen, der sie nicht davonjagt, sondern das Gesicht damit vollkommen überdeckt behält. Schmutz und Krankheitsstoff tragen die Tiere in die Augen und darin kann eine Erklärung für die vielen blinden und mit so überaus ekelhaften Augenkrankheiten behafteten Menschen liegen. Überhaupt bekommt man Krüppel und Kranke, von Seuchen und Entartungen des Leibes geplagte Individuen im Orient zu Gesicht, von deren Möglichkeit der Europäer sich früher keine Vorstellung machen kann.

In der Muski mieteten wir uns Reitesel, jene kleinen, mageren Tiere, die unter hohem arabischen Sattel nach tausenden alle Straßen Kairos tagtäglich durchlaufen und die Stelle der Fiaker einnehmen. In raschem Zotteltrab und abwechselnd Galopp, den unermüdlichen Eseltreiber zu Fuß hinterher, ritten wir die Muski der Länge nach hinab und durch die europäischen Stadtteile über den Kanal el-Jsmailîye nach der Schubra-Allee ins Schloss Kasr-en-Nusha zurück.

Nach kurzem Aufenthalt fuhren wir zum Vizekönig, um ihm unseren ersten, noch nicht offiziellen Besuch abzustatten. Das Palais, in dem der Khedive des Tages die Arbeitsstunden zubringt, liegt in den westlichen Teilen der modernen Stadt und ist ein großes, vollkommen europäisches, eigentlich stilloses Gebäude.

Der Vizekönig empfing uns auf das Freundlichste; nach morgenländischer Sitte wurde aus reizenden türkischen Schalen vorzüglicher Kaffee getrunken und dazu Schibuk geraucht. Der Besuch dauerte nicht lange und bald unternahmen wir die weite Fahrt durch europäische, dann auch echt arabische Stadtteile, nach der schon nahe von der Zitadelle gelegenen Sultan Hassan-Moschee.

Es ist dies ein großes, sehr altes, leider schon verwahrlostes Gebäude; weitaus die schönste und im arabischen Stil am reinsten erbaute Moschee unter allen, die ich in Kairo gesehen habe. Das

Grab des Sultans, die Wasch-Zisternen, die Gebetstellen und Säulenhallen, alles ist leider schon arg dem Verfalle preisgegeben. Auf den Steinplatten werden die Blutspuren aus den Tagen des ersten Janitscharen-Massakers im Jahre 1351 gezeigt. Von da fuhren wir am kürzesten Wege nach Hause, um noch rasch ein Frühstück einzunehmen und hierauf in einem vierspännigen Wagen, von reitenden Postillonen gelenkt, die Fahrt zu den Pyramiden anzutreten.

Unser Weg führte uns abermals durch die ganze europäische Stadt. Die reizenden, im Landhausstil erbauten Gebäude, mit orientalischen Verzierungen geschmückt, das Gemenge von Morgen- und Abendland, die blühenden Gärten mit ihren duftenden Blumen und Sträuchern, den rauschenden Palmen entzückten mich sehr, und erstaunt sah ich inmitten der Stadt unzählige Raubvögel, tausende der Schmarotzer-Milane fliegend oder auf den Dächern sitzend, Aasgeier, die niedrig über die Straßen zogen, hörte den Gesang der Vögel, das Rucksen der Palmtauben und sog mit Wonne die herrliche Luft des göttlichen Ägyptens ein, gedenkend der harten Plagen des europäischen Winters, denen ich für diesmal entronnen war.

Bei den großen Gebäuden von Kasr-en-Nil kamen wir über den heiligen Strom und die Insel Gezîret-Bûlâk, fuhren neben einigen vizeköniglichen Luftschlössern und herrlichen Gärten vorüber und erreichten gar bald den Damm, auf dem die von Allee-Bäumen eingesäumte Straße in gerader Richtung durch kultiviertes Land, zwischen Feldern und jetzt noch halbbewässerten Äckern, an einem elenden arabischen Dorfe vorbei, zum Rande der Wüste führt. Nur mehr einige hundert Schritte weit rollt der Wagen über den gelben Sand der libyschen Wüste und wir halten am Fuße der Riesenbauten, der jahrtausendealten Zeugen der Weltgeschichte.

Ein eigentümlicher Schauer übermannt jeden Wanderer, der zum ersten Mal in unmittelbarer Nähe jene Denkmäler einer längst vergangenen Zeit betrachtet und mit Händen Steine berühren kann, die einige Jahrhunderte noch vor den Tagen Abrahams, durch die Arbeitskraft und das Geschick von Menschen in derselben Stellung und Lage aufgetürmt wurden, in der sie sich heute noch befinden.

Schakaljagd auf den Pyramiden

Die Pyramiden von Gizeh beschreiben, hieße eine unzählige Mal schon verfasste Schilderung nachplappern. Sie gehören in den Bereich der Reisehandbücher, der abgetretensten Touristenwege, und die Grabmäler alter Dynastien der grauen Vorzeit sind herabgesunken zum Niveau eines Rigi, wo die blöden Namen der abendländischen Touristen ehrwürdige Steinplatten beschmutzen.

Die Cheops-Chefrên- und Menkerâ-Pyramiden sowie der vom Wüstensand umspülte Leib der Sphinx wurden betrachtet, und hierauf die zweite Pyramide durch einige Araber bestiegen, damit die darauf hausenden Schakale herabkämen; wir waren leider schlecht postiert und so entkamen zwei Schakale unbelästigt in die endlose von Tälern und Wellen durchzogene Wüste eilend. Mehrere Schüsse wurden von unten nach den in halber Höhe außerordentlich flink zwischen den Steinen umherhüpfenden Tieren abgefeuert, doch erfolglos, da die Entfernung eine viel zu große war.

Die Pyramiden machten auf mich, besonders wenn Menschen und Tiere auf denselben kletterten, den Eindruck eines künstlichen Hochgebirges und keineswegs jenen eines architektonischen Baudenkmales.

Die Sonne neigte sich, in herrlichen Beleuchtungen schwamm die schöne Landschaft, goldig erglänzten die greisen Steinmassen der Pyramiden und in rötliche Tinten waren die Nil-Landschaft, das Häusermeer von Kairo, die Zitadelle und das hochragende Mokattam-Gebirge getaucht. Wir mussten heimwärts eilen; rasch fuhren wir denselben Weg zurück, den wir gekommen waren.

In der Schubra-Allee, dem Prater Kairos, herrschte reges Leben. Reiter tummelten sich auf schönen arabischen Pferden herum und zwei dicht geschlossene Wagenreihen sah man auf und nieder fahren; es war großer Korso, so lebhaft und schön, wie ihn nur der Süden hervorzaubern kann und nicht wie ihn der Norden in Form von frierenden Droschkenfahrten an rauen Maiabenden zu karikieren sucht. Man sah herrliche Equipagen, ganz nach europäischem Muster, nur die Diener mit dem Fez am Kopfe. Reiche Mohammedaner, Paschas, Levantiner, die wohlhabenden Griechen und die übrige europäische Gesellschaft schöpften da in ihren Wagen die wonnevolle Abendluft.

Am meisten interessierten uns die geschlossenen Equipagen, von abendländischen Kutschern gelenkt; doch daneben saßen anstelle des Bedienten die schwarzen Eunuchen mit ihren Ekel erregenden, schlaffen Gesichtszügen, in halbeuropäischer Tracht. Im Innern der Wagen waren die Frauen hoher Würdenträger, der verschiedenen Paschas, ja sogar Prinzessinnen; alle trugen die morgenländische weite Tracht und durch den dünnen weißen Schleier glänzten herrliche schwarze Augen und schöne, feine Züge, wohlgeformte dunkle Augenbrauen und lange Wimpern hervor. Auch ärmere Leute in Droschken und zu Esel trieben sich da herum und ziemlich elegante Demimonde, sowohl im Pariser als noch mehr im Wiener und Pester Genre, machte die Gegend unsicher.

Zu Hause angelangt, kleideten wir uns rasch um und fuhren nach dem Palais des Khedive, wo ein größeres Diner, zu dem auch die hohen Würdenträger und Generalkonsuln geladen waren, gegeben wurde. Wir lernten dort die Brüder des Khedive kennen. Das Haus des Vizekönigs ist ganz nach europäischem Muster gehalten und die Dienerschaft ist, jene Leute, die mit dem Kaffee und Schibuk beschäftigt sind, ausgenommen, vollkommen abendländisch.

Nach dem Speisen fuhren wir mit dem Vizekönig zum großen, inmitten der Stadt gelegenen Esbekîye-Garten, wo die österreichisch-ungarische Kolonie uns zu Ehren ein arabisches Fest arrangiert hatte. Lampions hingen an Bäumen und Sträuchern, Feuerwerke wurden abgebrannt und unter Zelten produzierten sich Sänger und Tänzerinnen, arabische Musiken, Schlangenbändiger, Feuerfresser, Märchenerzähler, Neger, Nubier, Clowns, von der Nordküste Afrikas stammend, und türkische Schattenspiele und Wursteltheater mit orientalischem Anstrich wurden da aufgeführt; mit einem Worte eine Jahrmarktunterhaltung, mit all den Künstlern dieser Art, an denen das Morgenland ja so reich ist. Leider hatte man die Tore des Gartens zu früh geöffnet und so strömte eine riesige Volksmenge herein, die jeden freien Verkehr unmöglich machte. Wir wären fast alle erdrückt worden und nur mithilfe einiger Dalmatiner, die im vollen Kostüm erschienen und um uns einen lebenden Wall bildeten, gelang es, das Tor und die draußen stehenden Wagen wieder zu erreichen. Bald waren wir zu Hause und nach einem gut ausgefüllten Tage tat die Ruhe doppelt wohl.

Am folgenden Morgen fuhren wir durch einen großen Teil der europäischen Stadt, nach dem auf der Südspitze der Insel Bulâk gelegenen Museum von Bulâk. Es ist dies die reichste und berühmteste Sammlung ägyptischer Altertümer, und im breiten, recht hübsch errichteten Gebäude befinden sich wahre Schätze aus der alten Pharaonenzeit. Ein Franzose ist Direktor, der Nachfolger des bekannten, erst vor kurzem verstorbenen Mariette-Pascha. Der Bruder des großen Ägyptologen Brugsch-Pascha hat desgleichen einen Posten beim Museum und erklärte uns auf das interessanteste alle Teile der Sammlung.

Das Museum von Bulâk zu schildern erfordert einesteils große wissenschaftliche Kenntnisse und ist anderenteils in vielen fachmännischen Schriften schon Stück für Stück behandelt worden. Alles wurde von uns genau angesehen, in den Sälen sowohl als auch im kleinen Garten. Einige christliche Mumien, aus den ersten Zeiten des Christentums stammend, durch die bunte, reich verzierte Kleidung und die schwarzen Gesichter an byzantinische Madonnen erinnernd, interessierten mich sehr, da ich vordem von ihrer Existenz keine Ahnung hatte. Nach ziemlich langem Aufenthalt verließen wir das Museum und fuhren nach Hause.

Kaum hatten wir uns alle in volle Parade geworfen, als auch schon ein Pascha, der beim Khedive die Stelle eines Obersthofmeisters bekleidet, erschien, um uns zum offiziellen Besuch abzuholen. In einem großen, arg vergoldeten Glaswagen mit Bockdecken, von sechs schönen englischen Pferden gezogen, mit Vorreitern und umgeben von Kavallerie, fuhren wir in Schritt feierlich, prozessionsartig den langen Weg bis zum Palais des Vizekönigs. Die Zusammenstellung der Equipage war eigentümlich: auf einem sehr schönen, echt europäischen Galawagen als Wappen der Halbmond und Stern, Kutscher und Vorreiter in abendländischer reicher Livree, mit dem Fez am Kopfe, und eröffnet wurde der Zug durch Saïs im vollen morgenländischen Kostüm.

Auf den Gassen standen viele Leute, die uns neugierig angafften; am Platze vor dem Palais leistete ein lichtblau adjustiertes, recht hübsches Garde-Infanterie-Regiment unter den Klängen unserer Volkshymne die Ehrenbezeugung, gefolgt von einem arabischen Ruf, den eine Kompanie nach der anderen beim Präsentieren brüllte. Der Vizekönig in der Parade-Uniform eines türkischen Paschas erwartete uns, umgeben von seinem Hofstaat. In einem großen Saale setzte sich alles im Kreise, längs der Wände auf kleinen Stühlen nieder; hierauf erschienen die langen, reich verzierten offiziellen Schibuke und der Kaffee. Es ist dies eine nicht nur wohlschmeckende, sondern auch mit einer gewissen feierlichen Ähnlichkeit zur Friedenspfeife verbundene Sitte. Nach dem Besuche wurde, abermals in den großen Wagen, der langsame Rückzug nach Kasr-en-Nusha angetreten.

Gleich nach unserer Rückkehr kam der Khedive, um uns seine Visite abzustatten. Als er das Schloss verlassen hatte, empfingen der Großherzog und ich die ganze österreichisch-ungarische Kolonie, die Generalkonsuln und noch einige andere Herren, die uns zu sehen gewünscht hatten, unter ihnen auch den Erzbischof von Alexandrien, ein Franziskaner, aus Dalmatien gebürtig: eine schöne Erscheinung, mit langem Bart und edlen Gesichtszügen. Der arme Mann ist seither auf hoher See gestorben und im Meere zur ewigen Ruhe bestattet worden.

Nach einigen offiziellen Stunden war es uns gegönnt, die Paradeuniformen mit Jagdkleidern zu tauschen und einem kurzen Frühstück folgte die Abfahrt zur Jagd nach Heliopolis. Baron Saurma begleitete uns ebenfalls, sein Bruder und Prinz Taxis waren schon nach den Jagdplätzen vorangeeilt. Anfänglich mussten einige Gassen der Stadt passiert werden, doch bald hörten die letzten Häuser in ruinenhafter Form am Rande der Wüste und des Kulturlandes auf. Zur Linken sahen wir das große Schlachthaus, dessen Nähe durch viele Aasgeier gekennzeichnet war; zur Rechten genossen wir einen hübschen Blick auf Wüstenlandschaft und dahinter die hochragenden Wände des Mokattam-Gebirges. Windmühlen, alte halb verfallene Gräber und Ruinen bildeten die letzten Gebäude der Sand-Zone.

Die Straße führt stets im üppigen Kulturland, zwischen blühenden Gärten und hohen Alleen, doch nahe der Wüste. Die grünen Parks von Abbasîye und des Palais Taufik, mit ihren schattigen Baumreihen und früchtebeladenen Orangenhainen wurden durchfahren und nach halbstündiger Reise hatten wir den inmitten dichter Büsche und Gärten stehenden Marienbaum erreicht. Wir ließen anhalten, um die Sikomore, unter welcher die heilige Familie der Sage nach gerastet haben soll, von nahe zu betrachten. Es ist ein uralter, durch seine knorrigen Äste, die Breite des Stammes und die Dicke der Rinde sehr auffallender Baum, der die Mühe eines Besuches lohnt. In der Nähe dieses Platzes versuchten wir vergeblich ein kleines Zuckerrohrfeld mit den Hunden durchzujagen, desgleichen ein Fulfeld. Die Weiterfahrt auf hohen schmalen Dämmen im großen vierspännigen Wagen war etwas halsbrecherisch, und nur langsam näherten wir uns unserem Ziele. Zu beiden Seiten des Weges erstreckte sich das grünende Kulturland, von Kanälen durchzogen, geschmückt durch Sikomoren und rauschende Palmenwälder; einige kleine graubraune, aus Lehm erbaute arabische Dörfer waren die einzigen menschlichen Behausungen. Allenthalben arbeiteten fleißige Fellachen auf den Feldern, Büffel zogen an den Brunnen und Kamele trugen Lasten, Kuhreiher folgten in dichten Scharen dem pflügenden Landmanne und allerlei Vogelwelt erfreute das Auge des Jägers. In südöstlicher Richtung bemerkten wir stets die Wüste und kahle Gebirge. Nach einiger Zeit erschien der berühmte Obelisk von Heliopolis, umgeben von grünen Wiesen und Büschen, vor unseren Blicken.

Unweit des Obelisken erhebt sich ein Garten, der dem Khedive gehört. Es ist dies eine Orangenanpflanzung, gut gepflegt, mit schönen Promenadewegen, geziert durch Blumen und üppige Fülle afrikanischer Vegetation. Der Garten, nicht größer als manch anderer in der Nähe europäischer Landhäuser, ist mit einer niederen Lehmmauer umgeben und befindet sich inmitten wohlbebauter Felder neben einem Dorfe. Baron Saurma forderte uns nun auf, denselben zu durchstöbern.

Durch das Tor eintretend, drängte sich mir unwillkürlich der Gedanke auf, wir würden hier höchstens auf die schöne afrikanische Palmtaube und anderes südländisches Kleingeflügel jagen, bald wurden wir aber eines Besseren belehrt. An einem den Garten durchschneidenden Hauptwege stellten sich einige Herren, gedeckt hinter mit Früchten beladenen Orangenbäumen, auf; mir wurde der letzte Stand neben der Mauer angewiesen. Acht vorzügliche Dachshunde Saurma's wurden gelöst und bald erinnerte fröhliches Gekläff an die Jagdgründe der Heimat.

Mit gespannter Aufmerksamkeit folgte ich dem Gange der Jagd; nach einigen Minuten fiel am Wege ein Schuss, ihm folgte kurze Ruhe, doch rasch darauf hob das Geläute der Dachseln in entgegengesetzter Richtung von neuem an. Immer mehr und mehr näherte sich die Jagd meinem Stande. Plötzlich hörte ich ein Stück in rascher Flucht durch das Gestrüpp auf mich zukommen und gleich darauf erschien auch längs der Mauer ein Schakal in gestrecktem Galopp vor mir. Ein glücklicher Schuss streckte ihn zu Boden. Nur mit Mühe entriss ich meine Beute den Angriffen der wütenden Dachshunde, die gleich darauf der Fährte gefolgt waren. Ich hatte den echt afrikanischen Schakal, ein rötlich gelbes, mageres, hochbeiniges Tier mit spitzigen Lauschern erlegt. Nun eilte ich zu den anderen Herren. Hoyos war so glücklich gewesen, eine ziemlich starke Wölfin der Spezies *Canis Lupaster*, afrikanischer Wolf, auf die Strecke zu bringen. Als wir dann den Garten nochmals und mithilfe einiger Eingeborenen durchtreiben ließen, erschien abermals ein Wolf, den ich durch das Gebüsch rascheln hörte und mein Jäger sogar sah; leider entschlüpfte aber das schlaue Tier unbeschossen über die Mauer. Zwei Waldschnepfen wurden auch gesehen, jedoch nicht in schussmäßiger Nähe; hoch in den Lüften zogen Kraniche und Geflügel verschiedener Art belebte die dichten Orangenbäume. Nach kurzer, aber sehr gelungener Jagd verließen wir den Garten und traten die Heimfahrt an.

Die Sonne war untergegangen, die Schatten wurden immer länger und die Dämmerung stellte sich ein. Der bei Tag schon so gefährliche Weg am Kamm der hohen, schmalen Dämme schien für die Nacht wahrlich nicht sehr angezeigt zu sein und so beschlossen wir, das kanaldurchschnittene Kulturland zu verlassen und querfeldein durch die Wüste zu fahren. Anfänglich ging es gut, doch bald waren die Kräfte der Pferde erschöpft und nur mehr im langsamen Schritt schleppten sich die schweren Fuhrwerke im tiefen Sande vorwärts. Mehrere Stunden hätten wir auf diese Weise bis Kairo zubringen müssen, auch begann die Wüste sich uneben zu gestalten und so wanderten wir mithilfe einiger Fackelträger in das Kulturland zurück.

Der Garten des Schlosses Kub wurde passiert; Fledermäuse umschwirrten die rauschenden Palmen und dichten Sikomoren, aus den Gebüschen und früchtebeladenen Orangenhainen drangen die üppigsten Wohlgerüche, die sinneberauschenden Düfte der orientalischen Vegetation empor; unzählige Sterne bedeckten den Himmel und eine laue, herrliche Luft wirkte berückend auf den armen Europäer; es war eine echte afrikanische Nacht in ihrer vollen Pracht. Man muss den wonnigen Zauber jener gesegneten Länder kennen, um ihre unbeschreiblichen Reize, die endlose Anziehungskraft, die Sehnsucht nach denselben zu verstehen, die jeden erfasst, der in diesen Zonen gelebt hat. Nur da, im lachenden, ewig blühenden Orient, im unsterblichen Sommer, konnte die Wiege des Menschengeschlechtes gestanden haben und nicht im rauen, düsteren, durchfröstelten Norden.

Von Kub aus führt eine recht gute Straße nach Kairo und bald hatten wir Kasr-en-Nusha erreicht, wo ein Diner, gefolgt von wohltätiger Nachtruhe, uns für den nächsten Tag stärkte.

Am 22. brachen wir des Morgens auf und fuhren mit Baron Saurma durch einen Teil der europäischen Stadt, dann die lange Muski-Straße hinauf, bis wo der fahrbare Weg bei den letzten Häusern endet und das öde, wüste Gebiet der alten Gräber beginnt. Der weite, mit Wüstensand und Steinen bedeckte Raum zwischen Kairo und den jäh abfallenden Wänden des Mokattam-Gebirges ist ausgefüllt durch eine wahre Stadt von alten, teils sehr schönen Grab-Moscheen und muselmännischen Gräbern aller Art. Eine ähnliche Totenansiedlung findet sich auch jenseits der Zitadelle, es sind dies die viel weniger sehenswerten Mameluken-Gräber. Unter den vielen größeren und kleineren Moscheen der Kalifen-Gräber ist am bemerkenswertesten die Gâma-Kait-Bey, ein ziemlich gut erhaltener Bau mit reich verzierter Kuppel; im Sanktuarium befinden sich zwei Steinwürfel mit den Abdrücken der Füße des Propheten, welche der Erbauer Kait-Bey selbst von Mekka mitgebracht haben soll.

Im Ganzen bietet ein Ritt durch die Gräberstadt viele hochinteressante Momente. Vor uns die ernsten Wände des Gebirges, zur Rechten die Zitadelle auf Felsen erbaut, durch schlanke, hochragende Minaretts geschmückt; um uns ein Gewirr von Gräbern, Leichensteinen, Moscheen, alles im Verfall begriffen, vom Wüstensand umspült; dazwischen erheben sich kahle Hügel, durch arabische, aus Stein turmartig gebaute Windmühlen gekrönt; ein düsterer Charakter ist dem Bilde aufgeprägt und die vielen Hyänen-, Schakal-, Wolfs- und Hunde-Spuren beweisen, welch unheimliche Gäste hier des Nachts den toten Muslimen Grabgesänge heulen.

Bald hatten wir die großen Steinbrüche erreicht; mächtige Wände fallen da ab und große Felsblöcke liegen in wilder Unordnung herum; die Esel werden zurückgelassen und auf einem engen Pfade, zwischen Steinen und jähen Abstürzen klettern wir in halber Berghöhe allmählich empor. An einigen Stellen darf der Jäger dem Schwindel nicht unterworfen sein und glatte, graugelbe und dunkelbraune Platten dieses echten Wüstengebirges erfordern eine gewisse Geschicklichkeit. In einer engen, von Wänden eingeschlossenen Schlucht, schon nahe vom obersten, festungsartig gezeichneten Bergkamme finden wir einen Araber bei einem toten Esel. Baron Saurma hatte hier an der einen Felswand eine Höhle mit Steinen verkleiden lassen und so entstand eine durch Schussscharten geschmückte, ganz versteckte Felsenbatterie. Mein Onkel, Saurma's Diener, der geschickte Nubier Osman, mein Jäger und ich kletterten mit Händen und Füßen über eine schmale Kante in das enge, ungemein unbequeme Versteck. Der Baron und der Araber gingen alsbald wieder zu den Steinbrüchen hinab, um von da den Verlauf der Jagd zu beobachten. Von unserer hohen Warte aus war eben die beste Schrotschussdistanz bis zu dem in der Sohle der Schlucht liegenden Köder geboten.

Das Wetter hatte sich leider getrübt und feiner Regen fiel zur Erde herab; in Kairo ist dies eine große Seltenheit und man sagt, dass es nur siebenmal im Jahre regne und eben einer dieser sieben Tage war uns zu einer Jagd beschieden, für die wir vollkommen reines Firmament gebraucht hätten.

Lange Zeit hindurch erschien nichts. Endlose Übungen der Hornisten und Trompeter auf der Zitadelle schallten herüber und einschläfernd wirkte die dumpfe Luft in dem engen Raume, der jede freie Bewegung hemmte. Das einzige Interesse boten die unzähligen Versteinerungen im Kalksteine. Endlich flatterten ein Kolkraben-Pärchen und bald darauf einige Milane herbei, um augenblicklich ihr Frühstück zu beginnen; später folgten die ekelhaften Aasgeier mit ihren nackten Köpfen. Mehrstündiges Warten bewog mich, dem Großherzog, der noch niemals einen Schmutzgeier erlegt hatte, den Rat zu geben, einen derselben niederzuschießen. Gesagt, getan; kaum dass sich der Rauch im Tale hinabzog, eilte ich zur Stelle, bat meinen Oheim noch einige Stunden hindurch zu warten, da die Sonne indessen die Regenwolken zerrissen hatte, und stieg mit der höchst übelriechenden Beute zu den Steinbrüchen hinunter. Dort angelangt, suchten Baron Saurma und ich einen günstigen Beobachtungsposten und erwarteten mit dem Fernglas in der Hand die kommenden Ereignisse.

Nach einer Viertelstunde schon erschienen die ersten großen Geier, der mächtige *Vultur Fulvus*; mit ruhigen Flügelschlägen umkreisten sie die Kuppen des Gebirges; einer folgte dem anderen, bald waren deren wohl über sechzig in den Lüften versammelt. Nun kam der aufregende Moment, als der erste seine Schwingen einzog und in die enge Schlucht herabsauste; auf dieses Signal taten alle anderen dasselbe; und wie eine große Steinlawine stürzte Geier auf Geier aus schwindelnder Höhe herunter; die letzten waren noch nicht bei ihrem Ziele angelangt, als wir den Rauch aus der Felsenbatterie aufsteigen sahen; rasches Auseinanderstieben, wilde Unordnung in den Reihen der großen Vögel waren die nächsten Folgen des Schusses.

Mithilfe des Fernglases entdeckte ich einen schwer geschossenen Geier über die Steine kollern und gleich darauf erschien Osman, der Beute nacheilend. Da die anderen hungrigen Gesellen den Platz nicht verlassen wollten und noch immer umherkreisten, lief ich, so rasch es nur eben ging, den schmalen Felsenpfad empor zum Versteck. Der Großherzog hatte fünf enorme Geier auf einen Schuss, im Momente als sie beim Aase die Köpfe zusammensteckten, erlegt. Diese zahlreiche Beute lag nun in der schmalen Felsenbatterie; man kann sich die üble Ausdünstung vorstellen, die in dem engen Raume herrschte.

Die gierigen Raubvögel umflogen wohl noch durch eine halbe Stunde die Ränder der Schlucht, doch herabsteigen wollten sie nimmer; dann verließen sie einer nach dem anderen den Platz, in die Gebirge zurückstreichend. Auch wir traten auf das hin den Rückzug an. Osman war einstweilen weggeschickt worden, mein Jäger wartete im Tale, und so erblühte dem Großherzog und mir die mühsame und übelriechende Aufgabe, die schwere Beute auf dem schlechten Pfade am Rücken hinabzutragen.

Als wir bei den Steinbrüchen anlangten, war es Nachmittag geworden; auch die anderen Herren, die bei einer am Plateau des Mokattam-Gebirges gelegenen halb verfallenen Grab-Moschee ein Aas ausgelegt hatten, waren schon lange zurückgekehrt; ihre Beute

bestand aus einem Aasgeier und einigen Milanen, große Geier erschienen daselbst nicht.

Nun ritten wir zwischen den Kalifen-Gräbern hindurch bis zu
den ersten Häusern der Stadt, wo unsere Wagen warteten. Die
Fahrt, die weite Zeile der Muski entlang, nahm viel Zeit in Anspruch, da in den ersten Abendstunden dichtes Menschengewühl
in den echt arabischen Straßen auf- und niederwogte.

Am äußersten Ende der orientalischen Viertel, beim Beginn der
Muski, am Rande der europäischen Stadtteile, befindet sich die
Werkstatt des berühmten Herrn Parvis, eines gebornen Triestiners.
Dieser außerordentlich geschickte Industrielle erzeugt orientalische Gegenstände aller Art, besonders Zimmereinrichtungen. Die
österreichisch-ungarische Kolonie machte mir ein vollkommen
stilgerechtes, morgenländisches Rauchzimmer zum Geschenke;
und so hielten wir auf unserer Rückfahrt bei Parvis an, um das eben
vollendete reizende Gemach zu betrachten. Nach kurzem Aufenthalt kehrten wir nach Kasr-en-Nusha zurück, wo gespeist und bald
zur Ruhe gegangen wurde.

Des anderen Morgens sollte Kairo verlassen und der Jagdausflug
nach der Provinz Fajum angetreten werden, dem dann die Nilreise folgte.

2. Kapitel

Am 23. Februar frühmorgens versammelte sich die ganze Reisegesellschaft am Bahnhofe jenes südlichen Schienenstranges, der sowohl bis Siut, als auch in die Provinz Fajum eine Verbindung findet. Außer uns allen waren noch die beiden Brüder Saurma erschienen.

Herr Zimmermann hatte abermals die Güte, unseren Zug zu führen und uns bis zu der letzten Station Abuksar zu begleiten. Prinz Taxis war mit einem Dragoman schon tags vorher nach dem See von Birket-el-Karun vorausgeeilt, um das Zeltlager aufzuschlagen und die Jagdtage vorzubereiten.

Anfänglich führte die Bahn durch jenes schmale Band kultivierten Landes, das sich besonders am westlichen Ufer zwischen dem Nil und der Wüste dahinzieht. Der volle Typus des ägyptischen Kulturlandes war auch hier vertreten, intensiver Bodenbau auf engem Raum zusammengedrängt; echte Fellachen-Dörfer wechselten mit Palmenwäldern, größer als jene Unterägyptens; ganze Städte von runden, im wahren arabischen Stile erbauten Taubenschlägen fielen uns auf. Tausenden von Felsentauben wird hier Schutz und Wohnung gewährt, nur um des edlen Guanos willen; hie und da nimmt man auch die Eier und die Daunen hinweg. Diese Vögel gewöhnen sich nie an den vollen Haustier-Charakter, sie bleiben in Farbe und Größe echte Felsentauben und benehmen sich in halbwilden Manieren.

Öfters zieht die Bahn nahe vom Nil, immer am linken Ufer; in östlicher Richtung sieht man die bis an den Strom herantretenden Wüstengebirge, in westlicher hingegen die hier nur wellenförmig bewegte, fast flache libysche Wüste. An allen Pyramiden passiert der Eisenbahnzug, und zwar nahe genug, um dieselben gut betrachten zu können; anfänglich erscheinen die greisen Häupter von Gizéh, die stolzesten ihres Geschlechtes; bald darauf folgen die kleineren Verwandten von Sakkára. Die weit ausgebreiteten Palmenwälder von Bedraschên und Memphis erhöhen den echt afrikanischen Typus der Landschaft. Wir Europäer sind gewohnt, einzeln stehende Palmen in Treibhäusern oder an den südlichen Küsten unseres stiefmütterlich ausgestatteten Erdteiles mit Bewunderung zu betrachten. Erst der rauschende, weit ausgedehnte Palmenwald verleiht diesem Baume seine volle Kraft als Wahrzeichen des sonnendurchglühten Afrika.

Um 10 Uhr vormittags beiläufig bog unser Schienenstrang von der Hauptlinie der nach Siut längs des Nils ziehenden Bahn ab und führte uns in einer gerade westlichen Richtung in die öde, kahle Wüste. Befremdend und merkwürdig erscheint eine Eisenbahnfahrt in jenen Gegenden, in jenen herrlichen, so großartig öden Regionen. Wie mit einem Schlage hat man die Überschwemmungsgrenzen des Nils überschritten, und aus der üppigsten, von Segen spendender Feuchtigkeit strotzenden Vegetation, wie sie nur der schwarze Erdteil schöpfen kann, sind wir plötzlich in die totenstille, leblose Wüste versetzt.

Wer sich die Wüste flach, vollkommen eben, wie manche ungarische Puszta oder norddeutsche Marsch vorstellt, irrt sich sehr. Sie ist immer wellenförmig bewegt, oft tief eingeschnitten, von Tälern durchzogen und von Hügeln gekrönt; doch stets einsam, ohne die geringste Spur von Pflanzenwelt, und bloß an den Rändern bewohnt von ganz eigentümlichen, ihr angepassten Tierformen. Aber schön und großartig tritt die Wüste dem Fremden entgegen, ein Bild ewiger Ruhe, dabei farbenprächtig, von der sengenden Sonne Afrikas durchglüht, farbig nach den verschiedenen Gesteinen, oft hellgelb, dann wieder dunkel, manchmal sogar scheckig; ganz eigentümliche Farbenzusammenstellungen zaubern die vielartigen Steine hervor.

Nichts Lebendes sahen wir und rasch brauste der Zug durch die Einöde. Einige Beduinen in weißen Burnusen und mit langen Gewehren tauchten hinter einem Hügel hervor; echte Berber hausen in diesen Teilen der Wüste; freie Söhne der Erde, in ihrer Art die glücklichsten Menschen, mutig und räuberisch, ungezwungen und unbotmäßig bis in das äußerste Maß. Die einzelnen Stämme unterscheiden sich sehr in Typus und Kleidung sowie auch in Chraktereigenschaften und Bewaffnung; doch steht Ägypten, was die Schönheit und das malerische Wesen seiner freien Stämme betrifft, einesteils Marokko, andernteils Asien, insoweit dieser Weltteil in seinem Südwesten semitisch-arabisches Land ist, weit zurück. Gegen Mittag erscheint wieder Kulturland, man könnte sagen ein saftig grüner Fleck inmitten der gelblichen Wüste vor unseren Augen. Es ist die große Oase von El-Fajum, ein wahres, gut kultiviertes Land in kreisrunder Form, nach allen Seiten von Wüste umgeben. Die westlichste Grenze und Trennung vom bebauten Boden zur Einöde bildet der große See von Birket-el-Karun. Ein kurzes Stück der wohlgepflegten, üppig, besonders mit Zuckerrohrfeldern bebauten Oase wird durchfahren und wir gelangen zur Station von Abuksar. Das äußerste Ende dieser Bahnlinie hatten wir somit erreicht. Ein innerafrikanischer, ruinenartiger Bahnhof und einige dazugehörige Gebäude bilden nebst der Zuckerfabrik eine kleine Kolonie. Man stelle sich ja kein Etablissement nach europäischem Muster, keine böhmische Rübenzuckerfabrik vor, sondern nur ein recht einfaches und verwahrlostes Gebäude, in welchem man die vielen Zuckerrohrfelder verwertet; einige niedere Schlote wahren den Fabrik-Charakter.

Im mehr als primitiv eingerichteten Wartsalon des Stationsgebäudes nahmen wir rasch ein Frühstück ein und eilten nach demselben unsere Karawane zusammenzustellen. Das ist im Orient keine leichte Aufgabe, denn jeder will auf das Stürmischste seine Dienste, sein Pferd, seinen Esel anbieten, einer stößt den anderen hinweg und alle schreien und gestikulieren, bis der arme Fremdling, vollkommen betäubt, sich dem nächstbesten in die Arme wirft. Mithilfe einiger Gendarmen und dank unseren wehrhaften Stöcken gelangt es bald, Ordnung in das wilde Chaos zu bringen. Jeder der Herren erhielt sein Pferd, desgleichen die Diener, auch mussten Leute aufgenommen werden, welche unsere in diesem Lande so notwendigen Dachshunde trugen. Eine ganze Meute war diesmal vereinigt. Baron Saurma hatte zehn und wir vier Dackel, brave, kampfeskühne Tiere mitgebracht. Nach einigen Anstrengungen wurden die massenweise herbeigeeilten, neugierig gaffenden Leute zurückgedrängt und an weiterem Nachlaufen verhindert.

Unsere Jagd-Beduinen, die wir in der Tat benötigten, ritten und gingen voraus, ein kleiner Stamm für sich; alle in weißen oder besser gesagt schmutzig gelben Burnusen, mit langen Gewehren und krummen Messern, den primitiven Tabakbeutel neben einem Sack voll Pulver und gehacktem Blei umgehängt; die mageren langen Beine entblößt, die Füße in roten Pantoffeln. Es waren hier in dieser Gegend, wie eigentlich allenthalben in Nordafrika, arme Teufel; nichts Farbiges, keine schönen Stoffe, nicht einmal Turbane am Kopfe; stets nur die braune, eng anliegende Fellachen-Mütze, die jüngeren sogar ganz entblößten Hauptes.

Interessant war der Typus dieser Leute; echte Berber aus der libyschen Wüste, dunkelbraun, viel intensiver gefärbt als jene Unterägyptens, meistens hohe, schlanke Gestalten, die Gesichtszüge nicht so edel und schön als die nördlicheren Beduinen-Stämme; südliches, selbst viel Neger-Blut macht sich fühlbar; einzelne ganz schwarze Gesellen mit gekraustem Haar, echte Mohren waren auch anwesend; es sind dies aus dem Inneren Afrikas als Kinder geraubte Sklaven, die dann bei den Stämmen frei werden, Sprache, Kleidung, Lebensweise der Beduinen annehmen und ihre ganze frühere Abkunft, selbst das Land, aus dem sie stammen, vergessen; ich fand deren solche bei allen Tribus, die ich Gelegenheit hatte kennen zu lernen, sogar regelmäßig in Asien. Selbst das arbeitende

Landvolk bei Abuksar fiel mir durch den von jenem der im unteren Niltal lebenden Fellachen abweichenden Typus auf. Es waren größere und durchwegs dunklere Leute, den Beduinen-Stämmen, die hier in der von Wüsten eingeschlossenen Oase unbehindert ihr Unwesen treiben können, ähnlicher, mehr Mischrasse, auch bemerkenswert viele Mohren unter ihnen.

Kaum war unsere Karawane zusammengestellt, als auch das Jagen schon begann. Im Garten neben der Fabrik fanden wir die auffallenden, echt afrikanischen Blauwangenspinte, ein reizender grüner Vogel mit langem Stoß und blauem Wangenstreif; ein ganzer Zug derselben wurde mit Erfolg beschossen. Diese Tiere gehören dem Inneren Afrikas an, in Oberägypten sind sie sehr häufig, bis Kairo gelangen sie niemals, das erscheint ihnen schon zu nördlich. Auf den Feldern liefen Spornkiebitze, jene reizenden, echt ägyptischen Vögel umher, dann Scharen von Kuhreihern; wie überall in Afrika ist auch hier reiches Tierleben in erstaunlicher Menge in den vegetations- und wasserreichen Strecken zusammengedrängt. Der erste Blick konnte uns gute Jagdtage versprechen. Bald krachten die Schüsse und manches befiederte Wild wurde von unseren Arabern mit großer Pünktlichkeit aus den nassen Feldern apportiert. Nur selten gelangen Jäger in diese Gegend und so genossen wir das Vergnügen, ein noch nicht im Mindesten vorsichtig gewordenes Wild über die Tücke der Europäer zu belehren.

Die Karawane schritt mit Pferden, Dienern und Bagage auf ihrem Wege, doch die Herren waren schon alle jagend verteilt; da rief uns Baron Saurma zu sich. Er hatte ein großes Zuckerrohrfeld entdeckt und beschloss, dasselbe mit den Hunden durchzujagen; nur mit Mühe konnten die vielen arbeitenden Landleute hinweggeschickt werden, um einen freien Ausschuss zu erlangen. Die Herren sollten sich um das Feld postieren und Saurma beabsichtigte, mit meinem Jäger und der Meute von vierzehn Dackeln in den mannshohen Rohrwald einzudringen. Wir waren noch nicht alle auf unseren Plätzen, als auch schon das fröhliche Geläute der Hunde und gleich darauf zwei Schüsse erschollen. Einer der Herren hatte sich nämlich, die Situation richtig erkennend, ungemein beeilt und hoffte als Erster die entgegengesetzte Ecke des Feldes zu erreichen. Als er noch am Wege war, brachten die Hunde auf wenige

Schritte vor ihm einen starken Wolf auf das freie Feld; leider waren durch großes Missgeschick die schwachen, für Kiebitze und Kuhreiher bestimmten Schrote in den Läufen geblieben, und zweimal vergeblich angeblasen, eilte Meister Isegrim über ganz offene Strecken den nächsten Fulfeldern zu.

Nach kurzer Zeit jagten mit lautem Gekläff die Hunde in allen Teilen des Zuckerrohrfeldes, viele Schüsse fielen; zwei der Herren hatten sogar zweimal auf Wölfe gefeuert, doch alles ohne Erfolg, da die schlauen Tiere nur auf wenige Sprünge das Rohr verließen, um gleich wieder in demselben zu verschwinden; auch wurde manchmal auf die im dichten Pflanzenwuchse dahineilenden Wölfe aufs Geratewohl hineingeschossen. Öfterer Standlaut der Hunde und einige Rotfährten bewiesen, dass mehrere Schüsse getroffen hatten. Einige der Herren, vom Jagdeifer übermannt, verließen ihre Stände und eilten dem Standlaute zu; doch im Rohre, das kaum auf zwei Schritte einen Einblick gestattet, blieben alle diese Versuche vergeblich.

Ich war während dieser ganzen, etwas wilden und unregelmäßigen Jagd nicht zum Schusse gekommen und erst nach einer halben Stunde, als schon die meisten Herren ihre Stände verlassen hatten, um sich durch Vorlaufen den Laut gebenden Hunden zu nähern, endeckte ich einen Querweg, der durch das ganze Feld führte. Auf demselben eilte ich bis zu einem Punkte, wo ein Bewässerungskanal, der in das Innere des Rohrbestandes lief, eine schmale, nur einen Schritt breite Gasse als Ausschuss bot. Dort postierte ich mich nun, um die heranrückende Jagd zu erwarten. Nur langsam näherte sich dieselbe, denn der schwer kranke Wolf ließ sich öfters durch die Hunde halten. Als endlich der starke Wolf über meine Schusslinie passierte, konnte ich der Hunde wegen, die ihn umgaben, nicht schießen. Auf der anderen Seite begann abermals ein Kampf. Ich hörte das Knurren des Wolfes, vermischt mit dem hellen Geläute der Dackel. Nach wenigen Minuten endete die Jagd und vollkommene Stille herrschte wieder. Nur ungern jagt der Dachshund den Wolf und man kann daher nie auf eine lange Verfolgung eines angeschossenen oder gar das Verbellen eines verendeten rechnen. Der Wolf, der nicht am Flecke liegt, ist meistens verloren.

Einige Minuten später verkündeten uns die Stimmen anderer Dackel an der entgegengesetzten Ecke des Feldes den Beginn einer neuen Jagd. Wieder nahm die Hetze quer durch das Zuckerrohr die Richtung auf mich zu, abermals ging es nur sehr langsam und deutlich konnte man erkennen, dass die Hunde es mit einem kranken Wolf zu tun hatten. Auf höchstens hundert Schritte von mir vernahm ich ein eifriges Standlaut. Während ich aufmerksam diesem Kampfe lauschte, höre ich plötzlich dicht neben mir ein leises Brechen und gleich darauf sehe ich einen noch ganz gesunden Wolf über die enge Schneise schleichen. Rasch werfe ich meinen Schuss ihm nach, dem der erfreuliche Ton des Zusammenbrechens folgte; ich eilte zur Stelle; der Wolf hatte das Kreuz gebrochen und rutschte halb sitzend, halb liegend, die Zähne fletschend, weiter. Durch den Schuss aufmerksam gemacht, kamen einige Hunde herbeigeeilt und nun entspann sich ein wütender Kampf, dem ich in einem günstigen Momente durch einen Fangschuss ein Ende machte.

Ein Wolf war die ganze Beute einer Jagd, die leicht hätte glänzend ausfallen können, denn auf wenigstens vier verschiedene Wölfe war geschossen worden. An eine Fortsetzung war nicht zu denken, denn die Hunde erschienen einer nach dem anderen totmüde am Rande des Feldes; die braven Tiere hatten bei der sengenden Hitze tüchtig gearbeitet. Wir gingen nun alle, in mehr oder weniger gehobener Stimmung, zu unseren Pferden zurück; erstaunt besprachen wir den Reichtum dieses Landes an wilden Tieren und die komische Art, dieselben ebenso wie bei uns die Rebhühner, in gut kultivierten Feldern zu jagen.

Gar bald war die Karawane wieder in Bewegung und schlängelte sich auf einem schlechten, an manchen Stellen sogar sumpfigen Wege durch die üppig grünen Felder. Die Sonne meinte es redlich und brannte in wahrhaft afrikanischer Weise auf uns herab; eine hübsche Fata Morgana bewies die Hitze der Atmosphäre; sogar ein Berber, der neben meinem Pferde schritt, fluchte über die Wärme und transpirierte in auffallender Weise. Es war ein eigentümlicher Geselle; Negerblut rollte in seinen Adern, denn sein schwarzes, mit Narben bedecktes Gesicht und ein spitzer, geringelter Bart sprachen dafür, doch die feinen Züge ließen den arabischen Einfluss erkennen. Ich hatte ihn mein Gewehr tragen lassen und vergnügt die weißen Zähne fletschend, betrachtete er die abendländische Waffe mit Kennerblick.

Eine hübsche Fernsicht genossen wir von unserem Wege aus, über lachende Kulturlandschaft, graugrüne Ufergebüsche hinweg, nach dem weiten Wasserspiegel des Sees Birket-el-Karun; hinter demselben die langen gelben Konturen der Wüste Sahara. Ein Adlerbussard, ein echt afrikanischer Vogel, stand unweit unserer Marschroute auf einem niedrigen Erdhaufen; ich sprang vom Pferde und schlich mich an das Tier heran; mit zu schwachen Schroten fehlte ich; darauf kam der vertrauensselige Raubvogel näher, ich schoss abermals erfolglos, was ihn bewog, noch dichter herbeizuflattern; so ging es weiter, bis ihn der vierte Schuss trotz ungenügender Munition zu Boden streckte.

Nach diesem kurzen Intermezzo erreichten wir bald ein elendes, sehr kümmerlich aussehendes Dorf; niedere, größtenteils verfallene Lehmhütten verdienten nicht die herrliche Staffage einiger hochragender Palmen und breitästiger Sikomoren. Die Bewohner kamen in luftigen Kostümen, die Kinder in vollkommenem Mangel jeder Kleidung herausgeeilt, um uns zu betrachten. Neben dem Orte bog der Weg und führte uns in kurzer Zeit an das Ufer des Sees.

Nachdem alles von den Pferden und Tragtieren abgeladen war, stiegen wir in die Boote. Es waren dies in der Tat elende Fahrzeuge, wie man sich dieselben in den Zeiten der Pfahlbau-Urahnen nicht schlechter denken kann; mit den primitivsten Rudern wurden die viereckigen flachen Kästen von fünf bis sechs robusten Gesellen langsam weiterbefördert. Im Innern lag alles voll alter Fischgräten und eine Atmosphäre nach Schmutz verschiedener Art und besonders faulenden Fischen drang empor, gegen die man sich nur durch beständiges Zigarettenrauchen teilweise schützen konnte. Die Fischer in den Tagen der ältesten ägyptischen Zeit benützten ganz gewiss keine anderen, sicherlich keine schlechteren Boote, als ihre jetzigen Kollegen am Birket-el-Karun. Unter schwermütigem Gesang und plätscherndem Ruderschlag glitten wir über den blauen Wasserspiegel.

Dieser interessante große See ist auf einer Seite vom Kulturland, auf der anderen von der echten Wüste umgeben; längs der Gestade zieht sich allenthalben ein bald schmäleres, bald breiteres Band dichter üppiger Gebüsche, was dem See einen eigentümlichen Charakter verleiht. Nirgends erblickt man menschliche Ansiedlungen; es ist ein großartiges, aber unleugbar schwermütiges Bild, noch erhöht durch das bleierne, tiefblaue Salzwasser. Auffallend erscheint es dem Wanderer, einen Binnensee, so weit vom Meere entfernt zu finden, in dessen Tiefe echte Seefische und Tiere aller Art hausen. Die ganze Wüste ist salzig, die Seen an ihrem Rande demzufolge auch.

Nach einer halben Stunde Fahrt entdeckten wir einige Pelikane, die stolz umherschwammen; wir nahmen den Kurs ihnen nach, kaum konnte man den schnell rudernden Vögeln folgen. Endlich auf weite Distanz wurden einige vergebliche Kugelschüsse aus dem schwankenden Boot versucht. Schweren Fluges erhoben sich nach langen Anstrengungen die großen plumpen Tiere, um auf einem anderen Teile der Wasserfläche Ruhe zu suchen. Sonst wurden nur noch einige Wildenten, Taucher, Möven und auffallend viele Flussadler beobachtet.

Der Abend kam, die Sonne neigte sich, um unter den herrlichsten Lichteffekten in der Wüste zu verschwinden; großartige Ruhe herrschte in der weiten Landschaft. Wir näherten uns der Insel Beziré-Kârun, deren Felsenkegel sich malerisch vom tiefblauen Himmel abhob. An der flachen Ostküste des Eilandes legten wir an; höchstens hundert Schritte vom Ufer stand das ansehnliche Zeltlager; offene Feuer brannten und Araber kauerten zwischen den Strandgebüschen umher. Fürst Taxis begrüßte uns, er war des Morgens mit der großen Karawane eingetroffen. Im eigens dazu eingerichteten Speisezimmerzelt wurde gleich nach unserer Ankunft das vom arabischen Koch vortrefflich zubereitete Diner eingenommen. Aus hübschen Stoffen und äußerst wohnlich waren die Zelte arrangiert; je zwei Herren wohnten immer zusammen und fanden Betten, sogar Tische in den luftigen Behausungen. Am offenen Feuer gute Speisen kochen und ein Zeltlager rasch und bequem aufschlagen, das verstehen einzig und allein die Orientalen, darum reise, wer kann, zu jenen herrlichen Leuten. Nach dem Diner wurde noch geraucht und geplaudert und Pläne für die nächsten Tage entworfen; gegen 10 Uhr herrschte Ruhe im Lager, auch die Araber in ihren geisterhaften weißen Burnusen lagen unter freiem Himmel im Sande.

Die Nacht verlief nicht so glatt, als wir nach dem herrlichen Abend erwartet hatten. Ein heftiger Sturm erhob sich und fegte unsanft über die Zelte hinweg. Hassan, der Dragoman, schlich von Zelt zu Zelt und klopfte die Pfosten fester in die Erde. Bei meinem Onkel und mir, wir schliefen zusammen, riss die Windsbraut eine Seitenwand weg und durch kühlen Luftzug aus dem Schlaf erweckt, konnten wir den Sternhimmel bewundern, der in unsere Behausung hineinlächelte. Zum Glück waren alle Havarien bald wiederhergestellt und gegen Morgen verlor der Sturm an Kraft.

In sehr früher Stunde, noch vor Sonnenaufgang, wurde das Frühstück eingenommen; wir wollten uns an den Ufern der Insel verteilen, um den Zug der Wasservögel zu beobachten und nach günstigen Plätzen für den Anstand suchen. Kaum hatten wir die Zelte verlassen, als wir auch schon viel ziehendes Getier sahen, Kormorane, verschiedene Enten, Reiher und Pelikane. Letztere sind äußerst komische Erscheinungen; der lange Schnabel hängt so drollig herab und der plumpe kolossale Leib wird selbst von diesen immensen Schwingen scheinbar schwer in den Lüften erhalten, doch trotzdem gehören sie zu den guten und ausdauernden Fliegern. Der Großherzog und ich gingen nahe vom Lager an der flachen Küste und versteckten uns, so gut es ging, in Weidengesträuchen. Alles mögliche Wild kam vorbei, einiges wurde erlegt; der Zug war lohnend und man brauchte von einem Schuss zum anderen nur sehr kurze Zeit zu warten; auch Graufischer, jene vergrößerte, aber verschlechterte Auflage unseres Eisvogels, wurden erbeutet, leider kein Pelikan; wo wir saßen, kamen sie außer Schussdistanz. Von allen Seiten ertönten die Schüsse und Hoffnung war auf gute Beute. Den ersten Tag sind die Tiere dem Fremden gegenüber noch sehr vertrauensvoll; nach zwei Tagen hatten wir das Standwild der Insel ausgerottet und die Zugvögel wichen in großem Bogen dem gefährlichen Felsen aus. Nach einer Stunde war der Morgenzug zu Ende und wir gingen zum Zeltlager zurück; dicht daneben schoss ich noch innerhalb weniger Minuten zwei Fischadler herab, die mir über den Kopf strichen. Die Herren kamen einer nach dem anderen nach Hause, jeder mit Beute; am besten war es Pausinger ergangen. Er hatte sich nahe dem Lager hinter einem unbedeutenden Gebüsch versteckt; schon nach kurzem Warten kam ein Pelikan niedrig herbeigestrichen, ein glücklicher Schuss unseres wehrhaften Künstlers brachte ihn auf die Strecke.

Bevor ich die nächsten Jagderlebnisse des Tages schildere, muss eine Beschreibung der Insel vorausgeschickt werden. Ein Teil der östlichen sowie der südöstlichen Küste ist flach, mit Gebüschen bedeckt, alle anderen Teile des Gestades fallen in Form bröckeliger Felswände steil ab, nur am nördlichsten Punkt des Eilandes befindet sich eine kleine Stelle mit flachen Ufern und einem miniaturlagunenartigen Sumpfe. Zwischen der Küste und dem Felsenkegel breitet sich ein ganz flacher Raum aus, der fast an allen Punkten die Distanz von 300 Schritten nicht überschreitet und mit feinem Sand bedeckt ist. An der nördlichen Seite der Insel ist diese kleine Ebene an manchen Stellen voll großer Steine und Blöcke, die vom eigentlichen Felsenkegel losgelöst herabgekollert sind. Die wenigen Ufergebüsche ausgenommen ist alles ganz kahl, selbst das dünnste Gras gedeiht nicht. Der See unterwäscht unablässig die brüchigen Ufer und es dürfte nicht gar lange dauern, so wird das ganze Eiland auf den unerschütterlichen Felsenkegel beschränkt sein.

Nach kurzem Aufenthalt verließen der Großherzog und Prinz Taxis, gleich darauf Baron Saurma und ich das Lager. Unsere Absicht war, von einem Punkte ausgehend in zwei Partien, jede mit einigen Dachshunden, den Gebirgskegel zu durchstöbern und gegeneinander jagend an der Nordseite wieder zusammenzutreffen.

Zwischen den ersten Felsblöcken flogen zwei Triel auf, wovon ich einen herunterschoss. Der treffliche Osman führte die Hunde, die er zwischen den Steinen losließ. Nun begann eine interessante, aber etwas beschwerliche Jagd; über all die Felsplatten und das Gewirr von Steinklötzen musste man hinwegspringen, um den Hunden zu folgen. Die Gebirgsformation ist sehr merkwürdig: Man findet Steine in den unglaublichsten Formen, viele großen Champignons ähnlich; darunter ist alles hohl und von Galerien durchzogen; durch Ritzen und oft weite Spalten, die übersprungen werden mussten, erlangte man Einblick in die dunklen Gänge, in denen die Dackel jagten, von Zeit zu Zeit wieder hervorkriechend.

Vor einer dieser unzähligen Felsritzen gaben die Hunde Laut und verschwanden suchend im Gestein. Wenige Sekunden darauf erschien ein Luchs, sein Versteck in großen Bogensprüngen verlassend. Ich stand auf einem Felsvorsprunge, unter welchem er hindurchwechseln musste. Auf meinen ersten Schuss brach er im Feuer zusammen, erholte sich aber wieder und blieb erst auf die zweite Ladung Null-Schrot vollends liegen. Es war ein ganz besonders mächtiges Tier von grauer Farbe mit Haarbüscheln an den Lauschern, der echte afrikanische Wüstenluchs, größer und stärker als sein europäischer Verwandter.

Der Großherzog hatte indessen die entgegengesetzte Lehne des Berges mit Hunden abgesucht. Zweimal waren Luchse vor ihm erschienen, doch nur auf so kurze Augenblicke, dass vom Schießen keine Rede war. An dem schon früher besprochenen Punkte trafen wir zusammen und nun wurde gemeinschaftlich mit allen Dachshunden gesucht. Gar bald erscholl das fröhliche Geläute der Dackel; wir eilten zur Stelle, doch leider war mir mein Onkel, an dem nun die Reihe war zu schießen, nicht genug rasch über die Felsen gefolgt und so verließ der Luchs unbelästigt sein Versteck, um gleich wieder zwischen Steinen zu verschwinden. Die Hunde suchten, so rasch es ihnen ihre kurzen Beine auf den abschüssigen Felsen erlaubten, der Fährte zu folgen. Nach einigen Minuten gaben sie vor der Röhre eines Baues, die unter einen großen Felsblock führte, Standlaut; auf der anderen Seite des Felsens eröffnete sich der weite Ausgang des Baues. Auf kurze Aufforderung drangen mehrere der Dackel in das dunkle Gewölbe. Der Luchs schien in eine Sackgasse eingeklemmt gewesen zu sein, da ein heißer Kampf begann. Die klagenden Töne geschlagener Hunde und die frischen Stimmen der mutig kämpfenden vermischten sich mit dem wilden Murren des Luchses. Eine Stunde fast standen wir neben dem Bau und nichts änderte sich in der Situation; es galt nun, die Hunde herauszulocken, um dem Luchse Platz zum Entwischen zu lassen. Endlich erscheinen auch die Dackel, einer nach dem anderen, mit Staub bedeckt, müde von den Anstrengungen des Kampfes, nur zwei besonders eifrige wollten den Bau nicht verlassen. Da entdeckten wir plötzlich eine Felsritze, unter welcher man am deutlichsten die Laute der Hunde hörte; nun vergrößerten wir diese Spalte so gut es ging und ich sondierte mit einer Stange das Innere des Baues, stieß auch gleich auf einen weichen Gegenstand. Als ich das Holz hervorholte, hingen daran graue Luchshaare. Vorsichtig hineinblickend, sahen wir die grünlich funkelnden Lichter des Luchses. Auf dies hin stieß ich, so viel ich konnte, gegen das Tier herab und schon nach wenigen Minuten fühlte ich, wie der weiche Körper entschwand. Die Jagd unter der Erde wurde vernehmbar und das Gepolter des flüchtigen Luchses und der Hunde. Wenige Sekunden darauf erschien auch schon der graue Geselle in langen Sprüngen vor der Röhre, bei welcher der Großherzog stand. Ein wohlgezielter Schuss empfing ihn da; halb kollernd, halb sich schleppend, erreichte das schwer geschossene Tier ein Versteck unter einem großen Steinblocke. Zum Glück hielten die braven Dackel den Luchs an den Hinterpranken und so gelang es Prinz Taxis, unter den Felsen kriechend, ihm den Fang mit dem Waidblatte zu geben. Ein schönes, aber um vieles schwächeres Exemplar, eine Fee, lange nicht so groß und mächtig als der von mir erlegte Ried, lag vor uns da. Nach diesem Erfolge gaben wir die weitere Suche auf und gingen mit den müden und mehr oder weniger verletzten Dackel zum Zeltlager zurück.

Das Wetter hatte sich in den Vormittagsstunden verschlimmert. Eine lichtgraue Wolkendecke umhüllte das ganze Firmament und einige Mal fiel feiner Regen, was in diesen Gegenden zu den größten Seltenheiten gehört. Der Nordsturm nahm abermals zu und an die Stelle der sengenden Hitze des verflossenen Tages trat eine eben durch den raschen Kontrast noch fühlbarere Kühle. Der See schlug hohe Wogen und die Fischer erklärten, es sei unter diesen Umständen ganz unmöglich, die Insel zu verlassen. Robinsonartig waren wir hiermit, von aller Welt abgeschnitten, auf diesem kleinen Eiland festgehalten.

Im Lager richteten unsere Jäger eine recht hübsche und eigentümliche Strecke her. An den Zeltstricken hängten sie nämlich das erbeutete Wild auf. Zwei Luchse, die Decke des gestrigen Wolfes, Pausingers Pelikan, verschiedenes Wassergeflügel und zwei Adler nahmen sich recht gut aus. Unser Präparator hatte vollauf zu tun und arbeite schnell und ausnehmend gut.

Nach einem recht großartigen Gabelfrühstück, das uns der brave Hassan kredenzte, rauchten wir gemütlich vor den Zelten, das herrliche orientalische Lagerleben genießend; plötzlich entdeckte ich, dass die nördliche Spitze der Insel, die Fläche zwischen dem Gestade und dem Felsenkegel ganz bedeckt sei von Geflügel aller Art. Mit dem Fernglas erkannte ich Scharen von Reihern, Pelikanen, Möven und darunter einige Fischadler. So gut es ging kroch ich längs des Ufers vollkommen gedeckt gegen die halb schlafend verdauende Gesellschaft. Ich war schon nicht mehr allzu weit, als ich zu meinem nicht geringen Schreck zwei Pelikane als Vorposten am Wasserspiegel umherschwimmen sah; nach zwei Seiten hin konnte ich mich nicht decken; alles war vorbei, denn schon hatten mich die schlauen Tiere erspäht und erhoben sich; das war das Signal für die Scharen am Lande und unter rauschenden Flügelschlägen zerstob die Gesellschaft in wilder Unordnung nach den verschiedensten Richtungen. Bloß die neugierigen Möven mussten sich die Ursache näher betrachten und umkreisten mich kreischend; zu meiner Freude entdeckte ich unter vielen kleinen eine der großen braunköpfigen Fischermöven, ein stattliches, mir neues Wild. Ein glücklicher Schuss brachte sie in meinen Besitz. Die Stelle, an welcher die Vogelgesellschaft ausgeruht hatte, muss ein täglich besuchter Verdauungsplatz sein, denn der ganze Boden war mit dickem weißen Guano bedeckt; auch lagen Federn und übelriechende Überreste von Fischen in Hülle und Fülle da.

In das Lager zurückgekehrt beschlossen wir, uns abermals für den Nachmittag- und Abendzug an der Küste zu verteilen. Ich wählte mir den Platz, wo des Morgens Freund Pausinger seinen Pelikan erlegt hatte. So gut es ging, kauerte ich mich in ein Gebüsch und versteckte neben mir meinen Apportier-Araber. Jeder von uns hatte einen solchen braunen Gesellen bei sich; sie holen jedes Stück aus den Wogen heraus, nur darf man keine langen Diskussionen mit den geldgierigen Leuten beginnen und niemals große Freude über ein bestimmtes erbeutetes Stück zeigen, sonst beginnen sie dich am Ufer zu lizitieren, stets höhere Preise verlangend; mit kluger Umsicht rechnen sie auf die sich steigernde Jagdlust. Sobald das Stück fällt, zeige man ihnen ein Geldstück und ehe das Handeln beginnt, müssen einige wohlgemeinte Nachhilfen sie in das Wasser drängen.

Eine halbe Stunde mochte ich wohl vergeblich gewartet haben, als ein Pelikan, von weitem schon sichtbar, die gerade Richtung gegen mein Versteck einschlug. Als er nahe genug war, gab ich aus beiden Läufen Feuer; laut prasselten die Schrote am dichten Federpanzer. Schwergeschossen senkte sich der kranke Vogel mit matten Flügelschlägen dem Wasserspiegel zu. Durch einige Minuten schwamm er langsam herum, doch immer mehr senkte sich der Kopf mit dem plumpen Schnabel, endlich schlugen ihn die Wogen um und leblos lag der Pelikan auf dem Rücken.

Weder Gold noch Drohungen vermochten meinen Araber in die Fluten zu treiben, da die Entfernung in der Tat eine bedeutende war. Rasch eilte ich in das Lager zurück, um neue Leute zu requirieren; als ich zurückkam, sah ich zu meiner großen Freude einen braunen Gesellen schon nahe vom Pelikan in den schäumenden Wogen. Der Großherzog war unweit von mir versteckt und hatte, als er den toten Vogel sah, seinen Begleiter, einen kühnen Schwimmer, in die Fluten geschickt. Nach wenigen Minuten kam der brave Araber, den schweren Vogel am Schnabel nach sich ziehend, zu uns geschwommen. Ich war froh über meinen ersten Pelikan, ein ganz enorm großes Exemplar. In den Abendstunden ging ich am Ufer auf und ab, kleineres Strandgeflügel jagend.

Als das Schusslicht zu Ende ging, versammelten sich alle Herren zum Diner; abermals war ziemlich viel Beute heimgebracht worden. Nach einem interessanten Tage herrschte bald Ruhe im Lager.

Tags darauf sollte in früher Stunde nach dem gegenüberliegenden Ufer des Sees gefahren werden, um da auf einer Landzunge den Zug der Vögel zu erwarten. Leider brachte die Nacht noch schlechteres Wetter und vor Sonnenaufgang nahm der Sturm dermaßen zu, dass die Fischer sich weigerten, hinauszurudern. Es blieb uns nichts übrig, als abermals einen Tag diesem Eilande zu widmen. Wir schliefen alle lange und gingen in den Vormittagsstunden mit den Dachshunden nach den Felsen, wo wir vergeblich suchten; kein Luchs war mehr zu finden. Hierauf wurde die übrige Zeit des Tages den Ufern gewidmet. Die Wasservögel strichen schlecht und wichen vorsichtig der Insel aus. Ich unternahm gegen Abend einen Rundgang um die ganze Küste herum, erlegte hierbei einen schönen Berberfalk und einige Strandvögel sowie auch einen Kolkraben.

Der Sturm nahm ab, der Himmel klärte sich und wohltuende Sonnenstrahlen sowie herrliche Beleuchtungen erfreuten uns. Vollends vergnügt und beruhigt für die Freuden des nächsten Tages war ich erst, als an der westlichen Spitze der Insel ein Fischerboot ziemlich ruhig vorbeiglitt. Von der Wüstenseite kommend fuhren sie gegen das Kulturland, passierten dicht unter meinem Versteck. Wild aussehende, braune Gesellen, in elende Lumpen gehüllt, lenkten das Fahrzeug, Lieder singend, die dumpf und unheimlich klangen. Ein merkwürdiges Bild; weit und breit nicht die Spur menschlicher Tätigkeit, über dem See drüben die endlose Wüste und auf den Wellen die echt afrikanische Barke mit ihren schwarzen Insassen. Nicht wenig waren die guten Leute erstaunt, als sie mich, ein europäisches Bleichgesicht, auf der öden, sonst nur von sinnenden Pelikanen bewohnten Insel sahen. Mein Begleiter begann ein langes Gespräch mit den Wanderern, dem ich nur entnehmen konnte, dass es sich um das Wetter und die Überfahrt handle. Verhältnismäßig wenig Beute fiel uns an diesem Tage zum Opfer; die Insel selbst war gründlich ausgeschossen. Nach dem Diner brannten unsere arabischen Diener ein Feuerwerk, ein Hauptvergnügen aller Orientalen, ab und machten dazu einen Höllenlärm; lange ließen wir sie nicht gewähren, denn die ungestörte Nachtruhe und das Nichtverscheuchen des durch die plötzliche Helle aufgeschreckten Wasserwildes waren uns lieber als die schönsten Feuergarben des biederen Dragoman.

Am 26. in sehr früher Stunde, lange noch vor dem ersten Morgengrauen, verließen wir unsere Zelte. Nach kurzem Frühstück wurde aufgebrochen. Der See war vollkommen ruhig und so konnte man die Fahrt an das Wüstenufer unternehmen; abends sollten wir unser Lager am entgegengesetzten Gestade des Kulturlandes wiederfinden. Alle Orientalen sind unpünktlich, und so brauchte es lange, bis unsere Fischer erschienen, um die Boote instand zu setzen. In vollkommen schlaftrunkenem Zustande wackelten sie an dem Ufer auf und ab und es kostete viele Mühe, einige Ordnung in dieses Chaos zu bringen. Nach einiger Zeit wurde die Gesellschaft, bestehend aus den Herren, den Jägern und den Dachshunden, auf drei Booten flott. In üblicher Weise ruderten unsere Araber, mit heiserer Stimme Lieder singend. Im Innern der Fahrzeuge verbreitete sich ein Gestank, den man kaum zu ertragen imstande war. Zum Glück breitete sich der Wasserspiegel glatt und ruhig vor uns aus, denn in diesen Booten mit den schlaftrunkenen Arabern bei stockfinsterer Nacht hätten wir im Falle eines Sturmes einige Unannehmlichkeiten zu erleben gehabt. Nach fast einer Stunde Fahrt gelangten wir an das Ufer zu einem Punkte, wo ein Vorgebirge, bestehend aus einem ziemlich großen Felsenkegel, in den See hineinragt und mit dem Gestade nur durch eine schmale Landzunge verbunden ist. Hier stiegen wir aus und schickten die Araber mit ihren Booten hinter den Felsenkegel. Einige Minuten brauchte es, bis energische, nachdrückliche Belehrungen imstande waren, unsere braunen Begleiter zum Schweigen zu bringen; und doch hatten wir Eile, bald musste volle Ruhe auf der Landzunge herrschen, denn die ersten Spuren des Tages zeigten sich im Osten. Kurzen Prozess machend, jagten wir die Araber in ihr Versteck und Osman blieb als Wache zurück.

Wir verteilten uns alle längs der Landzunge und dem Felsenkegel, hinter dichten Ufergebüschen oder Steinblöcken lauernd. Mit Morgengrauen begann der Zug des Wasserwildes; die Reiher waren die Ersten, hierauf folgten die Kormorane, Enten, Pelikane, Möven, das kleinere Strandgeflügel, einige Rohrweihen und Fischadler. Viele Schüsse krachten auf der langen Schützenlinie; vielköpfige Pelikangesellschaften wurden besonders mit wohlgenährtem Feuer empfangen, doch leider waren die Distanzen immer zu groß; nur zwei dieser großen Vögel verirrten sich in tiefere Regionen und fielen auch zweien der Herren zur Beute. Die Sterne waren schon verschwunden, ein herrlicher, echt afrikanischer Sonnenaufgang folgte der Nacht und die Hitze eines ganz wolkenlosen Tages begann sich fühlbar zu machen. Als wir unsere Plätze verließen, war der Zug zu Ende. Jeder hob sich seine Beute auf und kehrte zum schnell improvisierten Landungsplatz unter dem Felsenkegel zurück; dort versammelten sich alle Herren, da lagen unsere Boote, daneben die Araber und Osman überwachte das Ganze. Zwei Pelikane und verschiedenes anderes Geflügel kamen auf die Strecke; auch ein armer Aasgeier, der neugierig über der Schützenlinie gezogen war, musste sein Leben verlieren. Nach kurzer Rast brachen wir abermals auf, um die Randgebüsche zu durchjagen. Von der Landzunge aus ziehen sich längs des Ufers in nördlicher wie auch in südlicher Richtung dichte Gestrüppe, von Tamarisken, hohem Schilf und Gras gebildet; an manchen Stellen beträgt dieses schmale Band üppiger, für Menschen undurchdringlicher Vegetation kaum mehr als zehn bis zwanzig Schritte in der Breite. Bis zum Pflanzenwuchse reicht die echte große Wüste, mit Hügeln und Tälern, flachen Strecken und sanften Rücken, teils streusandartig fein, teils mit grobem, vielfarbigem Gestein bedeckt.

Wo die Gesträuche neben der Landzunge begannen, blieb Baron Saurma mit den Dackeln zurück, die anderen Schützen sollten seinem Plane zufolge am Wüstenrande in gewissen Entfernungen voneinander angestellt werden; ich nahm mir den weitesten Posten an einer Stelle, wo die Gebüsche eine schmale Gasse offen ließen und ich freien Ausschuss bis an das Ufer erlangte; dadurch war die natürliche Grenze des ersten Triebes gebildet.

Am Weg durch den Wüstensand hatten wir Gelegenheit, sehr viele Fährten zu studieren; wie es scheint, kommen allnächtlich die Raubtiere aus der Wüste nach den Ufern, um zu trinken und wahrscheinlich auch schlafende Wasservögel zu überfallen. Es war Spur an Spur; die Fährten der Hyänen neben jenen der Wölfe, Schakale und Feneks (Wüstenfüchse), auch die Linien, welche die großen Eidechsen ziehen, und das breite Band der unheimlichen Brillenschlange fehlten nicht im feinen Sande.

Kaum war ich an meinem Posten angelangt, als auch schon die Hunde, zwar noch in weiter Ferne, zu jagen begannen. Die Jagd ging schnell, das laute Gekläff näherte sich meinem Stande. Plötzlich erschien knapp am sandigen Ufer ein langes, graubraunes, struppiges Tier mit spitzigem Kopf und unförmlich langer, schmaler Standarte im raschen Trab. Ein glücklicher Schuss streckte es zu Boden. Ein Ichneumon, dieses echt afrikanische, eigentlich hässliche Tier, das in Aussehen und Benehmen mit keinem von unseren europäischen Raubtieren zu vergleichen ist, lag vor mir. Bald erschienen die Hunde auf der Fährte; die schmalen Gestrüppe waren durchgejagt und wir beschlossen, einen ähnlichen, daran grenzenden Trieb zu nehmen; leider blieb dieser zweite Versuch erfolglos.

73

Einige Kamelfährten im Wüstensande machten uns auf die Nähe eines Beduinenstammes aufmerksam. Und in der Tat bemerkten wir gar bald mehrere in den Gebüschen weidende Kamele, hörten das Gekläff der Hunde und sahen von weitem einige dunkle
Gestalten einem Lagerplatze zuschreiten. Wie ich hörte, sollen die
wilden Stämme dieser Gegend sehr arm, aber durch die unmittel-
bare Nähe der Wüste vollkommen frei und unerreichbar, daher
auch nicht immer ganz gemütlich sein. Die Jagdgesellschaft teilte
sich nun in zwei Partien. Baron Saurma, der Großherzog und ich
hatten die Absicht, in einem Boote, das uns gefolgt war, einige unweit vom Gestade schwimmende Pelikane anzufahren, während
die anderen Herren sich mit den im Rohr an den Ufern in Unmassen hausenden Blassenten beschäftigen wollten. Alle Versuche mit
den schlauen Pelikanen blieben erfolglos, auch die in den Ufergebüschen stehenden großen Silberreiher ließen uns nicht herankommen. Je weiter wir kamen, desto breiter und dichter wurde das
Rohr, welches den Wasserspiegel bis auf eine Entfernung von circa
hundert Schritten vom Ufer bedeckte. Die schöne weißäugige En-
te schien eben am Zuge zu sein, denn Scharen stets nur dieser einen Gattung flogen vor unserem Boote aus dem Schilf auf; auch
Fisch-, Purpur-, Silber- und Edelreiher entstiegen dem Rohrwald.
Eine ziemliche Zahl Enten wurden nun, als guter Vorrat für die Küche, heruntergeschossen; unsere Fischer saßen alle ausgekleidet im
Boote und nach jedem Schuss sprang einer in die Fluten, um die
Beute zu holen. Wir schaukelten eben nur wenige Schritte vom
Ufer, als sich plötzlich das Rohr teilte und ein großer Beduine, eine schöne kriegerische Erscheinung mit langem Gewehr erschien,
uns einige Wasservögel, die er des Morgens erlegt hatte, zum Kauf
anbietend. Mit einigen Silberlingen verschwand er so rasch und
lautlos, als er gekommen war.

Die Mittagsstunden begannen und wir ließen uns zum Felsen-
cap zurückrudern. Die Sonne brannte fürchterlich und in der Mittagshitze roch unser Fahrzeug noch ärger als während der Nacht;
ein alter Mann, auf einem Auge blind, etwas buckelig, mit geringeltem weißen Bart, durch einen Turban geschmückt, schon in seinem ganzen Äußern ungemein ekelhaft, saß dicht unter uns im
Boote; er ruderte nicht, war aber aus Neugierde mitgekommen.

Wir ärgerten uns viel über diesen unliebsamen Gast, der in der Tat eine gefährliche Nachbarschaft war, denn ununterbrochen hielt er ergiebige Insektenjagden in seinem weiten Gewande ab. Zum Glück langten wir nach einer halben Stunde beim Felsen an, wo uns die anderen Herren erwarteten; sie hatten eine ziemliche Zahl von Blassenten geschossen. Die ganze Beute der ersten Hälfte dieses Tages wurde in ein Boot geladen und unter Aufsicht meines Jägers nach dem entgegengesetzten Ufer, wo einstweilen unser neues Zeltlager aufgeschlagen wurde, gesendet.

Die Jagdgesellschaft beschloss nun durch eine Stunde zu rasten; nahe vom Ufer an dem Berghange des Felsenkaps wurde ein frugales Frühstück, bestehend aus kaltem Fleisch, Brot, allen möglichen, in der Hitze mehr oder weniger ungenießbaren Konserven und fader Limonade, eingenommen. Unsere Leute unterhielten sich mit dem Fang jener merkwürdigen kleinen grauen Eidechsen, mit hohem Kamm am Rücken, den so genannten Geckos; auch Skorpione lagen in großer Menge unter den Steinen. Die Rast war keine Erholung, denn die Sonne brannte ganz entsetzlich an der schiefen, felsigen Berglehne, die Erde glühte und die Luft zitterte in der sengenden Hitze; es war der heißeste Tag, den wir bis jetzt auf der Reise auszustehen hatten, viel intensiver, als der wärmste Hochsommertag in Europa.

Wir brachen auch bald wieder auf und schritten längs der in nördlicher Richtung sich erstreckenden Ufergebüsche. Der Marsch durch den glühenden Wüstensand, welcher die fürchterlichste Temperatur ausstrahlte, war eben nicht sehr angenehm. Abermals umstellten wir die Gesträuche in einer gewissen Entfernung und gar bald ging wieder ein lustiges Jagen los; doch diesmal zeigte sich das gehetzte Wild nicht so bereitwillig und mehrmals ging die Jagd auf und nieder; nach kurzem Standlaut erschien endlich ein Ichneumon, die Dickung verlassend, vor dem Großherzog, der das komische Tier zwar roulierte, doch schleppte sich dasselbe bis in das Gestrüpp zurück, wo sich allsogleich ein heißer Kampf mit den auf der Fährte folgenden Hunden entspann. Ein großer, hochbeiniger Dackel und der Ichneumon waren dermaßen ineinander verbissen, dass man sie beide zugleich aufheben konnte; nur mit vieler Mühe gelang es, die Kämpfenden zu trennen und wurde einer der Herren bei dieser Gelegenheit vom Hunde, der andere vom Ichneumon in die Hand gebissen. Sehr viele Kormorane und Reiher waren auch während des Triebes längs der Küste an mir vorbeigezogen, doch wollte ich der Raubtiere wegen nicht schießen.

Da es Nachmittag war, beschlossen wir, die weite Rückfahrt in gerader Linie über den See nach dem entgegengesetzten Ufer anzutreten. In mehreren Booten ruderten wir hinüber; die Luft begann kühler zu werden und man konnte die herrliche Fernsicht über den See und die Wüstenlandschaften angenehmer als zuvor genießen. Unsere Schiffsleute waren sehr guter Dinge und unter unaufhörlichem Geschrei, unartikuliertem wilden Geheul, zogen sie alle ihre Kleidungsstücke aus und im Adamskostüme ruderten die einzelnen Boote um die Wette; für uns hatte dieser Sport auch eine praktische Seite, denn wir kamen dadurch viel schneller vorwärts.

Nach zweistündiger Fahrt gelangten wir, ein schmales Band von Weidengebüschen passierend, an eine große Sandbank, auf der unser neues Zeltlager schon fix und fertig und bequem eingerichtet stand. Der Platz war wohlweislich ausgesucht worden, denn die vollkommen trockene Sandbank trennt den See von einem ziemlich großen Sumpf. Da das Diner noch nicht bereitet war, gingen einige von uns noch rasch in den Sumpf, welcher unsern Lagerplatz von den ersten Feldern des Kulturlandes schied. In dem mit Rohr, Weidengebüschen, Wasserlacken, braunem, übelriechendem Moor bedeckten Terrain wimmelte es von Moorschnepfen und Wasserläufern, auch einige Enten und zwei Gattungen Kiebitze flogen vor uns auf; Kröten sprangen in Unmassen umher und alles schwärmte von giftigen Insekten. Mehrere Sumpfvögel wurden in aller Eile erlegt, doch dann verließen wir noch vor Beginn der Dämmerung den stark nach Fieberatmosphären riechenden Sumpf. Ein herrlicher Sonnenuntergang, darauf ein recht gutes Diner, bildeten den Abschluss eines bewegten Tages; bald herrschte volle Ruhe im Lager.

Am 27. früh brachen wir auf mit der Absicht, jagend bis zur Station Abuksar zurückzukehren. Anfänglich wurde der Sumpf durchstreift und einige Bekassinen sowie verschiedene Wasserläufer-Gattungen fielen uns zur Beute; über ein Feld, auf dem Kuhrei-

Jagd auf Ichneumon

her und Spornkiebitze wirksam beschossen wurden, gelangten wir in eine Region von niederen, mit magerem Gras und verdörrtem Gebüsch bedeckten Sandhügeln, welche den Sumpf vom kultivierten Lande trennen.

Dort stöberten die Dackel einige Hasen auf; einer der Herren und ich hatten das Glück, jeder einen dieser komischen Gesellen zu erlegen. Es ist dies der echte Wüstenhase, ein kleines, mageres, rehfarbiges, hochbeiniges Tier mit lächerlich großen, fast durchsichtigen Löffeln. Einige Palmtauben und Röthelfalken fielen uns bei dieser Hasenjagd ebenfalls zur Beute. Wo die Zone der Gebüsche und Sandhügel vollends aufhörte und das wohlbebaute Land begann, rasteten wir durch eine halbe Stunde; das Frühstück, wieder aus kalten Sachen bestehend, hatten uns Araber nachgetragen. Nach eingenommenem frugalen Mahl setzten wir über Felder und Kanäle unseren Weg fort, alle arbeitenden Fellachen, die wir erspähen konnten, als Treiber werbend. Weib, Kind, Kamel, Büffel und Pflug blieben am Felde stehen und für ein versprochenes Bachschîsch folgte uns die bunte Schar. Von weitem schon sahen wir ein nicht allzu großes Zuckerrohrfeld, das, trotzdem die Ernte bereits begonnen hatte, noch stand. Eilig steuerten wir, von den besten Hoffnungen beseelt, darauf los. Längs eines breiten, aber trockenen Kanales wurde auf einem Damme, die nun zu unternehmende Jagd besprechend, marschiert. Als wir den Platz erreicht hatten, wurden vor allem die Schützen postiert. Der Großherzog blieb an einer Ecke neben dem Kanal; an der Flanke, wo das Feld bis an den Fuß des Kanal-Dammes reichte, standen Hoyos und ich; die anderen Herren umstellten alle Seiten des Rohrbestandes; leider waren wir zu wenig Schützen und die Entfernungen zwischen den einzelnen Herren blieben zu bedeutend. Dicht neben unseren Ständen weideten Büffel und Kamele und unleugbar trug das Ganze nicht den Typus einer Wolfsjagd nach europäischen Begriffen.

Kaum waren die schwarzen Treiber mit infernalischem Geschrei in das Zuckerrohr eingedrungen, als auch schon mein Nachbar in das Feld hineinschoss; gleich darauf sprang ein auffallend starker Wolf zwischen ihm und mir heraus und mit langen Sätzen über den Kanal hinweg. Trotzdem die Distanz eine sehr große war, lief ich doch auf den Damm und schoss dem flüchtigen Tiere meine zwei Läufe nach; worauf es quer durch die Felder, die rechte Hinterprante klagend, hinweggeilte. Bald darauf erschienen die Treiber.

Im gelben Rohr nahmen sich die braunen Fellachen und besonders die auffallend vielen Mohren in ihrem bedeutenden Kostümmangel, jeder einen abgebrochenen Zuckerrohrstängel kauend, sehr eigentümlich aus. Wir ließen das Feld nochmals treiben. Diesmal schoss mein Nachbar zur Linken zuerst und erlegte auf einen Schuss einen ziemlich großen Wolf; gleich darauf krachte es bei einem der Herren auf der linken Flanke; er roulierte einen Wolf, der sich wieder aufraffte und nun tüchtig schweißend bei einem ande-

Beutebeladen

ren Schützen das Zuckerrohr verließ und, nochmals beschossen, das Weite suchte. Wenige Minuten darauf erlegte mein Nachbar zur Rechten einen mittelgroßen Wolf mit einem Schuss; gleich darauf sprang zwischen ihm und mir ein Wolf heraus, über den Kanal hinweg. Jeder von uns musste ziemlich weit schießen und so schleppte sich der sichtlich stark angeschossene Wolf zwischen all den weidenden Büffeln dichten Saatfeldern zu. Als die Treiber nun erschienen, ließen wir das Zuckerrohr zum dritten Mal durchtreiben. Gar bald vernahm ich nahe vor mir ein heranbrechendes Stück und sah einen ziemlich starken Wolf durch das Rohr huschen; ein glücklicher Schuss streckte ihn zu Boden. Wenige Minuten später schoss mein Nachbar zur Linken einen Wolf schwer an, der sich nur mit Mühe in die nahe liegenden Bohnenfelder schleppte. Zwei Wölfe waren an Stellen, wo die Schützen zu weit voneinander standen, ohne Schuss entwischt. Im letzten Triebe schoss auch einer der Herren einen Ichneumon schwer an, der sich aber im dichten Rohr verschloff. Eine kurze Suche auf die angeschossenen Wölfe in den unabsehbar großen grünen Feldern blieb selbstverständlich erfolglos. Nun gingen wir an das entgegengesetzte Ende des Feldes, wohin unser geschickter Dragoman einige Reitpferde und Esel bestellt hatte. Die Wölfe wurden auf dem Rücken eines Esels vorsichtig zusammengebunden, verladen und die Karawane setzte sich in Bewegung. Die Treiber verloren sich wieder in verschiedenen Richtungen und nur unsere Führer und Eseltreiber gingen mit. Einer derselben schien in freien Stunden auch das bei den Orientalen so beliebte Geschäft des Schlangenbändigens zu betreiben, denn während des Marsches zog er aus einer Ledertasche, die unter seinem faltenreichen Gewand versteckt war, zwei sehr große, in der Tat imposante Brillenschlangen heraus, die er tags zuvor nahe des Sees gefangen hatte; selbstverständlich wurde das gewöhnliche Kunststück des Anblasens der Schlangen, worauf dieselben ganz steif und wie tot liegen bleiben, gezeigt; nach wenigen Minuten erholen sich die viel gequälten und ihrer Giftzähne beraubten, daher ungefährlichen Tiere und wandern dann wieder in den braunen Sack zurück.

Da wir in Schritt ritten, liefen alle Dachshunde neben den Pferden her; als die Karawane sich einem kleinen, recht elenden Dorfe, das nur durch einige auffallend schöne Palmen und Sikomoren geziert ist, näherte, verschwanden die eifrigen Dackel in einem unbedeutenden, viereckigen Bohnenfelde; gleich begann eine fröhliche Jagd. Wir sprangen von den Pferden und umstellten das Feld, welches von einer Seite zur anderen mit Schrot überschossen werden konnte; in diesem engen Raum ging die Jagd durch eine Viertelstunde auf und nieder; zweimal blickte der Ichneumon knapp

Strecke

neben den Schützen nur mit dem Kopfe heraus, doch niemand konnte des Nachbars wegen schießen. Das schlaue Wild erkannte Gefahr und ließ sich von den Hunden kreuz und quer hetzen, verließ aber nicht das sichere Versteck. Da die Zeit drängte, mussten wir unverrichteter Dinge die Hunde abpeitschen und die Reise fortsetzen.

Der Weg führte uns an eine Bahnlinie, eine kurze Zweigbahn, die von der Fabrik Abuksar zu den größten Zuckerfeldern des Transports halber führt. Eine vorbeifahrende Lokomotive hielten wir an und stiegen in den angehängten leeren Gepäcks-Lowry. Auf

81

diese Weise gelangten wir sehr rasch nach Abuksar. Unsere Araber ritten in vollem Carrière zwischen den Schienen ganz unglaublich schnell nach. Da uns noch Zeit erübrigte, beschlossen wir, das dem Bahnhofe nahe liegende Zuckerrohrfeld, welches wir am ersten Tage durchgejagt hatten, nochmals versuchsweise treiben zu lassen. In aller Eile requirierten wir möglichst viele Treiber und umstellten das Feld. Kaum hatte der Trieb begonnen, als auch schon ein Wolf bei einem Schützen, der an einer Ecke des Zuckerrohres stand, herausbrach. Wegen der vielen ihn umlagernden Landleute konnte er, solange das Tier nahe war, nicht schießen; als es endlich aus beiden Läufen krachte, war der Wolf schon zu weit. Wenige Sekunden darauf erlegte ein anderer Herr einen auffallend starken Wolf, den größten unter allen bisher erbeuteten, im Momente, als er über den das Feld durchschneidenden Weg wechseln wollte. Bevor die Treiber kamen, streckten noch zwei andere Schützen jeder einen Wolf und eine Waldschnepfe wurde gefehlt. Nun verließen wir das Feld, welches nach drei Tagen uns mehr Beute geliefert hatte, als bei der ersten Jagd. Am Bahnhofe wurde die Strecke von sechs an einem Tage erlegten Wölfen gemacht und hätten wir all die angeschossenen bekommen, wäre der Erfolg ein ganz außergewöhnlicher gewesen. Im Ganzen konnten wir mit dem Resultat unserer kaum viereinhalbtägigen Jagd-Exkursion in der Oase Fajum zufrieden sein: 2 Luchse, 7 Wölfe, 2 Ichneumone, 2 Wüstenhasen, 4 Pelikane, 2 Fischadler, 1 Aasgeier, 1 afrikanischer Adlerbussard und 172 kleinere Stücke, darunter viele interessante Exemplare, bildeten die Strecke. Im so genannten Wartsalon wurde das Diner eingenommen. Der Abend war einstweilen hereingebrochen, unser Eisenbahnzug stand schon bereit, die Sachen wurden alle einwaggoniert und gar bald verließen wir Abuksar, um einer neuen Expedition entgegenzugehen. Zwei Stunden hindurch fuhren noch die beiden Brüder Saurma und Prinz Taxis mit uns; als wir das Niltal und jene Station erreicht hatten, wo die Bahnen nordwärts nach Kairo, südwärts nach Siut sich trennen, verließen uns die drei Herren. Nach herzlichem Abschied dampften wir südwärts unserem nächsten Ziele Siut und der schönen Nilreise zu. So gut es ging richteten wir uns häuslich in den Waggons zurecht und bald schlief alles den wohlverdienten Schlaf nach getaner Arbeit.

3. Kapitel

In früher Morgenstunde, noch bei vollkommener Dunkelheit,
langten wir in Siut an. Aus süßem Schlummer unsanft aufgerüttelt,
verließen wir die Waggons und gingen zu Fuß unter Vortritt von
Fackelträgern auf einem durch viele Lampions hell erleuchteten
und geschmackvoll dekorierten Wege zum Landungsplatze der
Nilschiffe hinab. Unser Konsular-Agent, ein Kopte, zugleich reicher Geschäftsmann, hatte alle diese Vorbereitungen getroffen und
empfing uns auf das Herzlichste.

Der Dampfer »Feruz«, den der Khedive so freundlich war zu unserer Verfügung zu stellen, lag dicht am Ufer und ein alter ägyptischer Admiral, der ihn befehligte, erwartete die Reisegesellschaft
bei der Landungsbrücke. Wir gewannen den energischen und geschickten Kommandanten, einen echten dunkelbraunen Afrika-

ner, alle sehr lieb; leider sprach er außer den orientalischen Sprachen nur einige Worte Englisch und so verlief die oftmals höchst komische Konversation mithilfe von Dolmetschern und gut ausgedachten Zeichen. Brugsch-Pascha, der berühmte Ägyptologe, begleitete uns desgleichen auf der Nilreise und stand, sowie auch Herr Ráth, der orientkundige Konsular-Eleve, dem wir während aller unserer Wanderungen im Morgenlande viel Dank schulden, am Verdeck der ziemlich großen, außerordentlich bequem eingerichteten und hübschen vizeköniglichen Yacht. Die vielen Kabinen waren sehr wohnlich; mir wurde die letzte, ein großer Raum, angewiesen; oben befand sich am Verdeck ein geräumiger Speisesaal, in dem wir auch die Vormittags- und Arbeitsstunden zubrachten. Über demselben erhob sich eine aussichtgewährende, mit Leinwandmatten überdeckte Plattform; dahin etablierten wir die vielen bisher erbeuteten Felle und Vogelbälge und richteten einen Platz für den Präparator zu seinen Arbeiten ein.

In diesem reizenden Fahrzeug sollten wir eine Reihe herrlicher, unvergesslicher Tage verleben; auf den gelben Fluten des alten, weltgeschichtlichen Stromes durchschwammen wir nun jene Lande, auf denen der mystische Zauber einer jahrtausendealten Kultur ruht; wo zwischen prächtigen Gegenden, hohen Gebirgen, majestätischen Wüsten und üppigen Gartenlandschaften, durchglüht von afrikanischer Sonne im ewigen Sommer die ältesten Denkmäler der Geschichte unverwüstlich ihre greisen Häupter erheben.

Die Nilreise gehört unstreitig zu den schönsten, an historischen, landschaftlichen und ethnographischen Eindrücken reichsten Expeditionen, die eben nur unternommen werden können. Wenn die Pyramiden von Gizeh und die in der Nähe von Kairo gelegenen ägyptischen Altertümer schon entzücken und zur Forschung aneifern, so ist dies nur ein Vorgeschmack von den Schätzen, die uns Oberägypten bietet. In den weiten Tempelhallen, den geheimnisvollen Krypten und labyrinthartig verzweigten Felsengräbern sieht man erst in das Getriebe des Menschen- und Staatslebens eines vor Jahrtausenden in wahrer Kultur und großer Macht erblühenden Volkes; dort sind die Wände im vollen Schmuck hieroglyphischer Schriften, die Aufschluss bieten über die Tage der Pharaonenherrschaft.

Wasserschöpfer

Nachdem unsere Leute und das Gepäck auf dem Schiff angelangt waren, wurde mit Sonnenaufgang die Reise angetreten. Der
Nil selbst behält fast allenthalben denselben Charakter; eine breite, gelbe Wassermasse schleppt sich durch das Land; flache Ufer

mit lang gestreckten Sandbänken und hohe, brüchige Gestade aus brauner, fruchtbarer Erde, mit Pump- und Wasserwerken versehen, folgen einander in ziehmlich regelmäßiger Abwechslung. Die weißgrauen arabischen und die rötlich gelben libyschen Gebirge, beide hoch und schön geformt, den vollen ganz kahlen Wüstengebirgs-Charakter kennzeichnend, treten an manchen Stellen nahe an den Strom heran, um sich dann wieder, breite kultivierte Kessel bildend, zurückzuziehen; ein ebenfalls regelmäßiger Wechsel zwischen engen Passagen und breiten, nur in weiter Ferne von Bergen umgrenzten Ebenen zeigt sich in ganz Oberägypten. Je nach der Entfernung der Hochgebirge und der Wüsten ändert sich die Breite des kultivierten Landes, das sich allenthalben längs der Ufer des Stromes, mit einem grünen Bande vergleichbar, dahinzieht. Palmenwälder in fast tropischer Fülle wechseln mit gelben Zuckerrohr-, grünen Bohnen- und wogenden Kornfeldern. Allenthalben ist das Land von Kanälen und kleinen Rinnen durchschnitten, in die zur Zeit des sinkenden Wasserstandes unzählige Schöpfvorrichtungen der primitivsten Sorte das Wasser aus dem Strome hinaufbefördern. Ein Wahrzeichen des Nils sind das Tag und Nacht fortdauernde pfeifende Geächze der von Büffeln gezogenen Wasserwerke und die nackten braunen Fellachen, die staffelförmig an den brüchigen Ufern aufgestellt, das Segen spendende Nass mit löffelartigen Instrumenten in die kleinen Rinnsale emporschöpfen.

An Dörfern und Städten gleiten wir vorbei. Lichtgrüne Palmen, hochragende Minaretts und breite Taubentürme sind die Merkmale der aus Lehn erbauten erdfarbenen Ortschaften, in deren ruinenartiger Unordnung ein unleugbarer malerischer Reiz liegt. Unzählige Milane umfliegen die menschlichen Ansiedlungen; Hundegekläff, Gebrüll der Esel, Büffel und Kamele, Gekreisch der Araber, jammernde Töne der Wasserwerke, Staub, Schmutz und Unordnung sind die regelmäßigen Zugaben. Auf den langen Sandbänken stehen große Geier und weiße Aasgeier bei ausgeschwemmten Kadavern; Züge von Kranichen, Störchen, Löffel- und Fischreihern, Pelikane, Nilgänse und verschiedenartige Enten verleihen dem Bilde einen bewegten Charakter; an den brüchigen Ufern tummeln sich Spornkiebitze, Bachstelzen, Graufischer,

Fellach-Dorf mit Taubenhäusern bei Abydus

Schwalben und das Heer der kleinen Wasserläufer umher. Von jedem Dampfer und von den vielen Dahabîyén schießen die Europäer auf all das Wasserwild, welches sich da in der Winterherberge
befindet; demzufolge kann auf ergiebige Jagd vom Verdeck nicht

gerechnet werden, denn schon in weiter Ferne erheben sich die scheuen Tiere bei Annäherung eines Schiffes.

An dem Orte Abu Tîg kommen wir vorbei; die Gebirge treten weiter zurück, Raum für eine wohlbebaute Ebene lassend, bald darauf ragt aber der hohe, von alten Steinbrüchen und Grüften durchhöhlte Berg »Gêbel-Schêch Haûde« wieder bis an den Strom heran. Unser Dampfer muss halten; ein Boot schwankt herbei; ich frage, was dies bedeuten solle, und erfahre zu meinem nicht geringen Erstaunen, dass in den kahlen, wüsten Gebirgen, auf hoher Warte über dem Nil ein muslimischer Heiliger, ein so genannter Schêch, hause und Anspruch hätte auf einen Tribut. Das Schiff, welches ihn nicht berücksichtigt, hat nach dem Glauben der Leute ziemlich sichere Aussicht, auf der Nilfahrt zugrunde zu gehen; der Brave, der zahlt, wird aber begleitet von den frommen Gebeten des heiligen Bettlers.

Nun erscheinen bald in ziemlich rascher Folge die Orte Tachta, Faubâs, Schidawîn und die reizend gelegene, große Stadt Sohâg mit ihren malerischen Häusern und Minaretts. Ein schönes Bild folgt dem anderen, herrliche Gebirge mit scharfen Felswänden gleiten vorbei, um üppigen Palmenwäldern und bunten Städten den Platz einzuräumen. Gemütlich rauchend, plaudernd oder lesend sitzt man am Verdeck, die am Strome eben nicht allzu heiße reine Luft, die balsamischen Düfte der afrikanischen Vegetation, die wohltätigen Sonnenstrahlen genießend. Von Zeit zu Zeit wird ein Büchsenschuss, fast immer erfolglos, auf Wasserwild in weiter Ferne abgefeuert; es ist ein Schlaraffenleben, doch zugleich interessant und lehrreich.

In den Nachmittagsstunden kommen wir an der ansehnlichen, palmenreichen Stadt El-Achmîm vorüber, abends taucht Girge, der große, reiche Ort, an einer scharfen Biegung des Nils auf hohem Ufer schön gelegen, vor unseren Blicken auf. Ein herrlicher Sonnenuntergang vergoldet die Landschaft. Alles, Berg, Fluss, Wald, Stadt und Feld, ist in eine Farbenpracht getaucht, von deren effektvoller Kraft man sich früher keine Vorstellung machen kann. Die berühmten Abendbeleuchtungen Kairos sind matt im Vergleiche zu dem Licht, das die Sonne Oberägyptens auszugießen vermag; die Nähe des Wendekreises, der Grenze der Tropen, macht sich

Im Tempel von Abydus

hier schon in allem und jedem fühlbar. An dem Landungsplatze von Girge, unter hohem staubigen Ufer legten wir an, um da die Nacht zu verbringen. Nach dem Speisen leistete die Reisegesellschaft einer Einladung unseres Konsular-Agenten, eines reichen Kopten, Folge und über eine Stiege erklommen wir das steile Ufer. Dichte Scharen von Neugierigen, das bunte orientalische Menschengewühl umgaben uns. Durch eine schmale Gasse, von echt ägyptischen, braunen Lehmhäusern gebildet, mit arabischen Verzierungen und einem recht unansehnlichen Bazar geschmückt, gelangten wir gar bald zum Hause des Agenten. Nach einer engen, steilen Stiege waren die halb europäisch, halb morgenländisch eingerichteten Zimmer erreicht. Rosenölgeruch, türkische Divans, Mangel an Stühlen, Kaffee, parfümierte Zigaretten, kahle Wände und ein eigentümliches Gemenge von schönen Stoffen, orientalischen Gegenständen, neben geschmacklosem Bestreben, europäisch zu erscheinen, bilden die charakteristischen Merkmale jeder Zimmereinrichtung bei reichen Morgenländern. Kaum dass wir uns alle niedergesetzt hatten und zu rauchen begannen, als auch schon die Musikbande eintrat, bestehend aus vier alten, sehr verkommen aussehenden Arabern in großen Turbanen und blauen faltenreichen Gewändern. Die Instrumente waren sehr primitiv: eine hölzerne Pfeife, ein blechernes Tam-Tam, ein trommelartiger Gegenstand und eine Geige, unserer südslavischen Gusla ähnlich. In allen Ländern, wo jemals der Islam geherrscht hat, findet man diese komischen Musikinstrumente, den schwermütigen Rhythmus, die eigentümlichen nasalen Gesänge und das ganze für Momente wild lärmende Durcheinander der Töne, die nach kurzen fröhlichen Akkorden gleich wieder in die düsteren Klänge zurückfallen.

In Süd-Spanien, wo die Mauren hausten, hörte ich, insbesondere bei den Gitanos, dieselben Konzerte, und jene Musik, mit der die Südslaven ihre schwermütigen Heldenlieder begleiten, wenn sie an langen Winterabenden um das Feuer versammelt hocken und von längst verklungenen Tagen des Kraljević Marko träumen, ist in den Grundformen dasselbe, wie der wilde Lärm, der in Girge zu fröhlichem Tanze rief. Kaum dass die ersten Akkorde erklangen, erschienen auch schon die Tänzerinnen in ihren langen, knapp anliegenden, bunten Gewändern mit hoher Taille, den Münzenschmuck um den Hals, das Gesicht natürlich nicht verschleiert.

Eine hübsche Mohrin und eine bleiche Circassierin stachen ab von den übrigen Mädchen, die den vollen Fellachen-Typus repräsentierten; dieselben Züge, die ausgeschweiften Nasenlöcher, die niedere Stirn, die scharf gezeichnete Nase und der kleine Mund,

Bienentanz

wie man all dies auf den Bildnissen der alten Ägypter so charakte-
ristisch wiederfindet.

Diese Tänzerinnen sind eine vom frommen Muslim verachtete
eigene Kaste, die sich in Familien fortpflanzt; aus Unterägypten
wurden sie, ihres unzüchtigen verführerischen Lebenswandels halber, vertrieben und nun hausen sie in allen Städten Oberägyptens,

wo ihre eigentliche Heimat seit jeher war. In ihren Häusern (sie be-
wohnen meistens alle zusammen entlegene Viertel) produzieren
sie sich ums Geld vor den armen Schichten der Bevölkerung und
neugierigen Fremden; doch sehr viel haben sie auch in den Wohnungen der Reichen zu tun, wo nach Fest und Mahlzeit, beim ge-
mütlichen Schibuk und Nargilé, der Bienentanz als besonderer
Reiz betrachtet wird. Unter Drehungen, Verbeugungen und eben
nicht ungraziösen Bewegungen beginnt der Tanz, dessen ganzen
Verlauf zu schildern mir die Schicklichkeit verbietet; es ist eine Or-
gie, die sich meiner Ansicht nach aus dem an derlei krankhaften
Entartungen der Phantasie reichen Altertum erhalten hat. Nach
kurzem Aufenthalt kehrten wir abermals durch die Stadt nach unserem Schiffe zurück, um die wohlverdiente Ruhe aufzusuchen.

Mit Tagesanbruch setzte sich der Dampfer in Bewegung und in
den ersten Vormittagsstunden legten wir bei dem großen schönen
Palmenwald des unansehnlichen, aus Lehmhütten erbauten Dorfes Beliane an. Augenblicklich wurde ans Land gegangen und, um-
rungen von Neugierigen, bestiegen wir kleine, schlecht gesattelte
Esel und ritten durch Palmenhaine und Gärten neben dem Dorfe
vorbei in die Ebene hinaus. Ein ziemlich breites Band außerordentlich gut kultivierten Landes erstreckt sich hier an beiden Ufern
des Nils. Parallel mit dem Strome ist wie überall in Oberägypten
das Bild durch die hochragenden, schön gezeichneten Gebirgsket-
ten abgeschlossen. Zwischen Zuckerrohr-, Bohnen- und Saatfeldern, kleinen Palmen- und Sikomoren-Gehölzen führte uns der
Weg den libyschen Gebirgen zu. Auf den grünen Matten herrschte reges Leben; die fleißige Bevölkerung arbeitete, pflügte und be-
wachte große Herden. Mit jedem Tag der Nilreise kann man die
Beobachtung anstellen, wie die Hautfarbe der Leute dunkler und
die Kleidung primitiver wird. Zum ersten Male sahen wir auch die
schöne, buschige Dumpalme, einen echt innerafrikanischen
Baum. Am scharf begrenzten Rande des Kulturlandes, beim Beginne der trostlos öden Wüste liegt das düstere, schmutzige Dorf Arâbat-el-Madfûne inmitten eines kleinen Palmenwaldes; große Taubentürme sind der Besitz der ärmlichen Bewohner und tausende
der halbwilden Feldtauben umschwirren die nächste Umgebung
ihrer Behausungen. Wo in Ägypten das Terrain sich über das Ni-

veau des Niltales erhebt und bei den Überschwemmungen die Fluten des Stromes nicht mehr hingelangen können, dort beginnt augenblicklich die volle, vollkommen vegetationslose Wüstenlandschaft. Hier bei den letzten Häusern Arâbat-el-Madfûnes konnte man diese Wahrnehmung genau beobachten. Aus dem saftigsten Grün afrikanischer Vegetation tritt man urplötzlich, ohne jedweden Übergang, in den blendend weißen Wüstensand.

Wenige hundert Schritte vom Dorfe entfernt befindet sich zwischen Schutt und Steinen das hochinteressante Ruinenfeld von Abydus, dessen wohlerhaltene Denkmäler und an Malereien reiche Wände den Wanderer entzücken und erstaunen. Wie mit einem Schlage befindet man sich inmitten einer alten, längst verklungenen Zeit, deren schönste Andenken uns das herrliche, sonnige, immer trockene Klima Oberägyptens unversehrt erhalten hat.

Von den Zeiten der VI. Dynastie an ward eine dicht am Rande der Wüste gelegene Örtlichkeit, deren alter Name Abidu lautete, als die echte und hochheilige Begräbnisstätte des oberägyptischen Osiris angesehen. Daher die begreifliche Vorliebe der alten Ägypter, gerade an dieser Stelle, im Sande der Wüste, ihre einstige letzte Wohnung zu finden. Zahlreiche Kapellen von Privatpersonen und herrliche Totentempel einzelner Könige des Landes erhoben sich hier über dem Boden der Wüste und luden die Besucher ein, fromme Gebete zu Ehren des guten Osiris, des Königs der Toten, und zur Erinnerung an die Verstorbenen herzusprechen. Zu den hervorragendsten Bauten, welche der Zahn der Zeit teilweise wenigstens verschont hat, gehören die Totentempel der Könige Seti I. und seines Sohnes und Nachfolgers Ramses II. Vor allem überrascht des erstgenannten Königs Bau durch die Schönheit der Darstellungen und hieroglyphischen Texte, welche die Wände und Säulen bedecken und der vollendetsten Periode der ägyptischen Kunst angehören. Eine besondere Berühmtheit hat derselbe Tempel durch seine Königstafel erlangt, welche die Namen von siebenundsiebzig Pharaonen, vom ersten Mena (Menes der Griechen) an bis Ramses II. hin nacheinander aufführt und gegenwärtig die wertvollste Grundlage aller Untersuchungen auf dem Gebiete der altägyptischen Geschichtsforschungen geworden ist. Der zweite von Ramses gegründete Totentempel liegt in nördlicher Richtung von dem vorigen. Weniger gut als jener erhalten, bieten dennoch seine Reste, aus feinkörnigem Kalkstein, Alabaster und Granitblöcken bestehend, auf ihren glatten Wänden zahlreiche, einst bunt bemalte Darstellungen und Inschriften, welche für die Geschichte, die Geographie und die Mythologie der alten Ägypter von bedeutendem Werte sind. Eine Anzahl der in der Nekropolis von Abydus gefundenen Grabsteine haben bereits ihren Weg nach Wien gefunden.

Während wir die Hallen und Säle des Tempels betrachteten, sah ich vom nahen Wüstengebirge einige Geier herüberstreichen und hoch in den Lüften kreisen. Der Entschluss, die großen Raubvögel anzulocken, war bald gefasst und nun hieß es nur noch einen günstigen Platz zum Auslegen des Aases aufzufinden. Hinter den Tempelbauten erheben sich einige hohe Schutt- und Trümmerhaufen; von denselben genießt man einen freien Überblick auf eine weite Wüstenebene, die sich vom Rande des Kulturlandes bis zum Fuße der kahlen, durch schöne Konturen und hohe Felswände geschmückten Gebirge erstreckt. Diese Ebene begann ich nun, nach einer geeigneten Stelle suchend, zu durchstöbern und fand bei dieser Gelegenheit die Reste alter Mauern, halb verfallene Gräber und einige hundert Gänge vom Tempel entfernt ein wahres Totenfeld. In den Tagen der römischen Imperatoren erlag daselbst eine Legion den Seuchen und Entbehrungen. Die Leiber der römischen Krieger liegen noch unverscharrt im wilden Durcheinander umher. Man kann von Leibern in der Tat sprechen, denn die afrikanische Sonne, der glühende Sand und die jedes Niederschlages entbehrende Luft haben die Kadaver erhalten und auf natürliche Weise mumifiziert; ich stieß auf Körper, Arme, einzelne Beine und Hände, an denen noch braunes, zusammengedörrtes Fleisch hing; ein grinsender Schädel, mit Kopfhaut und dunklen Fleischlappen an den Wangen, erregte insbesondere meine Aufmerksamkeit; einen anderen, der weniger ekelhaft war, nahm ich als Andenken mit. Man musste buchstäblich zwischen Moder und Gerippen herumwaten. Es war ein echtes Wüstenbild; die blendend weiße Ebene, der Sand, der an den Fußsohlen glühte, die umherliegenden gebleichten Gebeine, die Hyänen- und Schakalfährten, die kreisen-

Der blinde Antiquar in Abydus

den kahlköpfigen Geier, und im Hintergrunde die hohen, voll-
kommen vegetationslosen Wände der Wüstengebirge; kein grüner
Grashalm erfreute das Auge, nichts als grelle Reflexe der glühenden
Sonne, weiße und gelbe Steinmassen und Sandöden, in scharfen
Konturen sich abhebend vom tiefblauen Firmamemt. Eine un-
leugbare Poesie liegt in dieser eigentlich monotonen aber großarti-

gen Gegend. Ein kleiner Hügel schien geeignete Deckung zum unbemerkten Anschleichen zu gewähren, und so kaufte ich rasch einen Hammel, führte ihn an den Platz, beendete sein Leben durch einen Knickfang, zog die Gedärme, als erste leckere Speise für die Geier heraus und eilte zu meinen Gefährten nach dem Tempel zurück. Nachdem wir alle Denkmäler genau durchstöbert hatten, verzehrten wir in einer altägyptischen Halle ein mitgenommenes Frühstück.

Kaum war die Mahlzeit beendet, als auch schon Hoyos und ich wieder unterwegs waren, um dem toten Hammel einen Besuch abzustatten. Wir hatten noch nicht eine ganz günstige Schussdistanz erreicht, als ein besonders vorsichtiger Geier unserer Annäherung gewahr wurde und mit sausendem Flügelschlag vom Boden abstrich; ihm folgten wohl gegen zwanzig seiner großen plumpen Gefährten. Hoyos war so glücklich, im ersten Momente aus dem dichten Knäuel einen mächtigen weißköpfigen Geier herunterzuschießen; ich war weniger geschickt und verwundete bloß ein besonders starkes Exemplar, das dann schwer krank niedrig über die Ebene dahinzog. Dem armen Hammel hatten die gefräßigen Tiere arg zugesetzt, nur Wolle und verstümmelte Stücke waren übrig geblieben.

Nach diesem gelungenen Jagd-Intermezzo kehrten wir zu den anderen Herren zurück und gingen mit ihnen nach dem Dorfe, wo wir einem blinden Bauer einen Besuch abstatteten. Der brave Mann ist einer der reichsten Hausbesitzer dieses Ortes und treibt nebstbei Handel mit altägyptischen Gegenständen, die er in ganz unerlaubter Weise in und um den Tempel ausgraben lässt. Unter Brugsch-Paschas Leitung kauften wir einige bessere Objekte und hatten zugleich Gelegenheit, die höchst primitive und unsaubere Einrichtung der Behausung eines Niltal-Bewohners anzusehen.

Von Arâbat-el-Madfûne ritten wir jagend durch das Kulturland nach Beliâne zurück. Verschiedenes kleines Wild wurde erlegt, insbesondere interessierten uns die Gleitaare, jene echt afrikanischen, weiß und blaugrau gefärbten Raubvögel, die sich in ziemlicher Anzahl bei den Palmenhainen und Ziehbrunnen herumtrieben. Nachmittags langten wir am Dampfer an und konnten noch zwei Stunden hindurch bis zum Beginn der Dunkelheit die Fahrt stromaufwärts fortsetzen. Immer dieselben Landschaften glitten vorüber, ein herrlicher Abend erfreute uns und ein effektvoller Sonnenuntergang brachte außer glühenden Farbeneffekten noch Gelegenheit zu interessanten ethnographischen Studien.

Mit dem Verschwinden der Sonne treiben die Fellachen ihre Kamele, Büffel, Esel, Ziegen und Schafherden zum letzten Mal zur Tränke; viel Volk eilt zu den Gestaden; Männer und Frauen nehmen da in urwüchsiger Weise ihre heiligen, vom Koran vorgeschriebenen Waschungen vor, und die schlanken Wasserträgerinnen schöpfen in ihren Tonkrügen, die in Form und Wesen seit den Tagen der Pharaonen gleich geblieben sind, das frische Nilwasser für den Abendbedarf; die dünnen blauen Hemden, von den Fluten des Stromes benetzt, schmiegen sich an den Körper und lassen schöne Gestalten erkennen; melancholisch blicken die großen schwarzen Augen in die kräuselnden Wellen und der leicht geöffnete Mund summt schwermütige Lieder; es sind dieselben Menschen, die wir an den Wänden der Tempel sahen und es dünkt uns, die alten Gräber hätten sich geöffnet, um das Volk der Pharaonen an die Gestade des heiligen Stromes zu senden. Bei einem kleinen Dorf legten wir an und brachten nach einem vergnügten Abend am Dampfer die Nacht zu.

Am 2. März wurde mit Tagesanbruch die Reise fortgesetzt. Die Vormittagsstunden verlebten wir am Verdeck, die schönen, doch wenig Abwechslung bietenden Landschaften betrachtend. Grüne Felder, Dum- und Dattelpalmenhaine, einzelne kleine Städte und die das Niltal einsäumenden Hochgebirge glitten im ununterbrochenen Einerlei an uns vorüber. Auf den lang gestreckten Sandbänken herrschte besonders an diesem Morgen viel reges Leben. Große Züge von Pelikanen, Reihern und Gänsen wurden beobachtet und mein Jäger behauptete mit aller Gewissheit, ein Krokodil gesehen zu haben. Um 12 Uhr kamen wir bei Keneh, einer ziemlich großen, aus graubraunen Lehmhäusern erbauten und durch hochragende Minaretts geschmückten Stadt, an. Wir hielten an den brüchigen Gestaden des westlichen, gegenüberliegenden libyschen Ufers und gingen augenblicklich ans Land. Einige Esel wurden bestiegen und bei einem hübschen Palmenhain, neben den Häusern eines sehr ärmlich aussehenden Dorfes vorbei, in dessen Gärten zwischen Schmutz und Unrat die ekelhaften Aasgeier wie Haustiere umhersaßen, gelangten wir gar bald in eine wohlbebaute Ebene. Der Nil beschreibt hier eine Krümmung und tritt nahe an die libyschen Wüstengebirge heran; demzufolge ist das Band kultivierten Landes sehr schmal, und nach halbstündigem Ritt hatten wir den großen, berühmten Tempel von Dendera erreicht. Gleich den Ruinen von Abydus liegt auch er hart am Rande des Fruchtlandes, schon im Sande der Wüste.

Im Schein der Fackeln durchforschten wir alle Räume des großen Gebäudes, die engen Krypten, Stiegen und Gänge. Lange hielt ich mich in der weiten, dunklen, säulengetragenen Halle auf. Die kolossalen grauen, unbemalten, doch im vollen Hieroglyphen-Schmuck prangenden Steinmassen erinnerten an längst verflossene Tage; man kann sich kein wohlerhalteneres Denkmal uralter Zeiten denken, als es der unheimlich schöne Tempel von Dendera in der Tat ist. Im Geiste sah man die Priester einer mächtigen Religion in ihren langen weißen Gewändern, mit geringelten schwarzen Bärten und hohen Mützen vorbeischweben, den allgewaltigen Gottheiten des alten Nilreiches Opfer darbringend. In den öden Gängen hausen jetzt Fledermäuse in unglaublicher Menge und in der weiten Halle saß in einer dunklen Ecke eine Nachteule, während am Gesims, doch auch im Inneren des Gebäudes, ein Kolkraben-Pärchen sein Nest errichtet hatte; das starke, blendend schwarze Weibchen erlegte ich im Momente, als es beim Tore ins Freie entfliehen wollte.

Vom flachen Tempeldach genossen wir eine herrliche Fernsicht auf das grüne Kulturland und den Nil in einer Richtung, in der anderen hingegen nach einer langen Sandwüste und die dahinter sich auftürmenden Gebirge. Es war ein ernstes düsteres Bild; die grauen Ruinen, die öde Wüste, die einsamen Felswände, nichts Grünes, selbst kein heiterer Sonnenblick erfreute das Auge. Der Farbenglanz des Himmels und die Pracht der Beleuchtungen fehlte an jenem Nachmittage. Alles lag in grauen Tönen und das Firmament war verfinstert, doch nicht durch Wolken, denn diese kennt Oberägypten nicht, sondern infolge schwerer Dünste und Staubmassen, die mit drückend ermattender Luft in Verbindung, die ersten Anzeichen für den herannahenden Champsin, den gefürchteten

Ruinenfeld von Karnak

Wüstensturm, waren. Jagend kehrten wir in den Abendstunden nach dem Schiffe zurück, auf dem in der nämlichen Station die Nacht zugebracht wurde.

Früh morgens setzte der Dampfer die Fahrt fort. Schwerer Champsinsturm sauste durch das Niltal, die Sandwolken der Sahara, Nebeln gleich, um die Gebirge wickelnd. Die Sonne erschien wie eine rötliche Scheibe, unfähig ihren Strahlen durch die Staubfluten Bahn zu brechen. Alles war mit Sand bedeckt, selbst in die verschlossenen Schiffskabinen drang er ein, die Menschen arg belästigend. Eine erschlaffende, schwere Luft erfüllte die sonst so herrliche Landschaft und erstaunt beobachteten wir die für uns noch neue Naturerscheinung. Pelikane, verschiedentliches Wassergeflügel und einige plumpe Seeadler wurden in weiten Distanzen vergeblich beschossen. An einigen Ortschaften, darunter die Städte Kuft und Kus, kamen wir vorüber; der Typus der Gegend blieb immer derselbe, nur traten die Gebirge stetig weiter zurück, um der schon in der Geschichte des Altertums wegen Reichtum und Kultur gepriesenen Ebene von Theben Platz zu machen.

Um 12 Uhr legten wir am Landungsplatz der ziemlich großen Stadt Luxor an. Außer uns waren noch ein Postdampfer und mehrere Dahabîyén europäischer Reisender anwesend. Das moderne Luxor, ein echt arabischer, aus Lehm erbauter Ort, steht inmitten und teils angelehnt an Ruinen altägyptischer Denkmäler. Zu beiden Seiten des Nils ist das Land weithin (am libyschen Ufer sogar bis innerhalb der Gebirge) mit den Überresten des »hunderttorigen« Theben, der größten Weltstadt des ältesten Altertums, bedeckt.

Gleich nach unserer Ankunft gingen wir ans Land, erklommen die steile, sandige Uferböschung und mieteten am primitiven Platze vor dem kleinen schmutzigen Luxor-Hotel mehrere Reitesel. Durch enge Gassen der Stadt einen einfachen, überaus übelriechenden, aber an interessanten bunten Menschentypen reichen Bazar passierend, kamen wir an dem aus elenden Hütten, nur von Tänzerinnen bewohnten Stadtviertel vorbei. Luxor ist wegen seines Reichtums an Ghawazis berühmt, der Hauptsitz dieser verworfenen Kaste. Bei den letzten Häusern zwischen Sand und Schmutz war ein echtes Zigeunerlager aufgeschlagen. Bald hatten wir das

Tempel von Karnak

freie Land erreicht und zwischen Palmenwäldern und wohlbebauten Feldern trabten wir auf einem Damme lustig vorwärts.

Schon von weitem wurden die hochragenden Tore, Säulen und Mauern der berühmten Ruinen von Karnak sichtbar, die sich inmitten des Kulturlandes neben einem üppigen Palmenwald erheben. Der Baum des Südens, das Wahrzeichen der afrikanischen Vegetation, bot in Verbindung mit den hochklassischen, blendend weißen Denkmälern, die nur die Phantasie des so gebildeten morgenländischen Altertums zu schaffen imstande war, ein eigentümlich effektvolles Bild dar. Ein kleines Dorf und eine junge Baumanpflanzung befinden sich vor dem Eingang zu den Ruinen; ein Schwarm der munter mit schmetterlingartigem Flug umherschwirrenden Blauwangenspinte gab uns Gelegenheit, viele dieser schönen, echt afrikanischen Vögel, ihres Federschmuckes wegen, zu erlegen. Nach diesem kurzen Jagd-Intermezzo betraten wir das herrliche Ruinenfeld von Karnak.

Nachdem wir die weiten Räume, den Wald von Ruinen und Säulen sowie die Schutthaufen der großen Tempelanlagen durchstöbert hatten, kehrten wir alle auf demselben Wege nach Luxor zurück. Inmitten der Stadt, zwischen den Denkmälern des Altertums förmlich eingeklemmt, steht das Haus des englischen Konsular-Agenten, eines alten, wohlhabenden Arabers. Der schlaue Greis in halb europäischer Tracht empfing uns auf das Freundlichste, um enorme Preise ägyptische Antiquitäten zum Kaufe anbietend. Wir nahmen einige hübsche Stücke, tranken den unausweichlichen Höflichkeits-Kaffee und setzten dann die Besichtigung der innerhalb der Stadt liegenden Ruinen fort.

Während wir noch am Platze die Denkmäler betrachteten, strömten aus den Gassen die gewinnsüchtigen Araber mit Ausgrabungen, meist kleinen, und nach Brugsch-Paschas Ausspruch gefälschten Antiquitäten, auf uns zu, ihre Waren in der lästigsten Weise aufdrängend. Auf die energischste Weise musste man sich der zudringlichen, kreischenden und lebhaft gestikulierenden Menschenmenge erwehren. In einer Seitenstraße fanden wir einen Haufen Ababdehs. Es ist dies ein höchst interessanter Volksstamm, durchaus keine Araber, von einem vom semitischen, doch zugleich auch vom Neger-Typus vollkommen abweichenden Charakter. Wohl dürften es die Nachkommen innerasiatischer Volksstämme sein, die bei der ältesten Völkerwanderung der Welt, der so genannten Wanderung der Kuschiten, die südliche Straße dieser Völkerbewegung, nämlich die Küste des indischen Ozeans und den Südrand Arabiens verfolgend, nach Afrika gelangten. In Abessinien, ferner dem Gebiete der Somali und bis hinauf gegen Assuan und sogar Theben, siedelten sich diese merkwürdigen Stämme an.

Speziell die Ababdehs bilden jetzt einen streng gesonderten Stamm, der östlich des Nils, zwischen dem Strome und dem Roten Meer, von der Umgebung Thebens angefangen bis südlich Assuans, die Gebirge bewohnt. Es ist ein armes Gebirgsvolk, das in den rauen Schluchten der Wüstengebirge seinen Typus unverfälscht erhielt und stets auf derselben niedersten Stufe der Entwicklung blieb. Sie sind Wilde im vollen Sinne des Wortes. Die kupferbraune Haut, die mageren Gestalten, die feinen Gesichtszüge weisen auf den indischen Ursprung hin. Die Haare sind schwarz, aber durch fette Salben und Eindrehung in verschiedene, von Holzstücken gehaltene hörnerartige Spitzen dermaßen entstellt, dass man den ursprünglichen Typus nicht mehr erkennen kann. Die Bekleidung besteht in einigen schmutzigen, notdürftig um den Leib gewickelten, knapp anliegenden Lumpen. Alle trugen roh gearbeitete Ohr- und Armringe, ein kleiner Junge sogar einen Nasenring; ihre Waffen, alte Klingen, darunter sogar eine europäische Ritterklinge aus den Tagen der Kreuzfahrer, hölzerne Keulen, primitive Speere, lederne Schilde, Pfeile, Bogen und Köcher, erregten meine besondere Aufmerksamkeit, doch gutwillig wollten sie dieselben nicht verkaufen und es bedurfte der Intervention Abd-el-Kader-Paschas, um mir die interessanten Gegenstände samt und sonders zu verschaffen. Ein glücklicher Zufall ließ uns die Ababdehs schon in Theben begegnen, denn nur selten kommen dieselben auf den Markt dieser Stadt; in Assuan sollten wir sie noch näher kennen lernen. Nach diesem interessanten Zwischenfall trennte sich die Reisegesellschaft; der Großherzog und ich ritten abermals nach Karnak hinaus, um des Abends da auf Raubtiere zu jagen, während die anderen Herren in Luxor verblieben.

Ein jagdkundiger Araber, Chalil genannt, führte uns bis in die Nähe der Ruinen von Karnak; vor den ersten Häusern des kleinen Dorfes bogen wir in die Felder ein und erreichten bald einen Sandhügel, auf dem ein altes mohammedanisches Schêch-Grab stand. Im Schatten eines kleinen Palmenhaines wurden wir an zwei Punkten vom Araber postiert mit dem Auftrage, in voller Ruhe schussbereit der kommenden Ereignisse zu harren. Der Champsin hatte sich in den Nachmittagsstunden gelegt, ein schöner Abend folgte dem bösen Tage. Die Sonne ging wundervoll unter, die weite thebanische Ebene, die hier besonders hohen Wüstengebirge und die herrlichen Ruinen von Karnak in den glühendsten Farben vergoldend. Ein leiser Luftzug rauschte in den Kronen der Palmen, balsamische Düfte entquollen der üppigen Vegetation, die Tauben girrten melancholisch zwischen den Büschen und die großartige Ruhe der herrlichen Landschaft wirkte einschläfernd auf mich. Ich schlief ganz fest, als plötzlich der unweit lauernde Chalil mich unsanft aufrüttelte, mir in barschen Worten erklärend, ich hätte einen nahe vorbeitrollenden Schakal verpasst. Es war inzwischen Nacht geworden und mit dem Großherzog trat ich den Rückweg an. Über die Felder heimwärts wandernd, gewahrte ich ein gespensterartig vorbeihuschendes Tier; rasch warf ich einen Schuss auf gut Glück nach und fand zu meiner großen Freude einen Schakal, der sich in den letzten Zuckungen herumwälzte. Mit dieser hübschen Beute erreichten wir gar bald den Platz, wo die Esel warteten, und trabten vergnügt nach Hause, zu unserem Dampfer zurück.

Den Zureden Chalils folgend, brachen einige von uns am nächsten Morgen noch lange vor Sonnenaufgang auf und ritten querfeldein, an den Ruinen von Karnak vorbei zu einem Teiche, an welchem alltäglich während der Dämmerung die großen Raubtiere zu trinken pflegen. Der Weg war lang und Totenstille herrschte in der weiten Ebene, nur hie und da unterbrachen das Geheul der Schakale und das Gebell der halbwilden Hunde die Ruhe der Nacht. Endlich hatten wir den Teich, besser gesagt in einer Grube von der Nilüberschwemmung her zurückgebliebenes Wasser, erreicht. Chalil stellte rasch die Schützen an; in gespanntester Aufmerksamkeit lauerten wir, bis die Sonne goldig-rot über den arabischen Gebirgen emportauchte. Nichts war erschienen als ein Schakal, den Herr Ráth verpasst hatte. Ein herrlicher Morgen entschädigte für die erfolglose Geduldsprobe. Der kurze Übergang von der Nacht, durch die Dämmerung zum Sonnenaufgang, war so reich an wechselnden Beleuchtungen und glühenden Farbeneffekten, wie sie nur das Innere Afrikas imstande ist hervorzuzaubern.

Viel Geflügel aller Art erschien an der Tränke, und so beschlossen wir den Vormittag jagend zuzubringen. Kleines Wild, darunter mehrere hier schon in Hülle und Fülle überwinternde Wachteln, wurden erlegt; die Felder durchstreifend, gelangten wir zu den Ruinen von Karnak; mehrere der Herren kehrten nun nach Luxor zurück, während ich zwischen den Schutt- und Trümmerhaufen ein Versteck wählte, um beim Aase auf große Geier zu lauern. Leider erschienen nur einige Milane und Aasgeier, auf die ich nicht schießen wollte. Der Tag war für diese Jagd nicht geeignet, denn dichte Sandwolken erfüllten die Luft, die nahen Gebirge sogar den Blicken verbergend. Der Champsin hatte sich in den Vormittagsstunden mit erneuter Kraft wieder eingestellt. Gar bald verließ ich mein altägyptisches Versteck und ging zu einem innerhalb der Ruinen gelegenen kleinen, ganz mit Steinplatten begrenzten Wasserreservoir, das aus den Tagen des Altertums stammt. Mehrere Bekassinen und Uferläufer, wahrscheinlich von Mattigkeit während der Reise übermannt, saßen in jämmerlicher Weise auf dem kahlen Gestein; eine kurze Jagd machte ihrem kümmerlichen Dasein ein Ende.

Nun ritt ich am nächsten Wege nach Luxor und zum Dampfer zurück. Für die Nachmittagsstunden hatten wir den ersten Ausflug zu den Denkmälern des westlichen Ufers projektiert, mussten aber des noch stetig wachsenden Champsinsturmes wegen die Pläne ändern und beschlossen, am folgenden Tage die Weiterreise anzutreten und die Westseite Thebens für die Rückkehr von den Katarakten aufzusparen. Der Nachmittag wurde teils an Bord des Dampfers, teils in Luxor selbst zugebracht. Mit Brugsch-Pascha besuchte ich den deutschen Konsular-Agenten, einen Kopten und zugleich Verkäufer altägyptischer Ausgrabungen, fand auch bei ihm bessere Objekte, als tags zuvor bei seinem englischen Kollegen. Mehrere recht wertvolle Stücke wurden eingehandelt und auf das Schiff gebracht, wo allmählich ein ägyptisches Museum zu entstehen begann. Nach still verbrachten Abendstunden wurde bald zur Ruhe gegangen.

Am 5. begann mit Sonnenaufgang die Weiterfahrt. Dem Rate einiger Europäer in Luxor folgend beschlossen wir, bei dem nahen, durch seine Zuckerfabrik und seine großen Zuckerfelder berühmten Dorfe Erment zu halten und daselbst einige Stunden der Jagd zu widmen. Nach zweistündiger Reise hatten wir unser nächstes Ziel erreicht. Einige französische Beamte der vollkommen nach europäischem Muster eingerichteten Fabrik empfingen uns auf das Freundlichste, stellten so viele Arbeiter, als wir zum Treiben der Zuckerrohrdickungen benötigten, zu unserer Verfügung und ließen augenblicklich einen Eisenbahnzug zur Fahrt bereithalten. Durch eine herrliche Sikomoren-Allee an den Fabriksgebäuden vorbei, gelangten wir nach wenigen Minuten zu dem kleinen Bahnhof des kurzen Schienenstranges, der die Fabrik mit den größten Feldern verbindet.

Jetzt hieß es die Treiber aussuchen; gar bald wurde uns ein Rudel vom Fabriksleben herabgekommener Fellachen zugetrieben und gleich darauf in die sonst nur für den Transport von Zuckerrohr bestimmten Waggons verpackt. Im letzten nahmen wir Platz und nun ging es zwischen den hübschen Gärten der Beamten und dann an einem äußerst ärmlichen Fellachen-Dorfe mit kleinem Palmenwalde vorbei in die Ebene hinaus. Nach kurzer Fahrt wurde angehalten. Ein schmaler Streif kultivierten Landes trennt den Nil von den hier nahe herantretenden Wüstengebieten. Das nächste Zuckerrohrfeld sollte durchtrieben werden, doch leider waren die Felder zu groß und dicht, die Treiber gingen schlecht und nur ein Wolf verließ unbeschossen sein Versteck. Bald erkannten wir die Erfolgosigkeit unserer Bestrebungen und kehrten zum Eisenbahnzuge zurück. Während der Fahrt durch das schon früher erwähnte kleine Dorf schoss ich aus dem Waggon einen Aasgeier, der mit anderen seiner Gattung, Haustieren ähnlich, bei einer Lehmhütte saß. In dem Garten eines französischen Beamten wurden uns noch mehrere Schakal- und, wie die braven Leute meinten, Wolfsbaue gezeigt. Ein Versuch, die Dachshunde hineinzulassen, blieb ohne Resultat und so kehrten wir nach kurzer Abwesenheit auf den Dampfer zurück.

Erment spielte schon im Altertume eine Rolle. Griechisch Hermonthis, altägyptisch Anmonth, auf dem westlichen Ufer des Nils gelegen, in südlicher Richtung von Theben, hatte auch diese Stadt mit ihren, dem Gotte Mouth geweihten Tempeln – deren letzter vor wenigen Jahren der ägyptischen Barbarei zum Opfer gefallen ist – den Ruf einer hochheiligen Kulturstätte. Nach dem politischen Niedergange der alten Reichshauptstadt Theben ward sie zur Metropolis der Thebaïs erhoben und bildete den eigentlichen Sitz

Auf dem Tempel von Edfu

der griechisch-römischen Behörden für diesen Teil Oberägyptens. Die an dem Ufer von Erment gefundenen Bruchstücke einer Stelle aus schwarzem Granit befinden sich jetzt in den kaiserlichen Sammlungen in Wien.

Nach kurzem Aufenthalt setzten wir die Reise fort. Bald gelangten wir an eine Stelle, wo der Nil ein starkes Knie bildet, von hier an treten die Gebirge beiderseits immer näher heran, bis sie bei Gebelên in schroffen Wänden zum Strome herabsinken; besonders schön sind die malerisch geformten Schluchten, Felsen und Steinhalden des öden und hohen Gebel-Nisse-Gebirges, des arabischen Ufers.

Wir waren eben auf Verdeck, die prachtvolle Landschaft genießend, als ich einen auf einer Sandbank liegenden toten Büffel, umgeben von Geiern, sah. Mit dem Fernglase entdeckte ich, dass außer dem weißköpfigen auch der ganz große blauköpfige Ohrengeier, ein echt innerafrikanisches Tier, anwesend sei. Leider ließen die scheuen Vögel den Dampfer nicht auf gute Schussdistanz herankommen, rasch wurde gehalten und der Großherzog und ich fuhren ans Land; einige Ufergebüsche gewährten genügende Deckung und ruhig wartend, hofften wir die Wiederkehr der imposanten

Ohrengeier zu ihrem gestörten Mahl; leider kam nichts als ein gefräßiges Aasgeier-Pärchen, wovon ich ein Exemplar mit der Büchse erlegte. Auf den Schuss eilten einige neugierige Fellachen, hier schon ganz dunkle, fast gar nicht bekleidete Gestalten herbei, denen wir den Auftrag gaben, tagtäglich den Geiern an dieser Stelle ein Aas vorzulegen und die Tiere in keiner Weise zu stören; auf der Rückreise wollte ich nämlich mein Glück auf Ohrengeier nochmals versuchen. Die biederen Leute versprachen in Anbetracht eines guten Bachschîsch, allen unseren Wünschen auf das Pünktlichste nachzukommen. Nun fuhren wir im Kahn zum Dampfer zurück, auf welchem augenblicklich die Weiterreise fortgesetzt wurde. Unter einem kahlen, durch ein altes Schêch-Grab gekrönten Berg kamen wir vorbei; bald darauf traten die Höhenzüge wieder weiter zurück, allmählich der ziemlich breiten und wohlbebauten Ebene von Esne Raum gewährend.

Mit Sonnenuntergang erreichte das Schiff die große, durch Palmenhaine, üppige Gärten und schattige Alleen gezierte Stadt Esne. Am Landungsplatz wurde angelegt und vom Verdeck genossen wir das hübsche Bild des buntbewegten morgenländischen Lebens, das sich am Ufer bei Ankunft des Dampfbootes entspann. Der Abend war kühl und erfrischend nach der Hitze des Tages, denn dem Champsin folgte glühend heißes, in der Tat afrikanisches Wetter. Nach dem Speisen gingen wir ans Land, wo ein Mudîr uns auf das Freundlichste empfing. Zu Esel ritten wir längs des Randes der Stadt zu dem nahe gelegenen berühmten Tempel. Esne, altägyptisch Seni, von den Griechen wegen der Verehrung des daselbst heiligen Latus-Fisches »Latopolis« genannt, besaß eine Zahl von Heiligtümern, die dem widderköpfigen Gotte Chnum (dem Baumeister) geweiht waren und von denen nur noch die tief im modernen Stadtboden steckende Vorhalle eines der größeren als letzter Rest bis auf unsere Zeit erhalten geblieben ist.

Ein altägyptischer Festkalender, auf der Basis des alexandrinischen Jahres, und die astronomischen Deckenbilder verleihen auch diesem Werke aus der römischen Kaiserzeit einen besonderen Wert. Im Scheine sehr vieler Fackeln nahm sich die schöne, wenn auch einer, im Vergleiche zu den anderen Denkmälern, jungen Epoche angehörende Tempelhalle sehr gut aus und lange blieben wir in dem düsteren grauen Raume, das interessante Bild genießend. Am Rückwege folgte die Reisegesellschaft einer Einladung des freundlichen Mudîr und im ebenerdigen, nichts weniger als reichlich eingerichteten Gouvernements-Gebäude saßen wir alle gar bald auf großen Divans, gemütlich rauchend und Kaffee trinkend. Kaum waren die ersten Höflichkeitsphrasen gewechselt, als auch schon die Türen sich öffneten und leichtfüßige Tänzerinnen erschienen. Die eigentümliche Musik erklang und wir genossen abermals das fragliche Vergnügen eines Bienentanzes. Die Mädchen waren hier nicht schön, nur eine Abessinierin hatte sehr markierte Züge und glänzend braunschwarze Hautfarbe. Nach kurzem Aufenthalt verabschiedeten wir uns vom Mudîr und gingen auf den Dampfer zurück.

Am 6. März wurde in sehr früher Stunde die Reise begonnen und gar bald war die Talenge von El-Kab, jene schöne Gegend, wo die beiderseitigen Hochgebirge in wildromantischen Formen an den Strom herantreten, erreicht. Nach dieser schmalen Passage lassen die libyschen Wüstengebiete, sich zurückziehend, freien Raum für die ziemlich breite und gut kultivierte Ebene von Edfu, während die arabischen Höhenzüge von nun an ununterbrochen bis nahe zum Nil reichen. Auch ändert sich der Charakter der Berge; anstelle der schön geformten hohen Gebirgsmassen tritt ein wild zerklüftetes Sandsteingebirge, dessen niedrige Kuppen und Spitzen die absonderlichsten Gestaltungen annehmen.

Vormittags langte der Dampfer bei Edfu an; über einige Felder ritten wir allsogleich zum nahe liegenden ärmlichen Dorfe; durch schmutzige enge Gassen gelangten wir an den jenseitigen Rand des Ortes, wo zwischen Schutt- und Trümmerhaufen der besterhaltene Tempel Oberägyptens, eines der schönsten Baudenkmäler aller Zeiten, steht. Augenblicklich begannen wir unter Brugsch-Paschas Anleitung die Besichtigung der Räume.

Edfu, altägyptisch Debu oder Edbu, griechisch »Apollinopolis« die Große. Der Tempel von Edfu gilt mit Recht als eines der größten und umfangreichsten Heiligtümer, das sich aus dem Altertum bis auf die Neuzeit in wunderbarer Erhaltung bewahrt hat. Die ganze Anlage des Tempels, nach dem oben beschriebenen Grundplane ausgeführt, bietet somit dem modernen Beschauer das wahrheitsgetreueste Bild eines Tempelbaues in altägyptischer Zeit dar. Das gewaltige Heiligtum war dem Lichtgott Horus, dem ägyptischen Apollo geweiht, den die Inschriften genauer als die oberägyptische Form des Sonnengottes bezeichnen. Sperberköpfig dargestellt, erscheint der Gott zugleich als Sieger über die Finsternis, besonders symbolisiert durch das Bild eines ungeschlachten Nilpferdes. Die an der inneren Wand der westlichen Umfassungsmauer abgebildeten Kämpfe dieses Lichtgottes gegen Finsternis und Bosheit im moralischen Sinne, erinnern in ihrer Reihenfolge an die bekannten zwölf Arbeiten des Herkules der griechischen Göttersage. Die Reichhaltigkeit der Darstellungen und Inschriften, welche alle Flächen der steinernen Wände und Säulen dieses Tempels bedecken, übertrifft an Umfang des Inhaltes sämtliche Denkmäler Ägyptens.

Unerschöpflich zu nennen ist die Ausführlichkeit der darin niedergelegten Aufschlüsse über Geschichte, Geographie, Völkerkunde, Astronomie, Kalenderwesen, über die Baukunst und Vermessung, über die Form des Tempeldienstes usw., ganz abgesehen von der Fülle mythologischer Überlieferungen, welche den Stoff zu dickbändigen Werken liefern würden. Die Länge des Tempels an der Umfassungsmauer beträgt 433 Fuß 6 Zoll, die Breite eines jeden Turmflügels 100 Fuß 6 Zoll, die Höhe eines jeden 103 Fuß. Der Hof mit seinem von zweiunddreißig Säulen getragenen Peristyl ist malerisch und von imposanter Wirkung. Die sich in der Richtung der Achse von Süd nach Nord anschließenden Säle folgen in vorgeschriebener Reihe nacheinander bis zum Allerheiligsten hin, in welchem noch heute die aus den Zeiten des letzten einheimischen Pharaos herrührende Stein-Kapelle der Gottheit steht. Zum Schlusse die Bemerkung, dass nach den Aussagen der Inschriften der ganze Bau in den Zeiten der Ptolemäer-Könige vom Jahre 237 bis 142 vor Chr. Geb. nach altem Muster ausgeführt, daher erst nach Verlauf von fünfundneunzig Jahren vollendet worden ist. Nachdem wir alle Teile des Tempels gesehen hatten, gingen wir auf das flache Dach und genossen von da einen schönen Überblick nach dem Nil, der grünen Ebene, einer unweit vom Tempel beginnenden weiten Wüstenfläche und den dahinter sich aufbauenden, pyramidenartigen Sandsteingebirgen.

Da Geier in den Lüften kreisten, legte ich ein Aas hinter einem Schutthaufen aus und erwartete auf den Zinnen des Tempels die Ankunft der großen Raubvögel. Leider erschienen nur viele Aasgeier, aber kein großer *Vultur* und so musste ich mich mit diesem kleinen Zeuge begnügen, da die Zeit zur Reise drängte. Durch das Ekel erregende Dorf ritten wir nun, denselben Weg einschlagend, nach dem Landungsplatze zurück. Wenige Minuten später dampfte unser Schiff stromaufwärts weiter.

Die Gegend blieb im Großen und Ganzen ziemlich gleich. Die östlichen arabischen Gebirge, hier niedrig, weißlich grau und wild zerklüftet, treten allenthalben bis nahe an den Strom heran, gar keinen oder nur einen ganz schmalen Streif kultivierten Landes lassend. Die westlichen libyschen, ebenfalls niedrigen, gelblich gefärbten, abenteuerlich geformten Gebirge nähern sich südlich Edfus stetig mehr dem Nil; das grüne Land wird nun auch an diesem Ufer immer schmäler und bietet das Bild einer zwar üppigen, aber verwahrlosten Vegetation dar. Städte fehlen vollkommen und selbst die wenigen elenden Dörfer werden nur sehr sporadisch. Große Züge Störche ziehen über dem Niltal nordwärts, Raubvögel kreisen in den Lüften und an den Felsen, und das Wassergeflügel des Stromes belebt die hier ziemlich vereinzelten Sandbänke.

In den Nachmittagsstunden erfreut die herrliche Felsenge von Gebel-Selsele mit ihren von beiden Seiten herantretenden Sandsteingebirgen den Wanderer, der vom Verdeck des Schiffes aus die malerischen, aber düster ernsten Wüstengebiete betrachtet. Abends mit Sonnenuntergang erreichten wir die Nordspitze einer großen, vegetationsreichen Insel. Im östlichen Arme des Stromes fahrend gewahrten wir gar bald den kleinen, aber reizend gelegenen Tempel von Kum-Ombu. Auf hohen, steilen, an den Hängen mit Pflanzenwuchs bedeckten Uferwänden, thront das Denkmal des Altertums, weithin sichtbar, öde und verlassen, ohne Stadt oder menschliche Ansiedelung in der Nähe, zwischen dem Strom und der Wüste eingeengt. Das Wüstengebiet reicht hier in Form eines Hochplateaus bis an den Rand der hohen Uferböschung; eigentliche Gebirge fehlen dieser Gegend vollkommen.

Da die Nacht hereinbrach, legten wir unter dem Tempel an; neben uns befand sich auch noch eine Dahabîyé, von einigen Euro-

päern bewohnt. Der Dragoman dieser Reisegesellschaft, der jagd-
kundige Dalmatiner Paulovich, kam auf den Dampfer und riet
uns, nach dem Speisen in den Tempel zu gehen, um da wohlversteckt mit einem meckernden Zicklein auf Wölfe zu lauern. Gesagt, getan; um die neunte Stunde schlich ich mit Hoyos die steilen Uferhänge empor, und den öden Tempel durchstöbernd, fanden wir an seiner Ostseite eine Säule, die Deckung gewährte;
wenige Schritte davor wurde das jammernde Zicklein befestigt und
nun lauerten wir mit gespannter Aufmerksamkeit durch zwei Stunden. Nichts regte sich; es war ein schaurig schönes Bild; der alte
Tempel mit seinen düsteren Säulenreihen, die endlose Wüste, nur
durch einige Trümmer und Felsblöcke unterbrochen, das alles vom
herrlichen, echt innerafrikanischen Mondschein hell verklärt;
nicht der bleichsüchtige Nachtlampenschein des europäischen
Mondes war es, sondern jener taghelle Glanz, der das kleinste
Steinchen erkennen lässt und volle Übersicht dem lauernden Jäger
und sogar dem zeichnenden Künstler gewährt. Leider jagten die
Europäer von der Dahabîyé ebenfalls in der Nähe unseres Versteckes und kehrten mit gackernden Hennen, die sie als Lockpfeife
mitgenommen hatten, beim Tempel vorbei zurück; da schwanden
die besten Erwartungen und auch wir eilten zum Dampfer nach
Hause.

Unvergesslich schön bleibt die Erinnerung an die Mondnacht
in Kum-Ombu, d.i. »der Hügel von Ombu«, hieroglyphisch Nubi,
d.i. »die Goldstadt«, griechisch Ombos oder Ombi genannt, mit
den äußerst pittoresken Überresten eines halb versandeten Tempels, die Metropolis des späteren, Ombites genannten Gaues.
Stadt und Tempel waren den übrigen Ägyptern verhasst, da hierselbst Set, der altägyptische Typhon, in einer seiner Hauptformen
verehrt ward. Das dieser Gottheit geweihte Tier, das Krokodil, findet sich aus diesem Grunde mehrfach in den Bildwerken dargestellt und in den Inschriften genannt.

Mit Sonnenaufgang verließen wir das schöne Kum-Ombu, die
Reise nach Assuan fortsetzend. Herrliche Gegenden fesselten uns
auf das Verdeck; niedere, aber schön geformte Gebirge traten an
beiden Ufern bis nahe an den Strom heran, an manchen Stellen
gar keinen oder nur sehr unbedeutenden Raum für Kulturland-

schaften lassend. Hie und da erfreuten üppige Palmenhaine und dichte Gebüsche das Auge und dahinter erhoben sich Bergmassen mit Felsblöcken, Schutthaufen und Steinformationen der eigentümlichsten Art. Je mehr man sich Assuan nähert, desto absonderlicher, von den früheren Nillandschaften verschiedenartiger gestaltet sich die Gegend und desto seltener erscheinen Städte und Dörfer vor den Blicken des Wanderers. Einige Neger-Ansiedlungen eines weit nach Norden vorgeschobenen Stammes wurden beobachtet. Unter hohen Dattel- und Dum-Palmen standen elende Strohhütten von zeltähnlicher Konstruktion; zwischen üppiger Vegetation hatten sich die Schwarzen niedergelassen und es bot ein echt innerafrikanisches Bild dar, als wir mit dem Fernglas die Mohren in gründlichem Kostümmangel neben ihren eigentümlichen Wohnungen, inmitten des saftigen Pflanzenwuchses umhergehen sahen.

Gegen 11 Uhr war es, als die Landschaft einen immer wilderen Charakter annahm, der Nil schien vor uns wie durch Gebirgsmassen abgeschlossen. Steinblöcke, Felsplatten und Schutt grenzen bis an den Strom, der sich stetig mehr verengt, die Gebirge des rechten Ufers verflachen sich und weichen einer öden, mit Steinblöcken übersäten Ebene, aus der nur hie und da zackige Kegel emporragen. Am linken Ufer erhebt sich ein ziemlich hoher Berg, dessen Fuß bis an die Fluten des Nils reicht; seine Spitze ist gekrönt durch ein altes Gebäude, doch schon aus muslimischer Zeit. Bald tauchen Palmen, einige grüne Gärten und in ihrer Mitte die Zinnen der zwischen den Strom und die Wüste eng eingeklemmten, kleinen, aber malerischen Stadt Assuan auf. Der Strom teilt sich in zwei Arme; die durch ihre tropische Vegetation bekannte Insel Elephantine lacht uns entgegen; ein tückischer Kranz schwarzer Granitriffe umgibt das reizende Eiland; allenthalben tauchen scharfe Felsenkanten, die ersten Vorzeichen der nahen Katarakte, aus den Fluten empor.

Wild zerklüftetes Gestein, Wüste und Einöde, großartig und voll glühender Farbeneffekte; dazwischen der rauschende Strom, herrliche Felsenformationen, die echt muslimische Stadt; Islam und innerafrikanisches Völkergemisch nebeneinander, altägyptische Baudenkmäler und die herrliche Insel mit tropischem Pflanzenwuchs, das alles erscheint in einem Moment vor unseren Augen; wie geblendet bewundern wir das schöne Bild, die südlichste Station dieser Reise, die Nähe des Wendekreises, die Grenze der Tropen. Langsam nur konnte das Schiff zwischen den schwierigen Stellen hindurchgleiten, um nach einigen Minuten unter der hohen staubigen Uferböschung anzulegen. Ein Postdampfer sowie auch mehrere Dahabîyén waren anwesend. Kaum angelangt verließen wir auch schon unser Schiff, um die Stadt gründlich zu betrachten.

Es ist dies unstreitig einer der interessantesten Orte der ganzen Nilreise; den Gebäuden und Stadtbewohnern nach echt arabisch, sogar wahrhaft semitisch, eine der letzten Stationen der handel- und gewinnsüchtigen Araber. Mohammedanisch ist die Religion des Staates und der Stadt, ob auch des Landes allenthalben, muss ich bezweifeln. Die Häuser, aus Lehm gebaut, tragen den vollen Typus aller Nilstädte; die Gassen sind eng und unrein, nur die dem Strome nahe liegenden weisen höhere Gebäude und den recht sehenswürdigen Bazar auf; die weiteren Viertel bestehen aus elenden Erdhütten und allerlei unregelmäßigem Winkelwerk; an der Ostseite umgibt eine an manchen Punkten schon verfallene Mauer die Stadt, daran schließt sich ein weites Gebiet muslimischer Friedhöfe, das an anderer Stelle gründlich besprochen werden wird. Unser erster Gang galt dem Bazar. Eine lange Gasse ist zu beiden Seiten dicht angefüllt von Buden und mit Brettern der Sonne wegen überdeckt. Die Händler in den Läden sind Araber, in ihren langen orientalischen Gewändern, den Turban am Kopfe. Das Volk, das auf- und niederwogte, Waren zum Markte bringend, von den klugen Semiten angelogen und betrogen, sind keine Orientalen oder dazu verwandelte Fellachen, auch der Beduine fehlt ganz und gar; echt afrikanische Stämme, viele Neger, dunkelbraune Nubier, die Nachfolger der alten Äthiopier, Ababdés und Beschas, und wie sie alle heißen die kleineren Völker kuschitischen Ursprungs, treiben sich da herum.

Wir haben die Grenze des Orients erreicht, wo derselbe nur noch in Form des Handelsstandes zur Vermittlung der innerafrikanischen Waren nilabwärts besteht und gedeiht. Die echt morgenländischen Produkte, wie wir sie in der Muski Kairos fanden, sie sind hier nicht mehr zu sehen. Die Rohprodukte der Tropen liegen in den engen Buden aufgestapelt: weiße und graue Straußenfedern, Gehörne und Felle vieler Antilopen- und Gazellen-Gattungen, Panther- und Raubtierdecken verschiedener Art, Eier, Früchte tropischer Pflanzen, Gummi, Gewürze, afrikanische Waffen, Stöcke für Kameltreiber, primitiver Schmuck, wie selben die Neger tragen, Kleidungsstücke für nubische Damen, d.h. eine Schnur, an der einige, der Fliegen halber mit fürchterlich stinkenden Salben eingefettete Fäden hängen, Strohhüte für die wilden Stämme und desgleichen Tand aller Art. Über den Türen vieler Häuser sah ich aufgenagelte ausgestopfte junge Krokodile und vor den Türen saßen zahme Affen; ich kaufte mir einen, der uns viel Vergnügen bereitete, leider aber schon in Kairo starb.

Das Leben und Treiben im Bazar bot viel des Interessanten, insbesondere gefielen mir die Ababdés mit ihrem kriegerischen Aussehen, bis an die Zähne bewaffnet, in wenig Hadern mangelhaft gehüllt, die Haare eigentümlich hergerichtet. Neugierig betrachteten uns die verschiedenartigen Wilden und mit tückischer Schlauheit verkauften die klugen Araber um teures Geld innerafrikanische Waren, unsere Freude an denselben geschickt ausbeutend. Auf einer freien Stelle zwischen den Häusern und dem Landungsplatz führten die Ababdés vor uns ihren Kriegstanz auf. Es ist dies ein wildes Herumspringen von Menschen, die auf der niedersten Stufe der Entwicklung stehen. Die begleitende Musik, aus grässlich dröhnenden Blech-Tam-Tams bestehend, erinnerte mich lebhaft an die Klänge, welche bei den Tänzen der Neger-Sklaven in Marokko erschallen, der Tanz selbst aber an jene ungezügelten Unterhaltungen der Riff-Piraten an der Nordküste des nordwestlichen Afrikas. Die biederen Ababdés sprangen nach Leibeskräften umher, führten Sätze von unglaublicher Länge aus, johlten und schrien dabei, schwangen und warfen Schwerter und Speere in die Höhe, klopften mit denselben auf die ledernen Schilde und ahmten Angriffe des einen gegen den anderen nach. Die braunen, spärlich bekleideten Gesellen mit den strahlenförmig auf Hölzern emporgewickelten Haaren, den Nasen- sowie Ohr- und Armringen sahen ganz eigentümlich aus. Ein Tanz war es von Wilden, wie man sich ihn nicht bunter ausdenken kann. Nach dieser Produktion ritten sie auch ihre Dromedare in scharfem Tempo, verschiedene Wendungen vollführend, vor. Nur die Jugend wirkte bei diesen Kunststücken mit, die Alten standen, die blendend weißen Zähne zwischen dunklen Lippen fletschend und wohlgefällig grinsend, neben uns.

Nach einiger Zeit kehrten wir mit Einkäufen und hochinteressanten Beobachtungen reich beladen auf den Dampfer zurück. Während des Frühstückes kreisten die hier in Unmassen hausenden Milane beständig über dem Schiff, die ins Wasser geschleuderten Brotstücke gierig fangend; selbst Schüsse konnten die gefräßigen Tiere nicht verscheuchen. Kaum war die Mahlzeit zu Ende, als wir auch wieder aufbrachen, um einen Ausflug nach den aus den Tagen des Altertums her berühmten Steinbrüchen zu unternehmen. Die Stadt war rasch durchschritten und bei den letzten elenden Hütten nahm uns die eigentliche Wüste mit ihrem weißen Sande und glühenden Reflexe auf. Ein breites, doch in seiner Sohle sehr unebenes, von niedrigen, mit Schêch-Gräbern geschmückten Hügeln begrenztes Tal, ist vom Beginn bei Assuan bis beiläufig eine halbe Stunde landeinwärts mit einer wahren Gräberstadt bedeckt. Gleich den Chalifen-Gräbern stehen auch hier einige Windmühlen auf niedrigen Sandhügeln, doch sind die weiteren Bauten mit jenen Kairos nicht vergleichbar; ärmliche Grabsteine und halb verfallene Schêch-Gräber mit schlichten Kuppeln müssen die herrlichen Grab-Moscheen ersetzen; dafür bietet die Totenstätte Assuans viel großartigere landschaftliche Reize als jene unter der Zitadelle; die einschließenden kahlen Hügel und die weite Steinwüste mit den abenteuerlichen Felsformationen, den prächtigen Farbeneffekten, durchbrannt von den Strahlen der innerafrikanischen Sonne, tragen einen ganz eigentümlichen Charakter an sich.

Am nördlichen Rande des breiten Tales ritten wir bei glühender Hitze durch das unordentliche Gewirre der Totenstadt, nach einiger Zeit wurden die Gräber immer seltener und die letzten Spuren menschlicher Tätigkeit verschwanden allmählich. Kein Grashalm erfreut hier das Auge, nichts als blanker Stein, Sand und Staub; dabei ist die Wüste uneben und ein Hügel folgt dem anderen. Eigentümlich geformte Granitblöcke zeigten die Nähe des Steinbruches an; bald erschien eine Felswand und unter derselben mit Schutt teilweise überdeckt der noch liegende Obelisk.

Seit den Tagen der Pharaonen ruhen diese großen Steinbrüche und die aufgerissenen Felswände und losgesprengten Blöcke geben stummes Zeugnis von der längst verschwundenen Kultur, die in diesen Gebieten vor Jahrtausenden herrschte. Derselbe Weg, auf dem wir gekommen waren, wurde nun wieder zur Heimkehr eingeschlagen. Bei der Gräberstadt trennte sich die Reisegesellschaft; ein Teil ritt nach Hause, während Hoyos und ich den nahe Assuans das Tal begrenzenden, ziemlich hohen, steinigen und vollkommen kahlen Hügel erklommen. Auf der Spitze steht ein altes Schêch-Grab mit rundem, gewölbtem Gebäude; vor dasselbe hatten wir schon früher ein Aas legen lassen, da einige große Geier hoch in den Lüften kreisten. Das günstige Versteck war augenblicklich bezogen und wenige Minuten nach unserer Ankunft begannen schon Milane und Aasgeier das tote Schaf zu benagen. Für große Raubvögel war die Stunde zu sehr vorgeschritten, auch drängte die Zeit und so schoss ich einen Aasgeier nieder. Das düstere Grabgebäude verlassend genossen wir nun mit Ruhe die herrliche Aussicht; in nördlicher Richtung, gerade unter uns, das enge, von Gebirgen eingeschlossene Niltal, der durch die wild zerklüfteten Katarakte sich durchdrängende Strom, hinter uns die tropische Insel Elephantine, das malerisch gelegene Assuan, die grausige Totenstadt, und um alles herum das endlose Gemenge von Gebirgen, Tälern, Ebenen und Plateaus, öde und kahl, Stein und Sand, echte Wüste; doch in den grellsten Reflexen zitternd, von den glühenden Sonnenstrahlen beleckt, blendend weiß, nur hie und da unterbrochen von rötlich gelben Felsen und schwarzem Granit, darüber der ewig blaue Himmel, wolkenlos, kristallklar. Bald hatten wir wieder Assuan erreicht.

Als die Sonne sich zum Untergange neigte und die farbenprächtigsten Beleuchtungen die schöne Landschaft übergossen, verließen Hoyos und ich abermals das Schiff. Ein Nubier in weißem Gewand, mit langer Flinte, als Jäger in Assuan bekannt, führte uns durch die Stadt zu den letzten Häusern derselben. Dort riet er, einige Minuten zu warten, da mit Beginn der Dämmerung die Raubtiere allabendlich nach Beute suchend bis in die entlegenen Teile von Assuan eindringen. Hunde bellten, Kinder schrien, ein Haufen Ababdés zog johlend in die Wüste nach Hause und trotz alledem erschien ein Schakal auf einem kleinen Windmühlen-Hügel, um augenblicklich wieder hinter Steinen zu verschwinden.

Da die Dämmerung merkbare Fortschritte machte, eilten wir in die Gräberstadt; ein Schakal lief vorbei und ein glücklicher Schuss streckte ihn zu Boden. Nahe vom Fuße jenes Berges, auf dessen Spitze wir des Nachmittags den Aasgeier erlegt hatten, unweit der letzten Gräber befindet sich eine alte Zisterne in einem kleinen, aus Sandhügeln gebildeten Tale. Dort war schon früher ein Aas ausgelegt worden, daneben nahmen wir in einem im Boden ausgehöhlten Versteck Platz. Der Mond ging auf und verbreitete, dank der reinen Luft, herrliches Licht über die schaurig ernste Landschaft; im weißen Lichte erglänzten die Wüste und die alten Schêch-Gräber mit ihren Kuppeln und düsteren Grabsteinen. Totenstille herrschte, nur hie und da unterbrochen vom Geheul der Dorfhunde und Schakale.

Wir mochten noch kaum eine halbe Stunde im höchst unbequemen Versteck gelegen sein, als ich das Geräusch eines dahertrollenden Tieres vernahm; gleich darauf erblickte ich dasselbe wie einen Schatten mehrmals vorbeigleiten; als endlich bei abermaliger Annäherung die Konturen deutlich sichtbar wurden, zielte ich, so genau es ging, und drückte auf gut Glück los. Jämmerliches Klagen war die Antwort auf meinen Schuss; der Stelle zueilend, erblickte ich einen starken Wolf, der mühsam Versuche anstellte, sich weiterzuschleppen. Eine zweite Ladung grober Schrote streckte das zähe Tier nieder. Nun nahm ich den Wolf auf den Rücken und ging wohl hundert Schritte weit, meinem an anderer Stelle verborgenen Gefährten entgegen. Das scheinbar tote Tier war schwer und die Hitze selbst des Nachts recht fühlbar, und so legte ich meine Beute nieder, wartend, bis der nubische Jäger kommen werde. Kaum lag der Wolf durch einige Sekunden am Boden, als er sich auch wieder zu regen begann und so lange zappelte, bis er abermals auf die Läufe kam und noch einen momentan tötenden Schuss bekommen musste.

Wir gingen nun mit der schönen Beute, bestehend aus Wolf und Schakal, nach dem Dampfer zurück, wo ein Souper eingenommen

Wolfsjagd in Assuan

wurde. Der Großherzog und Eschenbacher hatten sich auf der anderen Seite des Friedhofes in einem kuppelförmigen Grabgebäude versteckt, doch kehrten sie leider ohne Beute heim.

Am 8. März um 7 Uhr früh brachen wir alle auf; die meisten bestiegen Esel, nur Hoyos und Pausinger wollten den Ritt hoch zu Kamel unternehmen. Assuan umreitend, gelangten wir auf kürzerer Linie durch die Gräberstadt in die Wüste; Täler, Hügel, Sand, Fels und Schluchten folgten einander in angenehmer Abwechslung. Eine schmale Schlucht führte uns in das enge, von zackigen, bunten, durch schwarze Granitblöcke gezierten Bergen eingeschlossene

Niltal; wie mit einem Schlage genossen wir ein herrliches Bild; düster ernste Steinmassen, der rasch durch die Enge brausende Strom, die grüne Insel Phylae mit ihren hochragenden Tempelruinen, und in südlicher Richtung das sich stetig erweiternde Tal, mit einem Band vegetationsreichen Landes an den Gestaden des Nils, das alles entrollte sich in einem Momente vor unseren Augen. Wir waren in Nubien. Nahe der Insel liegt ein elendes, aus Erdhütten bestehendes nubisches Dorf, Schellâl genannt. Braune, mehr oder weniger bekleidete Gesellen krochen aus ihren ärmlichen Behausungen hervor.

An dunklen Felsen und schwermütigen Sikomoren und Dumpalmen vorbei gelangten wir zu einer kleinen Ebene, an deren Gestaden Boote lagen. Einige Soldaten nubischer Infanterie, ganz weiß, aber nach europäischem Schnitt adjustiert, standen auf der Wache. Zum ersten Male genießt man da in unmittelbarer Nähe den entzückend schönen, unvergesslichen Anblick. Das liebliche Eiland Phylae zeigt sich rings umgeben von felsigen Massen, die in dunkler Färbung aus den Wässern emporsteigen. Ein großes, hohes Boot, von vielen singenden Nubiern im Takte gerudert, trug uns der Insel zu. Das eigentümliche Fahrzeug hätte, was die altertümliche Form betrifft, ganz gut aus den Tagen der Kleopatra stammen können; ein Zelt mit roten Vorhängen sollte gegen die Sonne schützen und weiche Ruhebetten erhöhten noch das konische Aussehen dieser Nil-Fregatte. Nach wenigen Minuten hatten wir das steil abfallende Gestade der Insel erreicht und eilten über den dicht bebuschten Hang zum herrlichen Tempel empor.

Die Tempelanlagen dieser heiligen, von den alten Ägyptern »Pilak« genannten Insel sind verhältnismäßig jungen Datums, denn erst unter den Ptolemäern und Römern sind sie nach älteren Vorbildern aufgeführt worden. Die mit praktischem Verständnis angelegten steinernen Quais der Insel bekunden die höchste Technik für den Wasserbau, der besonders in der Region der Wasserfälle bei der reißenden Strömung nicht ohne Schwierigkeiten durchzuführen war.

Wenn auch in kleinerem Maßstabe ausgeführt, gewährt die Gesamtheit der alten Heiligtümer der Insel mit ihren Kolonnaden und hypäthralen Bauten, mitten unter den Trümmern eingestürzter

Häuser zwischen Palmen und saftig grünen Gebüschen, einen unbeschreiblich malerischen Eindruck. Die hellen Flächen der Tempelwandseiten heben sich in der Umgebung tiefdunkler Felsmassen an den gegenüberliegenden Uferseiten des Stromes in wunderbarer Lichtfärbung ab; darüber wölbt der blaue südliche Himmel seinen Dom, dessen Abglanz die ganze Landschaft belebt. Alles ist Licht in dieser einsamen, halb versunkenen Welt der Vorzeit.

Die Schutzpatronin Nubiens, die Göttin Isis, hatte den Ruf einer besonderen Heiligkeit an dieser Stätte. Ägypter und Nubier opferten auf ihren Altären und verehrten sie mit gleicher Andacht. Die bunt bemalten Wände und Säulen ihrer Tempel rufen auch heute noch den Eindruck eines heiteren Kultus wach, der in Licht und Farbe selbst äußerlich zum Ausdruck gelangte.

Als die Heiligtümer der Isis verlassen und vergessen waren, baute das junge Christentum hier eine seiner ältesten Kirchen auf, zu welcher die nubischen Barabra in frommer Begeisterung wallfahrteten. Heutzutage haben sie den christlichen Glauben ihrer Väter aufgegeben und nur in dem Worte »Kirage« (griechisch Κυριαχή) für den Sonntag hat sich in ihrer Sprache die Erinnerung an ihren ehemaligen Glauben erhalten. Die Barabra sind Muslims in des Wortes voller Bedeutung geworden, doch ist ihre alte Heimat mit dem Mittelpunkte Phylae dieselbe geblieben.

Nachdem wir alle Teile des Tempels durchstöbert hatten, gingen wir über die vielen Reste alter Mauern durch Schutt und Trümmer nach der äußersten Südspitze der Insel. Unter einer altägyptischen Plattform fällt ein grauer Felsen stufenweise zum Strome ab, dichte, üppige Gebüsche und hohes Gras umgeben das dunkle Gestein. Mit wehmütigen Gefühlen kletterte ich bis zum letzten, jäh abstürzenden Rand und blickte hinaus auf den heiligen Nil, das sich erweiternde Tal und die Gefilde Nubiens.

Ein großer Abschnitt der Reise war erreicht; wir waren an unserem südlichsten Ziele angelangt. Der Wendekreis, die Grenze Nubiens, der Tropen, und des Nachts am Firmament die höchsten Sterne des berühmten südlichen Kreuzes, sie hatten uns gelockt, verführerisch an sich gezogen, doch ihnen folgen konnten wir nicht. Wieder nordwärts hieß es und in trüber Stimmung kletterten wir zum Tempel der Isis empor.

4. Kapitel

In dem kleinen so genannten Kiosk, einem aus dem Altertum stammenden Tempelpavillon, noch ganz wohlerhalten, auf hoher Ufermauer, mit vorliegender Terrasse, über dem rauschenden Strome sich stolz erhebend, verzehrten wir ein mitgenommenes Frühstück. Aus den Toren der von Säulen getragenen Halle genießt man eine Fernsicht, die einzig schön und malerisch ist. Eine unbeschreibliche Poesie liegt in dieser Einöde und der inmitten derselben zwischen den Fluten des heiligen Stromes sich erhebenden üppig grünenden Insel mit ihren herrlichen Denkmälern aus einer längst verklungenen Zeit. Phylae ist ein Reisebild, das sich unvergesslich für immer in das Gedächtnis als ein Glanzpunkt einprägt.

Vom Tempel stiegen wir an das Ufer hinab und im altertümlichen Boote fuhren wir stromabwärts den Katarakten zu. Lange noch sahen wir das felsige Eiland, die schwarzen Granitfelsen, die blühenden Pflanzen und den hochragenden Tempel. Schwermütige Weisen summten die braunen Ruderer und ihre Lieder passten zur großartig schönen Landschaft. Vor dem eigentlichen Beginn der Katarakten, wo der Strom sich in Arme teilt, legten wir an und gingen am felsigen Ufer bis zu einem über das ganze wilde Durcheinander von Stein und Wasser Aussicht gewährenden Punkt.

Die Katarakten sind keine Wasserfälle, sondern Stromschnellen; durch die tausende von Felseninselchen und schwarzen, glänzenden Klippen und Riffen, die auf mehr als ein Kilometer Länge das Bett des Stromes durchsetzen, sucht sich dieser schäumend und brausend seinen Weg. Es ist unstreitig ein großartiges Bild, dessen eigentümlicher Reiz besonders erhöht wird durch die auffallende schwarze Farbe und Formation der Felsenriffe und Kanten, die aus dem weißen Gischt der Fluten hervorragen. Interessant ist es auch, den sonst so trägen, verschlammten Nil für ein kurzes Stück in einen wilden Gebirgsstrom verwandelt zu sehen.

Kaum hatten wir den geeigneten Aussichtsplatz erreicht, als auch schon viele ganz nackte Nubier erschienen, in die Fluten sprangen und sich, den Felsen ausweichend, durch den reißendsten Arm tragen ließen. In der Zeit weniger Augenblicke glitten sie ein weites Stück Weges pfeilschnell hinab und entstiegen dann den Fluten, um triefend uns des Bachschîsch halber zu bestürmen. Im Boote ließen wir uns nun ein kurzes Stück stromaufwärts rudern, bestiegen dann die bereitgehaltenen Esel und ritten am selben Wege, den wir des Morgens gekommen waren, nach Assuan zurück. Der Ausflug hatte den ganzen Tag über gedauert und wir langten erst in den späteren Nachmittagsstunden am Verdeck unseres Dampfers an. Das Diner wurde gleich eingenommen und nach demselben ging ich mit Hoyos bei beginnender Dämmerung zu denselben Verstecken, die wir tags zuvor bezogen hatten. Mein Jäger forderte uns zu diesem Gange auf, da er, während wir in Phylae waren, bei den Resten des Aases frische Hyänenspuren gefunden hatte.

Die Nacht war schön und ich nahm mir vor, auf nichts anderes als die Hyäne zu schießen und so lange zu warten, bis sie käme, also tief in die Nacht hinein auszubleiben. Mehrere Schakale erschienen, wurden aber unbehelligt vorbeigelassen; als es gegen

Mitternacht ging und ich schon in argem Kampfe mit dem Schlafe lag, sah ich, dank dem hellen Mondlicht, einige menschliche Gestalten unweit meines Versteckes vorbeihuschen, hörte auch gleich darauf mehrere Schüsse und das wohlbekannte Gackern der unglücklichen Lockhenne. Nun war es mit der unbedingten Ruhe, welche die Hyäne verlangt, zu Ende und statt unnötig zu warten, ging ich nach Hause, begegnete auch dem Dragoman Paulovich, der mit Baron Seckendorf auf der Jagd leider am selben Platze wie ich gewesen war. Hoyos hatte an seinem nahe der Stadt liegenden Posten einen Schakal erlegt und einen angeschossen; der Großherzog sowie auch Eschenbacher waren momentan von heulenden Schakalen förmlich umringt gewesen, konnten aber ungünstiger Terrainformationen wegen nicht zum Schusse kommen. Einen herrlichen Blick genoss ich, um Mitternacht zurückkehrend, auf die malerische Stadt Assuan, den Strom und die feenhafte Insel Elephantine, alles vom reinsten Mondlicht zaubervoll übergossen.

Am 9. um 7 Uhr früh verließ der Dampfer Assuan, jene herrliche, so durch und durch innerafrikanische und ethnographisch hochinteressante Stadt. Zwischen den uns nun schon wohlbekannten Gegenden glitten wir stromabwärts mit großer Schnelligkeit hindurch. Die Stunden am Verdeck vergingen rasch und die Rückreise bot auch die erwünschte Gelegenheit, am Schreibtische die vielen gesammelten Notizen zu ordnen und manche Reiseerinnerung zu Papier zu bringen. Um 12 Uhr mittags, wir saßen eben in den Kabinen, hielt der Dampfer momentan und vehement an, und deutlich konnte man es vernehmen, wie sich das schwere Fahrzeug in den Schlamm einbohrte. Öfters waren wir schon während der Reise stromaufwärts aufgefahren, was jedem Nildampfer infolge der stets wechselnden Sandbänke erblüht, doch niemals gruben wir uns so fest im Grunde ein, als es diesmal durch die Vehemenz der Talfahrt geschah. Da der alte Admiral erklärte, er brauche wenigstens zwei Stunden, um sein Schiff wieder flott zu machen, ließen wir uns alle allsogleich ans Land rudern.

Wir waren an einem Punkte, Kom-el-Emir genannt, wo hohe, schroff abfallende Felsengebirge bis hart an den Strom traten, um gleich nach dieser schönen und kurzen Stromenge einer wohlbe-

Schakaljagd

bauten Ebene Platz zu lassen. Die Reisegesellschaft verteilte sich jagend nach verschiedenen Richtungen. Ich versuchte anfänglich, im kahlen Gesteine herumkletternd, einige große Raubvögel anzuschleichen, was aber nicht gelang, und so zog ich es denn vor, in den Büschen der Ebene und an den Ufern des Nils auf kleines Wild zu jagen. Nebst vielem Wassergeflügel erbeutete ich auch während dieses kurzen Ausfluges eine Zwergtaube, jene wunder-

voll gefärbte, echt innerafrikanische Taube in der Größe einer Ler-
che und durch einen langen Stoß geschmückt; ein reizendes, ganz
tropisches Tier. Auf den Sandbänken Strandvögel suchend, bemerkten wir nach Verlauf von zwei Stunden, dass unser Dampfer
wieder zur Fahrt bereit sei, ließen uns daher gleich zurückführen
und setzten die durch einen angenehmen Ausflug unterbrochene
Reise fort. Des Abends erst nach Sonnenuntergang wurde am östlichen Ufer bei El-Kâb angelegt. Ein schmales Band kultivierten
Landes trennt an dieser Stelle den Strom vom Rande einer nicht
allzu breiten Wüstenebene, hinter der sich erst die herrlichen
Hochgebirge auftürmen.

Bald nach unserer Ankunft beschlossen wir, den günstigen
Mondschein für die Raubtierjagd auszunützen. Nach verschiedenen Richtungen gingen die Herren auseinander, geeignete Punkte
für den Abendanstand suchend. Pausinger und ich wanderten, von
einem Fellachen geleitet, durch das kultivierte Land, neben einem
elenden Dorfe vorbei, in die Wüste hinaus. In verschwommenen
Konturen sahen wir die Ruinen der altägyptischen Stadt Nechebt,
von den Griechen Eileithyia genannt; vor allem ragt die mächtige,
aus ungebrannten Ziegeln erbaute Ringmauer empor, Zeugnis ge-
bend, dass dieser Punkt im Altertum als bedeutende Festung galt.
Ferner befinden sich hier am Rande der Gebirge Felsengräber, ein
Felsentempel von Ptolemäos Euergetes angelegt, und weiters ein
kleines Heiligtum von Amenhotep III., der Göttin Nechebt geweiht. Die Wüste ist in dieser Gegend stark natronhaltig und mit
jedem Schritt rauscht die durchbrochene Kruste. Wir gingen bis
nahe zum Fuß der hohen Berge, versteckten uns da zwischen zwei
mächtigen Felsblöcken und banden das jammernde Zicklein wenige Schritte davor an einen mitgebrachten Pfahl an. Eine Viertelstunde war noch kaum verstrichen, als ein Beduine, in weißen
Mantel gehüllt, am Rücken eines Kamels, schwermütige Lieder singend, erschien. Im Mondschein nahmen sich die eintönige Wüste
und der eigentümliche Reiter auf seinem hohen Tiere ganz malerisch aus. Das meckernde Zicklein schien des Beduinen Aufmerksamkeit zu erregen; er hielt an, betrachtete, ein halblautes Selbst-
gespräch beginnend, die Umgebung und ritt darauf, ohne uns zu
entdecken, seines Weges weiter. Bald darauf, als wieder volle Ruhe

126

herrschte, hörte ich das Geräusch eines heranschleichenden Tieres. Das Zicklein jammerte und sprang ängstlich umher; gleich darnach bemerkte ich einen schwarzen Körper, größer als ein Wolf, sich dem Köder nähern. Ich zielte gut und gab Feuer; wütendes Schmerzensgeheul folgte dem Schusse. Ich eilte zur Stelle, fand aber nichts als die Spur, die den Gebirgen zuführte. Ärgerlich darüber kehrten wir zum Dampfer zurück, durchdrungen davon, dass es eine Hyäne gewesen sei. Meinem Jäger befahl ich, am nächsten Morgen mit Tagesanbruch hinauszugehen und der Fährte des kranken Tieres zu folgen. Als wir am Schiff anlangten, waren die anderen Herren auch schon zu Hause. Der Großherzog hatte Schakale gesehen, doch leider keinen erlegt, während Hoyos so glücklich war, einen zu erbeuten.

Am 10. früh stand die Sonne schon lange am Himmel, als ich erwachte, und wir fuhren seit einer Stunde bereits stromabwärts. Nach meinem Jäger fragend erhielt ich die Antwort, er hätte das angeschossene Tier auf wenige hundert Gänge vom Anschuss gefunden, doch leider war es keine Hyäne, sondern einer jener halbwilden und so bösen Dorfhunde, die ganze Nächte hindurch in Ägypten die Umgebung der Städte, Beute suchend, durchziehen. Mein Jäger sah auch einen sehr starken Luchs, der wenige Schritte vor ihm in einer Höhle der alten Ringmauer El-Kâbs verschwand.

Der Dampfer fuhr die Vormittagsstunden hindurch bis 10 Uhr, wo wir in der Höhe von Dabbabiéh vor jener Sandbank hielten, auf der ich bei der Nilaufwärtsfahrt die großen Ohrengeier hatte sitzen sehen. Am Lande angelangt, fanden wir gleich die Fellachen, welche pünktlich die Befehle befolgt hatten. Eine kleine Rohrhütte war errichtet und die Gebeine von Hunden und Schafen bewiesen, dass die Geier tagtäglich angekirrt wurden. Nur mit vieler Mühe konnten wir uns der neugierigen Fellachen erwehren, die stolz auf ihre Leistungen nun der Jagd beiwohnen wollten.

Gar bald erschienen einige Aasgeier, ihnen folgten drei Kappengeier, jene mittelgroßen, schwarzen, echt innerafrikanischen Geier, mit dunklem kahlen Kopf; ich hatte dieses überaus ekelhafte Tier früher noch niemals gesehen und beeilte mich daher, ein Exemplar zu erlegen. Auf den Schuss eilten von allen Seiten die Fellachen herbei, meine Beute neugierig betrachtend und Bachschîsch stürmisch verlangend. Große Geier streiften hoch in den Lüften, die gute Stunde für diese Jagd begann erst und man hätte noch schöne Erfolge erzielen können; doch trotzdem mussten wir den Leuten weichen, deren wir uns nicht mehr erwehren konnten, von allen Seiten kamen neue Ankömmlinge; und so riefen wir den Dampfer in die Nähe des Ufers und setzten die Reise fort.

In Erment, das in den Nachmittagsstunden erreicht wurde, mussten wir uns durch kurze Zeit aufhalten, um den berühmten Granit auf Bord bringen zu lassen. Während dieser Pause schoss ich auf Feldtauben, die von einem Ufer zum andern gerade über unser Schiff ihren Kurs genommen hatten; eine folgte der andern und so gelang es mir im Zeitraume weniger Minuten, deren sechsundvierzig zu erlegen. Bald wurde die Reise fortgesetzt und mit Sonnenuntergang langten wir wieder in Luxor an. Kaum lag unser Dampfer an der Landungsstelle unter dem Luxor-Hotel, als auch schon Chalil mit einigen bereitgehaltenen Reiteseln erschien. So rasch es ging ritten einige von uns den wohlbekannten Weg nach Karnak hinaus, um da an verschiedenen Punkten auf Schakale zu lauern. Ich hatte mir eine lebende Henne mitgenommen und setzte mich, den herrlichen Abend genießend, neben einen der noch aus altägyptischen Zeiten stammenden Teiche, an der Südseite der Ruinen. Die Henne zwickte ich unaufhörlich, damit sie durch ihr Geschrei Raubtiere berbeirufe. Leider kamen statt Schakale einige Engländer, die mich erstaunt ansahen, aber bald wieder ihres Weges weitergingen. Als es vollkommen Nacht geworden war, schwebte ein großer Vogel wie ein Schatten zum Teiche herab; auf gut Glück warf ich meinen Schuss ihm nach und fand einen Fischreiher verendet am Ufer liegen. Auf das hin verließ ich meinen Platz und ritt nach Luxor zurück. Die anderen Herren waren beutelos heimgekehrt; einer derselben hatte leider einen Schakal gefehlt.

Am anderen Morgen in früher Stunde ließen wir uns alle an das libysche, gegenüberliegende Ufer rudern, um den langen und so überaus interessanten Ausflug nach den Königsgräbern zu unternehmen. Auf Eseln ritten wir anfänglich durch eine wohlbebaute Ebene; in den Feldern arbeiteten fleißige Fellachen und neben den vereinzelten Lehmhütten saßen Aasgeier in großer Menge; Kamele, langohrige Ziegen, Büffel, Esel und Schafe weideten auf den gelblichen Hutweiden. An einigen Tümpeln mit noch von den Tagen der Überschwemmung zurückgebliebenem Wasser und durch einen seichten, stark versandeten Nilarm führte der Weg bis zu einem kleinen, sehr ärmlichen Dorfe; die letzten Palmen und Büsche wichen dem trostlosen Wüstensande; der Fuß der sich hoch auftürmenden Gebirge war somit erreicht; ein schmales, von schroffen Lehnen und Wänden eingeengtes Tal eröffnete sich vor uns; in der Sohle führt der Reitweg nach den Königsgräbern, den auch die Herren einschlugen. Der Großherzog und ich beschlossen, mit einem kleinen Umweg durch das Gebirge ebenfalls dahin zu kommen.

Geführt von einem in dieser Gegend als vorzüglicher Jäger gekannten Araber überkletterten wir einige Sand- und Schutthügel, um hinter denselben den eigentlichen Aufstieg zu beginnen. Durch Steinplatten und Geröll neben Felswänden vorbei schlängelt sich ein schmaler Pfad empor. Rechts und links erblickten wir unzählige Gräber und Grabeshöhlen. Die unteren Abhänge längs des gesamten Gebirgszuges westlich des alten Theben sind durchhöhlt mit altersgrauen Begräbnisstätten. Aus einer dieser Vertiefungen sprang bei unserer Annäherung ein Wolf heraus und entfloh an der steilen Lehne empor; leider war die Entfernung eine zu bedeutende, um auf ihn mit Schrot schießen zu können.

Nun versuchten wir auf verschiedenen Wegen den Gebirgsrücken zu überklettern, um auf diese Weise vielleicht zum Schusse zu kommen. Der Kamm war halb erstiegen und eine herrliche Fernsicht erschloss sich hinab in das grünende Niltal auf den großen Strom, die Stadt Luxor, die Ruinen von Karnak und die gegenüberliegenden arabischen Berge; vor uns begann ein Hochplateau, ein wildes Gemenge von Kuppen, Spitzen, Schluchten und Tälern, Felswänden, Sand- und Geröllhalden, Steinplatten und Kalkblöcken; alles in blendend weißer und gelblicher Farbe, ohne jegliche Spur einer Vegetation, in den schärfsten Reflexen schillernd, von den Strahlen der afrikanischen Sonne durchsengt. Man kann sich ein trostloseres, aber zugleich großartigeres Bild echten Wüstengebirges kaum ausdenken. Im Sande fand ich die Spuren von Hyänen, Wölfen und Schakalen und unzählige Baue verschiedener

Raubtiere; Geier saßen in den Ritzen Schatten bildender Felswände und die Segler umschwirrten die öden Zinnen.

Ein Wolf lief vor mir über den Pfad, doch leider war die Entfernung eine zu bedeutende und so blieb mein Schuss erfolglos. Dem Großherzog erging es indessen nicht besser mit einem Schakal. Einem schmalen Weg folgend stiegen wir über nicht ganz bequeme Stellen in das Haupttal hinab, wo bei schon früher verabredeter Stelle die Reitesel warteten; nun ritten wir durch die trostlose, von blendend weißen Bergen eng begrenzte Schlucht nach den Königsgräbern von Biban-el-Moluk. Wo in einer Sackgasse von steil abfallenden Lehnen und Wänden Tal und Pfad enden, eröffnet sich der schwarze Schlund, der hinabführt in die Grüfte der ältesten Dynastien. Mit Fackeln bewaffnet drangen wir ein in jene Reliquien einer längst verklungenen Zeit.

Nachdem wir alle Räume der so überaus merkwürdigen Königsgräber genau angesehen hatten, wurde vor dem Eingang ein frugales Frühstück verzehrt. Der kurzen Rast folgte ein mühsamer Stieg auf schmalem Pfad über das Gebirge nach Mêdinet-Habu; abermals kamen wir durch das trostlose Wüstengestein, an dem nun die Mittagssonne mit sengender Kraft leckte. Einige jäh abfallende Felsenwände mussten durchklettert werden und erst nach langem Marsch erreichten wir den Kamm und bald darauf die Zone der Felsengräber; über Schutt- und Trümmerhaufen, neben halb verfallenen Häusern, doch schon aus muslimischer Zeit, gelangten wir in das Kulturland, wo bei einer etwas Schatten spendenden Mauer die Reittiere warteten. Ein längerer Weg als des Morgens führte uns an den, in der Tat imposanten und jede Erwartung übertreffenden Memnons-Kolossen vorbei, nach dem Ufer des Nils. In einem Boote erreichten wir nachmittags den Dampfer, wo augenblicklich gespeist wurde.

Vom arabischen Jäger hatte ich mich überreden lassen, an diesem Abende noch einen Anstand auf Raubtiere in der Nähe von Mêdinet-Habu zu besuchen. Von meinem Jäger gefolgt ritt ich daher gleich nach dem Diner weg und schlug abermals den weiten Weg durch das Kulturland an den Kolossen vorbei bis zum elenden, aus Lehmhütten erbauten Dorfe Mêdinet-Habu ein. Gleich hinter diesem Orte beginnt eine ziemlich breite, vollkommen flache Wüstenebene, die das kultivierte Land vom Fuße der Hochgebirge trennt. Stark abgetretene Wechsel, durch Hyänen-, Wolfs- und Schakal-Fährten gekennzeichnet, verbinden das Gebirge mit dem Beute bietenden Tiefland. An einer solchen Raubtierstraße verbarg ich mich hinter großen Steinen. Die Sonne ging eben unter, den Sand der Wüste, die Felsen des Hochgebirges, die Ruinen, die Palmen und Dörfer der Niederungen in die farbenprächtigsten Beleuchtungen tauchend. Ein Pharaonen-Uhu, jene große, gelblich braune Eule, strich, von ihren düsteren Verstecken kommend, geräuschlosen Fluges auf Raub aus. Gleich darauf erschien ein Schakal, den Wechsel genau einhaltend. Ich schoss dem gedankenlos herantrollenden Tiere leider zu weit entgegen; es überschlug sich, doch gleich wieder auf den Läufen eilte es gegen das Gebirge zurück. Ich fand zwar die Rotfährte, doch blieb eine kurze Nachsuche erfolglos. Auch drängte die Zeit, die Dämmerung war schon hereingebrochen und ich musste noch zum eigentlichen Hyänen-Anstand eilen. Vom Araber geführt ritt ich durch die daselbst stetig weiter in die Ebene reichende Wüste, bis zu einem kleinen Sandhügel. Das Versteck war gut gewählt und der tote Esel lag leicht sichtbar auf dem weißen Sande. Tiefe Stille herrschte in der monotonen Gegend, in nebelhaften Konturen erhoben sich die Berge und endlos erschien die fahle Wüste. Mehrmals vernahm ich das Trollen der Schakale, sah auch Schatten vorbeihuschen, konnte einmal selbst die Gestalt eines Wolfes ausnehmen, doch die heiß ersehnte Hyäne erschien nicht. Die wahre Stunde für dieses scheue Raubtier beginnt erst um 1 Uhr nach Mitternacht; und auch diesmal übermannte mich schon um 11 Uhr der Schlaf dermaßen, dass ich nicht länger gegen ihn ankämpfen wollte und das Versteck verließ; mit einem vorwurfsvollen Blicke entließ mich der Araber, der mit seiner Flinte bewaffnet die Hyäne abzuwarten beschloss.

Für mich begann ein langer, aber schöner Ritt; die Mondnächte Ägyptens gehören zu den zaubervollsten Erinnerungen, die ich aus dem herrlichen Pharaonenlande mitgenommen habe. Gespensterhaft großartig nahmen sich des Nachts die hohen Memnons-Kolosse inmitten der dunklen Kulturlandschaft aus. Nahe des Nils lief ein Wolf auf wenige Schritte vor mir vorbei, leider war meine Flinte nicht geladen. In sehr später Stunde erreichte ich den Dampfer und die lang ersehnte Nachtruhe.

Am 12. früh ritten wir alle den nämlichen Weg wie tags zuvor nach Mêdinet-Habu; große Züge Störche standen auf den Sandbänken und an den Wassertümpeln sowie auch Bekassinen und Strandläufer, auf die ich vom Rücken meines Esels herab Jagd machte. Nach einstündigem Ritt erreichten wir das Dorf Mêdinet-Habu, wo der arabische Jäger schon wartete, um uns mitzuteilen, er habe nach 1 Uhr des Nachts die Hyäne glücklich gefehlt. Ich glaubte nicht seinen Reden und beschloss an Ort und Stelle nachzusehen und zu gleicher Zeit den nach Ausspruch des Arabers massenhaft versammelten Geiern meine Aufmerksamkeit zu schenken. Leider hatten die großen Raubvögel, als ich am Platze anlangte, ihre Mahlzeit schon beendet und saßen träge in einer Entfernung von einigen hundert Gängen unnahbar inmitten der Wüste. Der Esel war fürchterlich zugerichtet worden; ganze Teile fehlten und alles lag bedeckt mit Federn und Schmutz der Geier. Dem Araber hatte ich Unrecht getan; augenblicklich fand ich die Hyänenspur, die von einer Seite zum Aas und auf der anderen in die Wüste führte. Am Rückwege nach Mêdinet-Habu bemerkte ich auch einige frische Gazellen-Fährten. Bei den anderen Reisegefährten angelangt, begannen wir gleich die Besichtigung des nahe vom Dorfe gelegenen, wundervoll schönen Ramesseums, des noch wohlerhaltenen Totentempels.

Wir waren zu Ende mit den Besichtigungen der vielgepriesenen Totenstadt und ritten durch die Ebene zurück zu unserem Dampfer. Nun hieß es Abschied nehmen vom schönen Luxor, den herrlichen Resten des hunderttorigen Theben und von der thebanischen Ebene, die in heiße Mittagsdünste gehüllt, von den hochragenden bläulichen Gebirgen umsäumt, ein wundervolles Bild als letzten Gruß darbot. Der Nachmittag wurde zur Reise benützt; angenehme Stunden brachten wir am Verdeck zu, eine kühle Brise zog über den ruhigen Strom und schöne Landschaften entrollten sich vor unseren Blicken. Um 6 Uhr nachmittags langten wir in Keneh an, wo wir diesmal nicht am westlichen Ufer von Dendera, sondern am östlichen bei der modernen Stadt landeten.

Der Esel des Mudîr

Die Abendstunden benützten wir, um die nächste Umgebung jagend zu durchstreifen. Hoyos und ich ritten durch die hier breite und üppig bebaute Ebene, folgten dann dem Laufe eines wildreichen Kanals, an dem allerhand Geflügel erlegt wurde. An einer seichten Stelle, den Wasserlauf durchreitend, kehrten wir gegen die Stadt zurück, an deren Rande neben blühenden Gärten ein Palmenwald seine stolzen Kronen erhebt. Diese schützende Deckung suchten des Abends Milane, Falken, Gleitaare, Kolkraben, Krähen, Nachtreiher und allerhand Kleingeflügel zum Schlafplatze aus;

dies erkennend verbargen wir uns hinter den dicken Stämmen der Dattelpalmen und machten so eine leichte und recht lohnende Jagd.

Als nach einem glühenden, farbenprächtigen Sonnenuntergang die Dämmerung begann, ritten wir auf einem Damme in die ziemlich große Stadt hinein. Reges Leben herrschte in den engen, von Lehmhäusern begrenzten Gassen, deren architektonische Verzierungen und hochragende Minaretts die Bedeutung des Ortes kennzeichneten. Ein glücklicher Zufall führte uns durch dichtes Menschengewühl in den recht hübschen, mit Strohmatten überdeckten und ziemlich gut erleuchteten Bazar, dessen geschäftige Handelsleute uns lärmend umgaben. Der langen Zeile der Buden folgend entkamen wir dem Staub, Dunst und Gestank, der besonders abends in den orientalischen Städten herrscht, und eilten zu unserem Dampfer zurück. Die anderen Herren waren desgleichen mit einiger Beute zurückgekehrt, sodass besonders durch unser Mitwirken der kurze Jagdausflug bei Keneh eine reiche Strecke lieferte.

Am 13. wurde bei herrlichem Wetter die Reise fortgesetzt. Von Sonnenaufgang bis Mittag unaufhaltsam stromabwärts fahrend, gelangten wir unter den am Ostufer knapp an den Strom herantretenden Gebirgen von Gebel Tuk vorbei. Die Gegend gefiel uns und so beschlossen wir, um etwas Bewegung zu machen, am brüchigen Gestade anlegen zu lassen. Kein Dorf, kein Haus steht in der Nähe; nichts als wild zerklüftetes Felsengebirge, nur durch eine höchstens hundert Gänge breite Wiese vom Strome getrennt. Die Steinhalden und öden Gebirgsklüfte durchkletternd fand ich viele Schakal-Spuren und einige Baue, ließ daher meine Dachshunde in den tiefen Schachten suchen, was aber leider erfolglos blieb. Desgleichen gelang es mir nicht, die auf den Kuppen und Felsen sitzenden Raubvögel zu beschleichen. Bei diesen missglückten Jagdversuchen fand ich alte Grabeshöhlen und in denselben nebst Gebeinen auch die noch ziemlich gut erhaltenen Reste einer Mumie oder vielleicht nur durch die heiße, jeden Niederschlags entbehrende Luft verkohlten Fleisch- und Muskelbestandteile. Vom Gebirge zurückkehrend, erlegten wir noch einige nach langer Reise müde Wachteln, die sich in der schmalen Wiese aufhielten. Nach kaum zweistündiger Unterbrechung wurde die Reise wieder fortgesetzt.

Gegen 2 Uhr langte der Dampfer bei der großen und hübsch gelegenen Stadt Sohag an. Allsogleich wurde ans Land gegangen, um die nächste Umgebung zu durchstöbern. Der Großherzog und ich bogen um die letzten Häuser der Stadt neben der Kaserne der nur unbedeutenden Garnison ein und jagten an einigen großen Wassertümpeln auf allerlei Flugwild. Die vielen Zuseher und zur Tränke geführten Büffel und Kamelherden vertrieben uns von da, und dem Damm des berühmten Joseph-Kanals folgend gelangten wir zwischen einzeln stehenden Lehmhütten, blühenden Gärten und Feldern zu einem aus hohen Tamarisken, Sikomoren und Palmen gemischten Walde. Diese vorzügliche Deckung diente außerordentlich vielen Vögeln zum Schlafplatz und so mordeten wir nach Sonnenuntergang mit Beginn der Dämmerung unter den erstaunten Schläfern. Ein Zwergadler, viele Milane, Falken, Krähen, zwei Eulen und eine Portion Palmtauben fielen uns in der Zeit weniger Minuten zum Opfer.

Auch in landschaftlicher Beziehung bot dieser aus echt afrikanischen Bäumen zusammengesetzte Wald viel Reiz und nur ungern verließen wir den duftenden, üppig grünen Platz, dessen überwuchernde Vegetation an die phantasiereichen Märchen von »Tausend und einer Nacht« mahnte. Dem Damme folgend erreichten wir gar bald die Stadt und durch mehrere enge, sehr belebte Gassen gelangten wir zu unserem Dampfer zurück. Der liebenswürdige Mudîr Ali Pascha hatte mir seinen blendend weißen großen Esel, Abu-Gebel genannt, von reinster arabischer Zucht geliehen und als ich während des Rittes mit den vorzüglichen Gängen des Tieres sehr zufrieden war, schenkte er mir das in der Tat auffallende Exemplar. Nun musste für den Esel am Verdeck des Dampfers ein Platz gerichtet werden und bald darauf hielt er auf unserem beweglichen Hause seinen Einzug.

Des nächsten Morgens in sehr früher Stunde wurde die Weiterreise angetreten. In einem Zuge fuhr der Dampfer seine letzte Station bis Siut, wo wir mittags eintrafen. Vom Landungsplatze führt eine Allee zur Stadt; der stattlichste und bedeutendste Ort oberhalb Kairo, Sitz eines Mudîrs und durch großen Handel und schöne Bauart ausgezeichnet. Zwar sind auch hier die Häuser aus braunem Lehm, doch höher und mit reicheren arabischen Ornamen-

ten versehen, als in den anderen südlicheren Nilstädten. Schlanke
Minaretts und zierlich gebaute Stadttore fallen uns auf; Schatten
spendende Sikomoren-Alleen und üppige Gärten umgeben Siut in
der Richtung gegen den Strom. Wir ritten durch einige schmale
Straßen und der Länge nach zwischen all den Buden des sehr sehenswerten Bazars hinweg, den der hier mündende Karawanenweg
aus Dâr Fôr mit Straußenfedern und Elfenbein reich versieht; auch
bilden die roten und schwarzen Tonarbeiten Siuts eine Spezialität.

Was mich am meisten interessierte, war das besonders rege Leben, welches in diesem Bazar herrschte; neben den echten Handel
treibenden Fellachen sah man Bewohner des Niltals aus verschiedenen Gauen Ägyptens in wechselvollen Farben- und Kostümbil-
dern. Quer durch die Stadt gelangten wir vom anderen Rande derselben über einen Damm und den bekannten Josephs-Kanal nach
dem Fuße der steil abfallenden Wüstengebirge. Bei Siut treten die
Berge näher an den Strom und es verengt sich für eine kurze Strecke die ober- und unterhalb von hier schon breite Ebene des Kulturlandes. Auf einem schmalen Pfade kletterten wir steil empor,
um die in halber Bergeshöhe zwischen Felsen und Geröll befindlichen Höhlen und Grabkapellen anzusehen. Schon in den Tagen
des Altertums hatte dieser Ort eine gewisse Bedeutung.

Ossiut, die größte und ansehnlichste Stadt Oberägyptens, führt
ihre heutige Bezeichnung nach dem alten Namen Siaut, eine scha-
kalsköpfige Gottheit (Anubis) hatte hier einst ihre Tempel und Altäre. Sämtliche Tiere vom Hundegeschlecht waren ihr geweiht, vor
allem der Wolf, daher die griechische Benennung der Stadt Lyko-
polis, »die Wolfsstadt«. In den Höhlen des hinter Ossiut liegenden
Gebirges, das einen Vorsprung der libyschen Gebirgskette bildet,
werden noch heute die wohl einbalsamierten Körper der erwähnten Tierklasse aufgefunden, in dichter Nähe berühmter Grabkapellen, welche aus den Zeiten der XIII. Dynastie herrühren (um 2200
vor Chr. Geb.) und vornehmen Hofbeamten der erwähnten Epoche angehörten. In einen dieser ziemlich großen, in Felsen gehauenen Räume gingen wir hinein, fanden aber im Innern, die eigentümliche Form ausgenommen, nichts des Sehenswerten.

Die Reisegesellschaft teilte sich nun; einige der Herren streiften
jagend gegen die Stadt hinab, während ich durch eine schmale

Geier an ihrem Schlafplatz

Schlucht bis auf den Kamm des Gebirges kletterte, von wo aus sich eine schöne Fernsicht über die Stadt, das grüne Niltal, die gegenüberliegenden arabischen Gebirge und hinter mir auf das rötlich gelbe Wüstenplateau der libyschen Berge erschloss. Auf einem anderen Pfade durch schlechte Felswände, Platten und Geröllhalden, neben vielen Grabhöhlen und alten Gerippen vorbei, stieg ich ins Tal hinab und kam zum mohammedanischen Friedhofe. Westlich von Siut erstreckt sich die auffallend große und durch sehenswerte Grabbauten geschmückte muslimische Totenstadt, mit einem Ende in das Kulturland zwischen blühende Gärten, mit dem anderen in die öde Wüste reichend. Zu Fuß ging ich nun in die Stadt zurück und schlenderte in den entlegeneren Vierteln auf den Straßen herum, das Volksleben beobachtend; bei dieser Gelegenheit erlegte ich mehrere Aasgeier zwischen den Häusern, die in der Nähe des Schinderplatzes in großer Menge versammelt waren. Durch die schöneren Stadtteile kehrte ich in den Nachmittagsstunden zum Speisen auf den Dampfer zurück. Mit Sonnenuntergang ritten wir alle nochmals bis zum Fuße des Gebirges und postierten uns an verschiedenen Punkten; einige der Herren gingen bis zu den Felsengräbern, während ich mich im Friedhof in einem mohammedanischen Grabgebäude verbarg. Es war ein herrlicher Abend, volle Ruhe herrschte in der schönen Gegend und nur ein sanfter Luftzug rauschte in den dichten Kronen der Sikomoren. Leider kam kein vierfüßiges Raubtier zu meinem Versteck, hingegen konnte ich mehr als zwanzig große Geier in weiter Ferne beobachten, die einer nach dem andern in eine hohe Felswand zur Ruhe zogen; komisch war es zu sehen, wie sich diese Tiere um die Schlafplätze zankten; keiner wollte aus sehr begreiflichen Gründen unter dem andern sitzen und erst nach geraumer Zeit gelang es ihnen allen, einer neben dem andern in einer langen Felsritze zu hocken.

Nach einer Stunde musste ich den Friedhof verlassen, da die Zeit zur Abreise schon herannahte. Beim Josephs-Kanal fand ich meine Gefährten. Sie hatten Schakale und selbst einen starken Wolf gesehen, doch leider alles in den Felswänden außer Schussweite. Der Großherzog beobachtete auch einen Vampyr (in der Größe eines Raben) im Augenblicke, als das ekelhafte Tier aus einer Grabkapelle hervorstrich. Rasch ritten wir nun zum Landungsplatze zurück, nahmen herzlichen Abschied vom guten braunen Admiral und dem braven Schiff, das uns während unvergesslich schöner Tage als Wohnung gedient hatte, und gingen zum nahen Bahnhof. Bald brauste der Zug von Siut weg, dem Norden zu; süßer Schlaf bemächtigte sich nach kurzer Zeit der Reisegesellschaft.

Ich erwachte erst, als am 15. früh die Sonne in die Waggons hereinblickte und wir schon im kleinen, arg verwahrlosten Bahnhof von Bedraschên standen. Im schmutzigen Wartsaal wurde ein Frühstück verzehrt und darauf zu Esel der Ritt nach Memphis unternommen. Zwischen sumpfigen Tümpeln, wohlbebauten Feldern und großen Palmenwäldern führt der Weg bis zu dem kleinen, im üppigen Grün afrikanischer Vegetation verborgen liegenden Dorfe Mitrahenne.

Von Memphis ritten wir aus dem Kulturland hinauf in die große libysche Wüste, an den Pyramiden von Sakkara und dem Mariette-Haus vorbei, zu den Apis-Gräbern. Die Landschaft hat hier schon vollkommen denselben Charakter wie bei den Pyramiden von Gizeh, die man auch, sowohl wie Kairo, die Zitadelle und das staffelförmig aufsteigende Mokattam-Gebirge in nicht allzu weiter Ferne sieht. Mit Fackeln bewaffnet drangen wir in das unterirdische Labyrinth der endlosen, mit trockener schwerer Luft erfüllten Gänge der Apis-Gräber ein. Hier will ich Brugsch an meine Stelle treten lassen: »In den glänzenden Epochen der ägyptischen Geschichte sowie später unter ausländischen Fürsten der Ptolemäer wurden die Tiere in riesigen Sarkophagen aus dem härtesten Stein in unterirdischen Gängen in besonderen Abteilungen, deren Folge eine chronologische ist, nebeneinander aufgestellt und ihre Grabstätten mit besonderen Inschriften versehen. Die Apis-Gräber von Memphis, welche heutzutage den besuchenden Reisenden in der bequemsten Weise zugänglich gemacht sind, enthalten vierundzwanzig jener kolossalen Sarkophage. Die Reihe der hierselbst einst bestatteten Tiere begann um die Mitte des 16. Jahrhunderts vor Chr. Geb. und endete um die Zeit der Regierung des Kaisers Augustus. Die Tiere, welche vor der genannten Epoche gelebt hatten, fanden nach ihrem Dahinscheiden ihren Ruheplatz in der Stufen-Pyramide von Sakkara, in deren Innerem sich ein saalartiger hohler Raum befindet mit besonderen Gängen und Nischen, in welchen die Reste von Stierknochen den Zweck dieser Pyramiden deutlich beurkunden.«

Im kleinen, nahe den Apis-Gräbern gelegenen Wohnhaus des vor kurzem erst verstorbenen berühmten Ägyptologen Mariette, das dieser sich zum Zwecke seiner Studien hatte erbauen lassen, nahmen wir ein frugales Frühstück ein und gingen sodann zur eigentümlichen niederen Stufen-Pyramide, um da auf Schakale zu jagen. Kaum begannen einige Araber an den Steinen emporzuklettern, als auch schon ein Schakal in voller Flucht herabkam und von mir erlegt wurde. Nach diesem hübschen Jagd-Intermezzo besuchten wir die anderen Pyramiden dieser Gegend und auch die neu eröffnete kleine Pyramide Königs Pepi I.

Nachdem wir in die Pyramide des Königs Pepi I. mit einiger Mühe und Schwierigkeit hineingeklettert waren, verließen wir die Wüste und ihre alten Denkmäler und ritten in das Kulturland zurück. Der Weg führte an einem aus jagdlichen Gründen sehr verlockenden Fulfeld vorbei und wir beschlossen, daselbe durch unsere Diener und einige Fellachen durchtreiben zu lassen, leider aber erschien plötzlich der Besitzer und verbat sich das Betreten seines Eigentums. Der gestrenge Herr war ein alter Neger, Eunuche, riesig groß und hager, mit schlaffen Zügen, in lange faltenreiche Gewänder gehüllt, einer der hässlichsten und ekelhaftesten Menschen, die ich noch jemals mich entsinne gesehen zu haben. In seiner ruhmvollen Harems-Laufbahn hatte er sich viel Geld erworben und brachte nun seine alten Tage auf seinem nicht unbedeutenden Landgute zu. Einem Streite mit diesem Individuum ausweichend ritten wir nun in einem Zuge bis Bedraschên, von wo die Eisenbahn die ganze Reisegesellschaft in weniger als einer Stunde nach Kairo brachte.

Nach einer ziemlich langen Expedition voll der herrlichsten Eindrücke trafen wir wieder in der schönen Kalifenstadt ein.

5. Kapitel

Vom Bahnhofe fuhren wir durch die schönen Baumreihen über die große Nilbrücke nach der alten Kalifenstadt, in deren Straßen jetzt zur späten eleganten Nachmittagszeit reges Leben herrschte. Equipagen und Reiter, leichtfüßige Vorläufer, europäisches Tun und Treiben neben echt arabischen Kamel-Karawanen, verschleierten Fellachen-Weibern, brüllenden Eseln, Wasserträgern und blinden Bettlern, das alles gleitet wie im Fluge vorbei und froh waren wir wieder, das Kairenser Leben genießen zu können. Durch die europäischen Viertel über die Kanalbrücke gelangten wir bald in die Schubra-Allee und nach unserem Kasr-en-Nusha. Ein Bad und darauf das Diner erfrischten und stärkten nach langer Reise.

Der Zauber einer afrikanischen Mondnacht lockte mehrere von uns hinaus und in Mietwagen fuhren wir in die Stadt. Beim Esbekîyé-Garten hielten wir an und gingen zwischen den üppigen, duftenden Anpflanzungen neben dem Teich, den künstlichen Wasserfällen, Felsenpartien und Kiosken herum. In den meist im arabischen Stile erbauten Restaurationen saßen Leute, fast ausschließlich Levantiner aller Art, dem Handelsstande angehörend,

141

junge Männer, bei Trunk, Musik und Spiel. Dieser, besonders in heißen Zeiten des Jahres, für die Kairenser außerordentlich wohltätige Garten ist in der Tat wundervoll angelegt und gut gehalten, üppig und blühend durch die Segnungen des Klimas. Sein schönster Moment fällt in die Tage des Vollmondes und doch waren wir nicht zufrieden; schon der Mondschein Kairos schien uns blass und matt im Vergleiche mit jenem des herrlichen Assuans.

Aus dem Esbekîyé-Garten unternahmen wir eine Rundfahrt durch die alten arabischen Stadtviertel. Ohne es zu ahnen war ein günstiger Abend gewählt worden. Die Muslimen feierten das Fest des großen El-Hosseïn und da genossen wir in den in der Nähe der ihm geweihten Moschee gelegenen Gassen den höchst eigentümlichen Anblick eines orientalischen nächtlichen Volksfestes. Große Menschenmengen wogten in den engen Straßen auf und ab. Die Kauflädend und arabischen Kaffeehäuser waren geöffnet und beleuchtet, Lichter und Kandelaber herausgestellt und an den Häusern angebracht, bunte Teppiche über die Gassen gespannt; an farbigen Schnüren hingen mitten über der Straße brennende Glasluster, und alle Häuser, je nach dem Reichtum ihrer Besitzer, waren mehr oder weniger glänzend ausgeschmückt. Alles strahlte in Lichtern, Farben und dem unglaublichsten bunten Firlefanz. Muslimen jeden Standes und Gewerbes stießen und drängten sich umher; Landvolk in blauen Hemden, schreiende Wasserträger, jammernde Krüppel und Bettler, Beduinen in weißen Burnusen, dicke Kaufleute, vornehme Herren in weiten bunten Gewändern, den grünen Turban als Zeichen der Abstammung vom Propheten am Kopf, Soldaten und Verkäufer verschiedener Art, das alles zog im wilden Durcheinander gegen die Moschee, die mit weit geöffnetem Tor im hellen Glanz aller Lichter strahlte. Von dort aus wälzte sich die Menschenmenge gegen die oberen Teile der Straße, wo Schlangenbändiger, Gaukler, Seiltänzer, Tänzerinnen und Künstler dieser Kategorie auf offener Straße einen orientalischen Wurstelprater improvisiert hatten. Da wir auf Anraten Brugsch-Paschas, der uns auf dieser nächtlichen Exkursion begleitete, nicht in europäischer Touristenkleidung in die um jene Stunde von religiösen Fanatikern dicht gefüllte Moschee gehen sollten, drängten wir uns bis zu den Schaubuden und Gauklern, um da ein echtes, unver-

Das Fest El-Hosseïn

fälschtes Volksleben beobachten zu können. Die Straße steigt sanft
an und so genossen wir von der Höhe einen Überblick auf das bunte Durcheinander, die grellen Farben und Lichter. Das Ganze
schien fast zu toll für den mohammedanischen Orient und erinnerte mich lebhaft an ein Wiener Ballett, in welchem ein chinesi-
sches Volksfest dargestellt wird.

Nach einiger Zeit kehrten wir in die europäischen Stadtteile zurück, wo auch noch reges Leben in den Kaffeehäusern und Schank-

lokalen herrschte. Wie überall im Süden wird die Nacht zum Tag
verwandelt und allenthalben sah man arme und reiche Levantiner
in europäischer Tracht, aber den Fez am Kopf, an den Billarden,
Spieltischen und bei den Musiken. Gar bald traten wir den Heimweg an. Am nächsten Morgen statteten wir dem Vizekönig einen
Besuch ab, um ihm für seine große Gastfreundschaft, die wir auch
während der Nilreise genossen hatten, zu danken. Es war diesmal
keine offizielle Visite und so fuhren wir in aller Stille durch die in
den Morgenstunden noch ruhigen Gassen nach dem Palais. Eine
Viertelstunde brachten wir beim Khedive zu, den üblichen Höflichkeits-Kaffee trinkend und vorzügliche Zigaretten rauchend.
Mit vielem Interesse erkundigte er sich nach all unseren Erlebnis-
sen auf der schönen Nilfahrt. Vom Palais kehrten wir am nächsten
Wege nach Kasr-en-Nusha zurück, um bequeme Jagdkleider anzulegen. Nach kurzem Aufenthalt unternahm die ganze Reisegesellschaft einen Ausflug nach den außer der Stadt liegenden vizeköniglichen Lustschlössern Gezîreh und Gizeh.

Die Gärten mit all den Teichen, Wasserkünsten, Fontänen, Kiosken, der üppigen Vegetation, wie sie nur dieses Klima hervorzaubern kann, dem reichen Blumenflor, dem fast betäubenden Duft,
den versteckten Laubengängen und schattigen Wegen sind in ihrer
Art einzig schön. Nur der raffinierte Geschmack und die üppigen
Bedürfnisse des durch die Hitze an ein untätiges Leben gewöhnten
reichen Orientalen konnten dergleichen Dinge ersinnen. Dieselbe
farbenreiche Phantasie und der zum Lebenszweck erhobene Genuss, den man in den sinnesdurchglühten Märchen des Morgenlandes findet, tritt uns da in Wirklichkeit entgegen. Die großen herrlichen Gärten entzücken den nordischen Wanderer. Leider besteht
die unter dem früheren Vizekönig so berühmte Menagerie nicht
mehr und wir fanden nur die leeren Käfige. Was die Schlösser selbst
betrifft, so konnten sie uns nicht im gleichen Maße gefallen.

Es sind dies riesig große, ziemlich stillos ausgeführte europäische Bauten, an denen nur einige kleine arabische Verzierungen an
den Orient mahnen. Im Innern erscheinen die großen Stiegen,
Säle und vor allem die unzähligen Zimmer abendländisch, aber ge-
schmacklos farbig und dabei doch kahl eingerichtet. Hie und da erinnern nur einige Divans mit schönen Stoffen, kühle Marmorplat-

ten, kleine Fensternischen, Bassins mit Springbrunnen und herrliche Bäder an das Morgenland. Die vielen Paläste in und um Kairo sind fast alle unbewohnt, bloß einige alte Prinzessinnen führen darin ihr trauriges Dasein zu Ende und so würde die volle Erhaltung Unsummen verschlingen, daher überließ man sie dem allmählichen Verfall, was bei der schnellen, schleuderischen Art, in der sie gebaut wurden, ziemlich rasch vonstatten gehen dürfte.

Gärten und Schlösser durchstöberten wir bis in die letzten Winkel und fuhren dann von da nach den Pyramiden von Gizeh. Die Hitze war drückend und ein recht heftiger Wind trug viel Wüstensand in Augen und Nase, auch erfreute uns der Moment, als der endlose Weg auf dem Damm zurückgelegt war und wir den Fuß der Riesenbauten erreicht hatten. Dieser zweite Besuch galt einer Schakaljagd und der Besteigung der großen Cheops-Pyramide. Einige Araber begannen gleich die ehrwürdigen Denkmäler zu durchstöbern; nur zwei Schakale wurden angetroffen; den einen erlegte der Großherzog, den andern schoss ich in zu weiter Ferne an und mühsam schleppte sich das kranke Tier in die Wüste hinaus. Die dritte kleine Pyramide war ganz leer und so konnten wir schon nach kurzer Jagd den Aufstieg des künstlichen Hochgebirges beginnen. In zwanzig Minuten legten meine Gefährten den etwas mühsamen, aber vollkommen ungefährlichen Weg zurück. Ich wollte die Araber, welche die Touristen von allen Seiten umringend von Stufe zu Stufe schlendern, in lebhafte Bewegung versetzen und sprang in neun Minuten von Stein zu Stein bis zur Spitze empor. Von der ziemlich schmalen Plattform genießt man eine herrliche Aussicht nach dem grünen Niltal, den sich ausbreitenden Kultur-Landschaften Unterägyptens, den beiderseitigen rötlich gelben Wüstengebieten und der herrlichen Stadt Kairo mit ihrem Häusermeer und den hochragenden Minaretts.

Die Sonne neigte sich eben zum Untergang. Im orangegelben Dunstkreis der heißen Luft, dem aufwirbelnden Wüstensand, erschien die Scheibe wie eine glühende Kugel, langsam in der libyschen Wüste verschwindend; dunkle Schattierungen lagen auf den östlichen Gebirgen, und die alte Zitadelle sowie die Felswände des Mokkatam erglänzten im rötlichen Schimmer, ähnlich unserem Alpenglühen.

Einige als Schnellläufer besonders geübte Pyramidenführer liefen für ein gutes Bachschîsch in der Zeit von acht Minuten von der Spitze der Cheops-Pyramide herab und auf die des Chefrên hinauf, deren höchste Teile durch die stufenlose Kruste sehr gefährlich zu ersteigen sind. Nach diesem interessanten Schauspiel kletterten auch wir von unserem hohen Standpunkt herunter. Während des Weges erzählte mein junger Führer mit schönem, echt arabischen Gesichtsausdruck auf gebrochen Französisch, dass er kein Ägypter, kein erbärmlicher Fellache sei, sondern die Ehre habe, aus Algier einem edlen Stamme zu entsprossen und als vielerfahrener Mann sowohl Tunis als auch Marokko kenne, wo die wahren Araber leben und nicht eine so elende Mischrasse wie im Niltale. Der brave Mann schien gegen seine jetzigen Landsleute sehr gereizt zu sein und gab, als er bemerkte, dass mich diese Gespräche unterhielten, seinen Gefühlen vollen Ausdruck. Neben dem Fuß der Pyramiden mussten wir noch eine Fantasia einiger Beduinen ansehen. Im vollen Lauf ritten sie aneinander vorbei, ihre Gewehre abfeuernd. Weder die Leute, noch ihre Pferde, Gewänder und Waffen waren schön und echt; wohin die große Herde der Touristen, Baedecker lesend, sich hinwälzt, findet man Schwindel und Industrie mit so genannten urwüchsigen Bildern. Die Pyramiden sind ebenso ein Touristenstall wie der Rigi und die gezahlten Beduinen mit ihren läppischen Künsten gehören in dieselbe Kategorie wie die in der Schweiz allenthalben postierten hölzernen Gemsen.

Der Abend begann und rasch mussten wir denselben Weg, den wir gekommen waren, und durch die um diese Stunde belebte Straßen der Stadt nach Hause eilen. Kaum war das Diner beendet, fuhren wir gleich auf den Bahnhof, um unsere Menzaléh-Expedition anzutreten. Am Bahnhof in Kairo hatten sich einige Herren zum Abschied versammelt, unter ihnen auch unser Freund Brugsch-Pascha. Baron Saurma war ebenfalls schon anwesend und bereit, uns nach dem Menzaléh-See zu folgen. Nach wenigen Minuten sagte uns der treue Begleiter auf allen Eisenbahnfahrten, Herr Zimmermann, dass es Zeit zur Abreise sei. Eine Stunde hindurch wurde im Waggon eifrig gesprochen, dann legte sich aber einer nach dem andern zur Ruhe. Man war so freundlich, unseren Wagen in Damiette, das wir noch während der Nacht erreicht hatten, im Bahnhofe stehen zu lassen, damit unser Schlaf nicht gestört werde.

So geschah es auch und als wir am 17. März vor Sonnenaufgang aufstanden, befanden wir uns allein auf einem Nebengeleise. Nachdem sich die ganze Reisegesellschaft versammelt hatte, eilten wir nach dem Ufer des Kanales, wo unsere Leute mit dem Transporte der Sachen vollauf zu tun hatten. In einer kleinen Dampfmouche wurden wir an das andere Ufer befördert.

Die Stadt gefiel mir sehr gut; echt altarabisch, doch jene Teile, die knapp am Gestade liegen, wo die vielen kleinen Segelbarken mit den lustigen Masten und Wimpeln auf- und niederfahren, erinnern sogar an eine holländische oder belgische Hafenstadt. Man möchte meinen, Damiette sei ein in das Arabische übersetztes Antwerpen. Zu Fuß gingen wir vom Ufer bis zum Hause unseres Konsular-Agenten, eines außerordentlich freundlichen, alten, mageren und urkomischen Mannes. Die inneren Teile der Stadt sind hübsch, echt orientalisch; die Gassen womöglich noch enger und schmutziger und durch mehr hölzernes Winkelwerk geziert als in manch anderem arabischen Orte. Wo kein Wasser neben den Häusern fließt, verschwindet wieder dieser altholländische Typus. Doch unleugbar hat Damiette einen nordischeren Charakter, falls man sich in Afrika dieses Wortes bedienen darf, als wie die arabischen Viertel von Kairo oder gar die Städte Oberägyptens. Man erkennt wohl, dass es hier manchmal recht kühl werden kann und das Meer sich in Niederschlägen fühlbar macht; alle Häuser sind solider gebaut, mehr zugedeckt und mit einem Wort auch zum längeren Aufenthalt in denselben eingerichtet. Bei unserem biederen Vertreter war alles auf den Glanz bestellt; europäische Zimmer mit einigen türkischen Teppichen, arabischen Dienern und dem das ganze Haus durchdringenden Geruch des Morgenlandes, dem schauerlichen Rosenöl. In allem und jedem konnte der Besitzer als echter Levantiner erkannt werden.

Nach einem kurzen Frühstück, während dessen man unsere unbedeutende Bagage auf Tragtiere verlud, setzten wir uns abermals in Bewegung. Einige Esel wurden bestiegen, zwei der Herren fuhren in einer altmodischen Kutsche, dem Stolz der Stadt, und wenige Minuten später war die kleine Karawane unter dem vorschriftsmäßigen Geschrei der Eseltreiber in Bewegung. Einige Gassen wurden passiert, dann erreichte man auf einem guten Weg, zwischen hübschen Gärten neben einigen Landhäusern und kleinen Palmenwäldern, längs eines Kanals das Ufer des Sees. Am sandigen Strande stehen drei kleine, erbärmliche Fischerhütten. Hinter uns noch hochragende Palmen, dichte Hecken, blühende Vegetation, vorne der weite, endlose graubraune See mit seinen flachen, dünenartigen, teils versumpften Gestaden, ein Bild trauriger Monotonie, einschläfernder Langeweile.

Am Menzaléh-See glaubte ich mich wahrlich nicht im farbenprächtigen Ägypten; dazu hatten wir eben auch ungünstiges Wetter, das nasse Meerklima machte sich fühlbar, ein unangenehm kühler Wind spielte mit grauen Regenwolken und der ganze Himmel war in ein düsteres Gewand gehüllt. Hier selbst kam es uns schon nordisch vor und mit Wehmut gedachten wir der unvergesslichen Sonne von Assuan. Dieser nichts weniger als schöne See könnte ebenso gut einer Ebene des nördlichen Europas angehören, fad und langweilig wäre er wenigstens genug, um diesen Posten würdig zu vertreten.

Vor den Fischerhütten lag eine Flotille von kleinen Segel-Dahabîyén. Ich glaube, die Riff-Piraten des grauen Altertums bedienten sich keiner schlechteren Fahrzeuge; unsere istrianischen Trabakeln sind wahre Fregatten im Vergleich damit. Wir mussten uns einige dieser Schiffe wählen. Im größten etablierten sich der Großherzog, Baron Saurma, der Burgpfarrer und ich, in den anderen je zwei Herren; ferner folgte noch eines als Küchenschiff, auf dem die Lebensmittel und der Koch untergebracht wurden. Es genügt, wenn man die Einrichtung eines dieser Fahrzeuge schildert; schlecht waren sie alle. Vorne befindet sich eine Plattform um den Mast herum, auf derselben standen einige Rohrstühle und ein kleiner Tisch; da brachte man den Tag zu; auch mussten hier die zwei Jäger und die Schiffsmannschaft schlafen.

Der Boden war deckelartig aufzuheben; darunter öffnete sich ein schmales Behältnis als Magazin für die Bagage; in der Mitte des Schiffes stand eine kleine Hütte mit Glasfenstern, über zwei Stufen gelangte man hinab in dieselbe. Der innere Raum war in zwei Teile eingeteilt; im ersten befanden sich zwei schmale Betten, sonst nichts, denn für mehr wäre auch kein Platz gewesen; im anderen war ein Verschlag, in den durch eine kleine Tür kunstvoll hinaufgeklettert werden musste, so nieder, dass man darinnen nur liegen konnte, auch fand sich da eben nur der knappste Platz für zwei Matratzen; da sollten zwei kleinere Herren und selbst diese mit leicht gekrümmten Füßen nebeneinander schlafen.

Auf dem flachen Dache dieser Hütte übernachteten ebenfalls einige der Matrosen, rückwärts hing das Steuer.

Die Mannschaft waren durchwegs Fischer des Sees in faltigen, farbigen Kostümen, Turbane am Kopf; nicht eben allzu sauber, nach alten Fischen riechend. Sie hatten keiner den arabischen Typus, sondern fahlbraune Farbe, breite Gesichter mit stumpfen Nasen, muskulös, aber nicht so mager und sehnig wie die meisten Araber gebaut. Auf den ersten Blick konnte man sie als fremden Stamm erkennen; und in der Tat sollen längs des Menzaléh-Sees rein erhaltene Reste der altägyptischen Hyksos, jener Kuschitenstämme leben, die zu den Zeiten der XIV. Dynastie deren Macht niederwarfen. Mit diesen wissenschaftlich interessanten, aber zum persönlichen Verkehr nicht sehr angenehmen Leuten mussten wir auf der engen Barke im intimsten Zusammenleben hausen. Knapp vor unserer Abfahrt brachte man noch einen geblendeten Pelikan als Lockvogel, der aber dermaßen mit dem Schnabel um sich hieb und so schmutzig war, dass wir ihn nach wenigen Minuten wieder an das Land zurückschickten. An jede Segelbarke wurde noch ein kleines Boot gehängt und dann begann die Reise. Mit den Segeln manövrierten die braven Leute recht geschickt und, von starkem Westwind getrieben, glitt die kleine Flotte rasch über den Wasserspiegel.

Der große Menzaléh-See ist unstreitig einer der größten Brackwasser-Seen der Erde, eine kolossale Lagune, die nur durch ein schmales Band von Dünen vom Meer getrennt wird. Seine westlichen und südlichen Grenzen sind gebildet durch weite versumpfte Strecken, nach Osten findet er sein Ende am Schutzdamm des Suez-Kanals.

Von Damiette wegfahrend sieht man im Norden eine gelbe Dünenlinie, im Süden in weiter Ferne den grünen Streif des festen Landes, gegen Osten hingegen ist die Entfernung viel zu bedeutend, da verschwimmt Luft und Wasser wie am Meer. Anfänglich

bemerkten wir nur wenig Inseln und diese in weiter Ferne. Der
fünfundvierzig Quadratmeilen große See reicht an keiner Stelle einem Manne über die Hüften; der Grund ist fester Lehm. Bei den
Stürmen, die recht arg und bewegt werden können, ist das Ertrinken ausgeschlossen, denn man kann überall stehen und gehen und
nimmt im schlechtesten Falle ein ausgiebiges Wellenbad.

In den Wintermonaten soll diese Lagune von Zugvögeln aller
Art, hauptsächlich Enten und Gänsen, förmlich bedeckt sein. In
der zweiten Hälfte März konnte man nur noch auf die einheimischen Wasservögel und einige später reisende nordische Gattungen
rechnen; auch die im Winter hier in großer Zahl hausenden See-
und Kaiseradler fehlten ganz und nur einige Schelladler trieben
sich bei den Inseln herum.

Wir beschlossen, uns anfänglich auf verschiedenen Linien, doch
stets innerhalb des Gesichtskreises zu verteilen und erst mittags
zum Gabelfrühstück auf ein gegebenes Zeichen wieder zu vereini-
gen. Gar bald bemerkten wir einige schwimmende Pelikane; ein
Versuch, dieselben im kleinen Boote anzufahren, misslang wie gewöhnlich und wir setzten darauf in der Dahabîyé unseren Weg
fort.

Nach kurzer Fahrt begann das Gebiet der Inseln; die inneren
Teile des Sees sind ganz angefüllt mit größeren und kleineren, vollkommen flachen Eilanden; die meisten umgibt noch ein Kranz
von Sandbänken; auf Letzteren sieht man Scharen von Pelikanen
in unglaublicher Zahl; große, rötlich weiße Flecke, viel ausgedehn-
ter als die Inseln, in der Sonne herrlich schimmernd, auf Meilen
hin sichtbar als lebende Eilande; in dieser Form erscheinen die großen Vogelschwärme Afrikas. Langsam und behutsam fuhren wir an
eine solche vieltausendköpfige Gesellschaft heran; mit dem Fernglas wurde untersucht; nichts als Pelikane, kein einziger Flamingo
und eben diese hofften wir zu erjagen.

Als wir in einer Entfernung von wenigstens fünfhundert Schritten angekommen waren, begannen die Tiere unruhig zu werden,
sie streckten die langen Hälse aus und bewegten die Schwingen.
Auf ein gegebenes Kommando sprachen vier Büchsen den erstaunten Vögeln einen Morgengruß. Große Unruhe, lebhafte Flügel-
schläge, allgemeines Aufflattern war die Antwort; die weiße Insel

verwandelte sich in eine riesig große Wolke, die ihren regelrechten kompakten Schatten auf den Wasserspiegel warf. Nun begann ein lebhaftes Einzelfeuer, doch merkwürdigerweise erfolglos. Die Distanz ist bei ähnlichen Unterhaltungen immer eine enorm große und die Vogelmasse, die ganz geschlossen aussieht, bietet dennoch so viel Zwischenräume und Lücken, in die sich eine Kugel leicht verirren kann. Bloß ein einziger Pelikan, von der ersten Salve getroffen, schwamm tot am Wasserspiegel; einer unserer Schiffsleute watete hinüber, um ihn zu holen.

Je weiter wir innerhalb der Inseln vordrangen, desto belebter gestaltete sich das Wild; Möven und Seeschwalben umgaukelten den Wasserspiegel.

Blassenten in Unmassen, einige Löffelenten, Taucher und kleinere Enten, die man in weiter Ferne nicht unterscheiden konnte, schwammen herum, auf den Inseln standen Edel-, Silber- und Fischreiher, und Züge von kleineren Strandvögeln verschiedener Art umschwärmten die Sandbänke. Keine Insel bot noch genug Anziehendes, um an derselben halten zu lassen. Erst gegen Mittag, nachdem die Flotte sich vereinigt und alle Herren auf unserer Dahabîyé das während der Fahrt am Küchenschiff zubereitete Frühstück verzehrt hatten, erschien eine größere Insel, geschmückt durch einen weißen Turm, vor unseren Blicken.

Es ist dies ein altes Schêch-Grab eines am Menzaléh-See berühmten Heiligen; neben dem halb verfallenen Gebäude mit runder Kuppel und schlankem, leuchtturmartigem Minarett steht eine kleine, elende Fischerhütte; ein schmaler Kanal trennt diese Insel von einem anderen Eilande.

Hier beschlossen wir zu halten, um zu Fuß zu jagen. Die Reiher verschiedener Gattung verschwanden augenblicklich beim ersten Versuch des Anschleichens; hingegen fanden wir an den Ufern viel kleines Strandgeflügel: Avocett-Schnäbler, jene merkwürdigen, schwarz-weiß gefärbten Vögel mit langen Stelzenbeinen und aufwärts gekrümmtem Schnabel, ferner Kampfschnepfen und noch vier oder fünf verschiedene Gattungen aus der Gruppe der Strandläufer. Wir verteilten uns, in verschiedener Richtung streifend; die Schüsse krachten bald recht lustig und nach weniger als einer halben Stunde war das kleine Eiland abgejagt. Die Inseln selbst sind eigentümlich gebildet und verdienen einige Worte der Beschreibung. Fast alle sehr schmal, aber lang, bedeckt mit Muscheln, man könnte sagen aus Conchilien gebildet; dichte dunkelgrüne Tamarisken-Gebüsche überwuchern die ganze Oberfläche; die Ufer sind flach und sandig, an manchen Stellen auch lehmig; überall liegen Federn in Hülle und Fülle, große Pelikan- und rosenrote Flamingo-Dauen neben jenen der verschiedensten Wasservögel. Einzelne Inseln, besonders solche, die große Sandbänke kennzeichnen, erscheinen vollkommen übertüncht durch dicke Schichten von Guano, und im Lehm sieht man die abgedrückten Fährten von allerlei Sumpf- und Wasservögeln; an einer Stelle fand ich auch die Spuren eines Ichneumons.

Nach kurzer, aber ziemlich ergiebiger Jagd setzten wir unsere Fahrt stets in östlicher Richtung fort. Wir mussten noch an diesem Tage in das Gebiet der Flamingos gelangen und in der Tat sahen wir gar bald zwischen den Inseln eine lange, rosenrote Bank jener eigentümlichen Tiere; es war dies ein herrlicher Anblick. Eine schmale Landzunge musste übersetzt werden; wir ließen die Dahabîyén halten, forderten die anderen Herren auf, sich jetzt, da der Nachmittag schon vorgerückt war, auf den Inseln zu verteilen, und bestimmten diesen Punkt als den Platz für das Nachtquartier.

Unser kleines Boot wurde über die Insel gezogen, um vom entgegengesetzten Ufer die Vogelschar anzufahren. Als wir beiläufig auf vierhundert Schritte herangekommen waren, zeigte sich Unruhe und Bewegung unter den früher regungslos dastehenden Flamingos. Auf das hin wurde die erste Salve abgegeben; gleich darauf erhob sich die wundervolle, rosenrote Wolke und zog in weite Ferne ab.

Ein Exemplar war zurückgeblieben und hielt sich mühsam, halb stehend, halb schwimmend am Wasserspiegel; mit dem Fernrohr entdeckten wir, dass der Vogel angeschossen sei und ließen uns vergnügt dahin rudern; als das Boot heranrückte, begann der kranke Flamingo mit den Schwingen zu schlagen und blätterte niedrig über den Wasserspiegel fort, hinter den Inseln unseren Blicken verschwindend.

Sehr enttäuscht setzten wir unsere Fahrt bis zu einer langen Insel mit großer, weißer Sandbank fort; einiges kleinere Wild wurde inzwischen erlegt. Unsere Absicht war nun, günstige Plätze für den Abend-Anstand zu suchen, denn die Wasservögel begannen schon allmählich zu ziehen.

Leider war diese recht günstig aussehende Insel schon besetzt; ein alter, ganz zerlumpter Vogelfänger saß in einer kleinen, aus Zweigen erbauten Hütte, neben ihm kauerte sein Kind, ein von Fliegen, Mücken und allerhand Ungeziefer ganz bedeckter Range; mit Stricken hatte er die Verbindung zu den großen, dicht am Ufer stehenden Fallnetzen. Als Lockvögel waren ein armer, blinder, recht melancholisch aussehender Pelikan und zehn oder zwölf ebenfalls geblendete Kormorane an Pfählen angebunden.

Es schien in der Tat ein günstiger Platz zu sein, denn der Boden war dermaßen mit faulenden Fischen, Guano und Federn bedeckt, dass eine europäische Nase daselbst längere Zeit nicht ausgehalten hätte. Der arme Vogelsteller schien durch unseren Besuch keineswegs erfreut zu sein und brummte einige mürrische Worte in den struppigen Bart.

Wir störten ihn auch nicht lange und fuhren rasch nach einer gegenüberliegenden lang gestreckten schmalen Insel.

Dort angelangt verteilten wir uns an verschiedene Punkte; die dichten Gesträuche bildeten herrliche Verstecke und bald herrschte volle Ruhe auf dem Eilande. Der Zug der Vögel begann. Kormorane, Löffelenten, einige Reiher, mehrere Rohrweihen, kleineres Strandgeflügel verschiedener Art kamen vorbei, doch meist in zu weiter Entfernung. Einige Stücke fielen, doch eben allzu günstig gestaltete sich die Jagd nicht.

Auch Flamingos, sowohl einzeln als auch in Trupps bis zu zehn Exemplaren, strichen außer Schussweite hin und her, große Schwärme wurden erst nach Sonnenuntergang beobachtet. Der fliegende Flamingo sieht höchst lächerlich aus; der lange Hals und die Ständer, ganz waagerecht gehalten, erscheinen wie ein langer Stab, an dem zwei Flügel hängen.

Der Sturm nahm des Abends zu und die Wogen schlugen recht fest an die Ufer der Insel; das Gewölk zerriss sich etwas und wir genossen den Anblick eines hübschen Sonnenunterganges. Der westliche Himmel färbte sich purpurrot, seine Farbe auf dem See widerspiegelnd und die Sonnenscheibe verschwand langsam hinter den zitternden Wellen. Als es vollkommen dunkelte, traten wir den Heimweg an; anfänglich mussten wir lange auf der weitgestreckten Insel in den dichten, nur kniehohen Gebüschen marschieren, bis wir an der Westspitze unser Boot fanden.

Nach kurzer Fahrt erreichten wir das schmale Eiland, an dem unsere Dahabîyén dichtgedrängt am Ufer fest vertäut lagen. Alle Herren waren schon anwesend, jeder hatte etwas, niemand viel Wild mitgebracht, keiner einen Flamingo, trotzdem mehrere Schüsse auf riesige Distanzen diesen ganz unglaublich scheuen Tieren nachgefeuert wurden.

Der Abend war recht kühl und in Mäntel gehüllt mussten wir auf unserer Dahabîyé das Diner verzehren.

Einige Windlichter erleuchteten das eigentümliche Bild; die kleine Flotille an der schmalen Insel in dunkler Nacht, weit von jeder menschlichen Ansiedlung am öden See, rief einen merkwürdigen Eindruck hervor; die volle Ruhe wurde nur durch das monotone Geplätscher der Wellen und die heiseren Stimmen der Araber unterbrochen. Bald erloschen alle Gespräche und arabisches und europäisches Schnarchen, harmonisch gemengt, bildeten die einzigen Laute. Ich werde diese Nacht in der engen Hütte niemals vergessen; wir waren in eine vollkommene Menagerie von Ungeziefer gefallen und riesig große Flöhe nagten an unseren armen Leibern.

Am 18. verließen wir noch bei vollkommener Dunkelheit unsere Dahabîyén; es wurde beschlossen, sich abermals auf den Inseln zu verteilen, um den Morgenzug zu erwarten. Ich ließ mich auf ein schmales Eiland rudern, schlich daselbst im ersten Morgengrauen einen kleinen Trupp Flamingos an, fehlte einen Kugelschuss auf riesige Distanz und versteckte mich hierauf in den dichten Gesträuppen. Allerlei Wild kam gezogen, ich erbeutete mehrere Stücke, darunter auch einen Seidenreiher. Flamingoschwärme, förmliche Wolken von tausenden dieser rosenroten Gesellen bildend, strichen in den verschiedensten Richtungen auf und nieder, doch alle außer Schussweite.

Als die Zeit zu Ende war, versammelten wir uns wieder auf den Segelbarken. Es war ein höchst unangenehmer Tag. Der Himmel dicht mit Wolken bedeckt, ein kühler Sturm pfiff über den Wasserspiegel und Strichregen durchnässten uns von Zeit zu Zeit. Mit halbem Wind glitten wir gegen die südlichen Teile des Sees, erspähten auch riesige Trupps Pelikane und Flamingos, auf den Sandbänken stehend; im Boote fuhren wir eine Gesellschaft an, kamen bei dieser Gelegenheit an einer von Möven und Löffelenten vollkommen bedeckten Insel vorbei. Eine Salve auf die Flamingos blieb ohne Erfolg, kolossale Wolken von Vögeln erhoben sich, um in weiter Ferne alle vereinigt wieder einzufallen.

An einer kleinen Insel hielten wir an, um ein Gabelfrühstück am Ufer einzunehmen. Da der Sturm noch im Wachsen war, wurde Rat gehalten.

Unser erster Plan war, nach Damiette zurückzukehren, doch die Araber erklärten, bei dem herrschenden Gegenwind müssten sie uns rudern und ziehen, was eine sehr lange und mühsame Prozedur wäre. Auch hatten wir schon die Mitte des Sees erreicht.

Bei der momentanen südlichen Lage konnte man in weiter Ferne ein Minarett und mehrere Palmen der kleinen Stadt El-Menzaléh mit freiem Auge ausnehmen. Die Schiffsleute rieten uns, das alte Programm aufzugeben und nach Port-Saïd zu fahren; dies war zwar eine bedeutende Änderung des Reiseplanes, doch erschien es als das einzig Vernünftige, insbesondere da der erste Steuermann versprach, bei dem herrschenden günstigen Westwind mit vollen Segeln noch am selben Tag abends Port-Saïd zu erreichen.

Gesagt, getan; wir steigen in unsere Fahrzeuge und pfeilschnell gleiten die leichten Dahabîyén zwischen all den Inseln hindurch unaufhaltsam fort. Die östlichen Teile des Sees sind reicher an Wasserwild als die westlichen. Unmassen von Blassenten, auch viele echte Enten und Scharen von Möven werden beobachtet, desgleichen Reiher und Kormorane.

Ein Trupp Pelikane wird erfolgreich beschossen; ein rosenrotes Pracht-Exemplar wandert auf das Verdeck unserer Dahabîyé. In den Nachmittagsstunden erscheint der blendend weiße Leuchtturm von Port-Saïd am Horizont. Einige Scharen Flamingos sehen wir in weiter Ferne stehen und andere langsam dahinziehen. Der Himmel klärt sich, wir genießen erwärmende Sonnenstrahlen und abermals einen schönen, effektvollen Sonnenuntergang. Unsere Schiffsleute arbeiten sehr geschickt mit den Segeln; es sind brave, ungemein fleißige Gesellen, die wir in den zwei Tagen lieb gewannen. Bei Beginn der Dämmerung unterscheidet man schon einzelne Häuser der Stadt und den Damm des Suez-Kanals. Mit voller Dunkelheit ist das Ziel erreicht; einige hundert Gänge trennen uns noch vom Ufer, doch das Wasser ist zu seicht; wir und die ganze Bagage werden allmählich von unseren braven Arabern an den Kanaldamm hinübergetragen. Wir hatten die leichteste Dahabîyé mit einem Brief vorausgeschickt, daher warteten auch schon ein kleiner Dampfer im Kanal und am Ufer unser Konsul sowie der Hafenkapitän, ein geborner Dalmatiner.

Zum ersten Mal sahen wir den Suez-Kanal und drüben Asien; der erste Blick auf diesen Weltteil war eben nicht sehr schön. Asien erschien in Form eines Dammes.

Der Dampfer brachte uns rasch in die Stadt, an einen Landungsplatz unweit des Hotels. Nichts als Europäer auf der Gasse; und alles was wir sahen, hätte ebenso gut in einer englischen Hafenstadt vor sich gehen können. Der Gasthof, ein großes, vollkommen modernes Hotel, recht gut eingerichtet, erinnerte mich lebhaft an die Schweiz. Nicht der kleinste Gegenstand mahnte an den Orient. An diesem Abend waren wir, eine englische Familie ausgenommen, die einzigen Gäste; bald nach unserer Ankunft wurde ein recht gutes Souper serviert und um 10 Uhr lag schon alles tief in den Betten.

Den nächsten Morgen verließen wir das Hotel und begaben uns auf einen Suez-Kanal-Dampfer. Der Kommandant, ein alter, brummiger Mann, sowie auch die ganze Mannschaft waren Franzosen. Überhaupt ist der Suez-Kanal und alles was dazugehört, ein Stück Frankreich. Anfänglich genießt man über die Dämme hinweg in westlicher Richtung die Aussicht auf den afrikanischen Menzaléh-See, in östlicher nach der asiatischen Ebene von Pelusium. Der Gedanke, zwischen zwei Weltteilen spazieren zu fahren, ist anregend, doch endlich gewöhnt man sich auch an imposante Ideen und leidet trotzdem an der höchst langweiligen Wirklichkeit. Riesige Pelikan- und Flamingo-Herden, tausende und abertausende dieser Vögel standen auf den versumpften Teilen des südlichen Menzaléh-Sees. Eine Salve, die wir ihnen hinübersandten, hatte nur den einen Erfolg, dass lebende Wolken aufflogen, wie man sich dieselben nicht größer vorstellen kann.

156

Nachdem der See zur Rechten sein Ende gefunden hat, gestaltet sich die Gegend in der Tat vollkommen trostlos; die hohen Dämme verwehren den Überblick und nichts als gut gebaute Erdaufwürfe rechts und links sind kein erfreuliches Bild. Als einzige Zerstreuung bot sich uns ein Renkontre mit einem großen englischen Indienfahrer, der ungeschickterweise im Kanale schief aufgefahren war und nun den Weg versperrte.

Unser Kapitän meinte, wir könnten passieren, und fuhr mutig darauf los. Ein mächtiger Ruck, einige kleine Havarien an den Bordwänden und wir saßen auch in den englischen Nachbar verwickelt. Eine halbe Stunde wurde gearbeitet; der grobe englische Kapitän kehrte uns während der Zeit den Rücken und tat, als ob ihn das Ganze nichts anginge. Endlich begann eine kleine Bewegung, ein Ächzen und Stöhnen der aneinander gepressten Schiffe, abermals ein starker Ruck und wir waren frei; durch den Stoß hatten wir auch den Engländer flottgemacht und so gingen die beiden Schiffe jedes in seiner Richtung auseinander.

Später genossen wir von Zeit zu Zeit von der Kommando-Brücke aus einen Blick über den Damm hinweg nach der arabischen Küste. Der Charakter derselben ist ein grundverschiedener von dem der libyschen. Alles ist lichter, fast weiß, Stein sowohl als Sand; auch flacher, höchstens in Form sanfter Hügel gewellt; die vielen runden, kleinen, dunkelgrünen Gesträuche erhöhen noch den eigentümlichen Typus.

Nach mehrstündiger Fahrt gelangten wir in den Salzsee von Ismâîilia, sahen die gleichnamige, ganz europäische Stadt, die den See umgebenden weißlich gelben Wüsten mit größtenteils flachen Ufern; im Süden in weiter Ferne das schön geformte Ataka-Gebirge.

Die Gegend ist unstreitig ernst und monoton, aber das dunkelblaue Salzwasser des Sees bildet einen merkwürdigen Kontrast zu den hellen Wüstengestaden, und so gestaltet sich das Ganze zu einem sehr eigentümlichen Farbeneffekt. Wir fuhren zum Landungsplatz von Ismâîilia, wo uns einige Beamte der Suez-Kanal-Kompanie auf das Zuvorkommendste empfingen und zu den bereitgehaltenen Wagen geleiteten. In der kurzen Fahrt bis zum Bahnhof hatten wir Gelegenheit, den Reichtum, Fleiß und Geschmack der Franzosen zu bewundern. In der Wüste gelang es ihnen, einen echten kleinen Seebadeort mit reinen, weißen Häusern, geziert durch grüne Jalousien, gute Wege, schattige Alleen und wohlgepflegte Gartenanlagen hervorzuzaubern. Auf der Station stand unser Zug schon bereit und gar bald setzte er sich in Bewegung.

Anfänglich kamen wir an kleinen Sümpfen, dann durch die Wüste, welche hier noch den vollen Charakter der arabischen trägt, und später an einem unbedeutenden See mit wenig Rohr und einigen erbärmlichen Hütten vorbei. Wo die an die Bahn herantretenden Wüstenhügel niedrig genug waren, um einen Fernblick zu gestatten, erschienen weit in südlicher Richtung das hohe Ataka, später das Ammûne-Gebirge. Es sind dies dieselben Bergketten, deren westlicher Ausläufer das wohlbekannte Gebel-Mokattam ist.

Nach einiger Zeit trat die Wüste immer mehr zurück, um endlich ganz unseren Blicken zu entschwinden; abermals gelangten wir in das üppige Kulturland Unterägyptens und fuhren an der Stadt Zagâzîk und vielen kleineren Orten vorbei. Gar bald erschien die herrliche Kalifenstadt, vergoldet von den Strahlen der untergehenden Sonne. Vom Bahnhofe aus fuhren wir den nahen Weg nach Kasr-en-Nusha, wo wir den Abend voller Ruhe widmeten.

Am 20. wurde beschlossen, um 9 Uhr früh abermals eine Jagdexpedition nach Heliopolis zu unternehmen. Das Wetter war wundervoll und die Luft rein und warm; nach langer Fahrt auf demselben schlechten Weg, den wir schon vor einem Monat zurückgelegt hatten, langten wir beim Marienbaum an. In den umliegenden kleinen Gärten und dichten Kaktushecken wurden die Dachshunde gelöst, um nach Schakalen oder Ichneumonen zu suchen; gar bald erkannten wir die Zwecklosigkeit unseres Vorhabens, denn die Wachtelzeit hatte schon begonnen und in allen Richtungen fielen Schüsse. Orientalische Sonntagsjäger, Levantiner aller Art, mit nicht sehr jägermäßigem Aussehen, durchstöberten Büsche und Felder und es schien ratsam, dieses Terrain zu verlassen.

Neben dem Marienbaum befindet sich eine kleine, zwischen Gärten und Schatten spendenden Bäumen errichtete Restauration, ein Vergnügungsort der Kairenser. Daselbst frühstückten wir und setzten hierauf zwischen Feldern und Gartenmauern den Weg zur

Straußenzucht fort. Das am Rande der Wüste liegende Etablissement gehört einer Gesellschaft und scheint recht gute Geschäfte zu machen, wenigstens ist alles mit dem größten Komfort hergerichtet. Der Direktor, ein deutscher Schweizer, zeigte uns die Ställe, die freien sandigen Plätze, die inneren Räumlichkeiten, die künstlichen Brutmaschinen und alle seine Strauße, alte und junge stattliche Tiere von zwei Gattungen im vollen Schmuck ihrer schönen Federn.

Nachdem wir alles besehen hatten, wurde die Weiterfahrt am nächsten Wege nach Heliopolis direkt zum wohlbekannten Orangengarten angetreten. Wir fanden einige Wolfsfährten, doch die Tiere waren an diesem Tage nicht zu Hause und so durchstöberten wir vergeblich alle Büsche und Anlagen des schönen Orangenhaines.

Während der Rückfahrt ließen wir anhalten und unternahmen ebenfalls erfolglose Versuche in mehreren Gärten und einem Zuckerrohrfeld. Diana war uns an diesem Tage nicht gewogen und ohne Beute wanderten wir nach Kairo zurück. Zu Hause angelangt, erquickte ich mich an einem außerordentlich wohltätigen, echten türkischen Bad, »Hammâm« genannt.

Man muss im Orient selbst, durch orientalische Badediener, eine eigene Kaste Menschen, bedient, in einem jener herrlich eingerichteten Bäder, wie man sie am schönsten in den Schlössern der reichen Orientalen findet, diesen unbeschreiblichen Genuss in allen seinen über eine Stunde währenden Phasen und Manipulationen durchgemacht haben, um es zu verstehen, wie der Morgenländer mit so großer Leidenschaft an seinem Bade und allem, was daran sich reiht, hängt, dafür keine Kosten scheuend. Die Abendstunden nach dem Speisen brachten wir wieder zu Hause zu und gingen bald alle zur Ruhe.

Am 21. März fuhren wir des Morgens durch die alten Stadtteile hinauf, nach der berühmten Zitadelle. Mehrere Tore an der steilen Berglehne mussten passiert werden, überall standen Wachen, die uns mit den Klängen des hübschen ägyptischen Generalmarsches empfingen.

Die Zitadelle El-Kâla ist ein großer, gegen die Stadtseite zu durch natürliche Felsenmauern stark befestigter Häuserkomplex;

fast ausschließlich moderne Gebäude sind nach der Pulverexplosi-
on des Jahres 1823 auf derselben Stelle errichtet worden, wo die alte, aus altägyptischen Trümmern erbaute Festung Saladins vom
Jahre 1166 stand. Nachdem man durch das erste, Bâb-el-Gedît
benannte Tor und den Vorhof zur zweiten, Bâb-el-Wustâni-Pforte
gelangt ist, eröffnet sich der Einblick auf den zweiten Hauptplatz,
der umgeben ist von Regierungs- und Militärgebäuden und dem
kleinen vizeköniglichen Palais.

Im Zentrum der Zitadelle erhebt sich als das wichtigste und für
den Wanderer interessanteste Objekt die große Alabaster-Moschee
Gâma Mohamed-Ali, die von dem berühmten Gründer der jetzt
herrschenden Dynastie, dem heldenmütigen Mohamed-Ali, auf
der Stelle eines alten zerstörten Palastes erbaut wurde. Weithin
sichtbar, als ein Wahrzeichen Kairos, ragen die hohen, schlanken
Minaretts empor. Nachdem die bereitstehenden Pantoffel angelegt
worden waren, betraten wir das Innere des kolossalen Gebäudes.
Die Größe des viereckigen Raumes, die hohe Haupt- und die verschiedenen Nebenkuppeln sowie die im gelben Alabaster von Be-
nî-Suêf überdeckten Wände imponieren auf den ersten Blick; bei
näherer Betrachtung erkennt man aber, um wie viel die architektonischen Details jenen der alten Moscheen nachstehen; auch die
Brunnen sind plump und unschön. Einige hübsche Teppiche für
die knienden Gläubigen sowie die reich verzierte Gebetstelle in der
Richtung Mekkas lenkten unsere Aufmerksamkeit nach der Süd-
ostseite des Gebäudes, wo nahe dieser heiligsten Stätte der Muslimen, von einem Gitter umgeben, der mit reich in Gold gestickten
Teppichen überhangene Sarkophag des alten Mohamed-Ali steht;
zu Häupten ist den Vorschriften der Religion zufolge ein steinerner Turban angebracht. Man erlaubte uns, durch eine Tür das Gitter zu passieren, um von nahe den Sarg zu betrachten, der die
Überreste eines großen Mannes in sich schließt.

Der Sohn des Straßenräumers von Kavala, Soldat und Orientale durch und durch, wild und ungebildet, von eiserner Energie und
Grausamkeit, aber zugleich mit großen Geistesgaben ausgerüstet,
war berufen, ein Reich, ein Chalifat nach altem Muster zu gründen. An der Spitze seines trefflichen Heeres durchzog er Palästina,
seinem Vorbild: Alexander dem Mazedonier, nachstrebend. Hät-

ten die abendländischen Mächte nicht rettend eingegriffen, wäre der meuterische Pascha gewiss bis nach Stambul marschiert, um sich das Chalifat zu erringen. So musste er sich mit Ägypten begnügen und wendete seine ganze Sorgfalt und Energie diesem Lande zu.

Die Zitadelle, die er baute, ward zum dauernden Monument seiner diabolischen Grausamkeit. Die dem Türkentum treuen, in Ägypten als fremde Söldnerscharen dienenden Mameluken schienen dem alten Mohamed-Ali nicht ganz geheuer, und so ließ er eines schönen Tages die auf den Hof der Zitadelle neben der Moschee zusammengedrängten Leute alle, außer einen, massakrieren.

Dieser eine, ein kühner Osmane, sprang im vollen Waffenschmuck auf seinem mutigen Ross über die Umfassungsmauer der Plattform, sauste längs der hohen Felswand hinab und kam auf weiche Schutthaufen zu fallen; allsogleich erhoben sich der wie durch ein Wunder gerettete Krieger und sein treues Pferd; sie entkamen auch glücklich den Nachstellungen des ergrimmten Paschas. Wir sahen diesen blutgetränkten Platz und genossen von der Plattform aus eine herrliche Fernsicht über die alte Kalifenstadt mit ihren grauen Häusern, hochragenden Minaretts, und weit hinüber nach dem Fruchtlande, durch das sich der Nil wie ein Silberband schlängelt; über den grünen Flächen drüben erheben sich die Pyramiden und dahinter glänzt der gelbe Sand der unendlichen Wüste. Hinter und dicht unter uns gewähren die düsteren Wände des Mokkatam-Gebirges, das wilde Durcheinander der Kalifen- und Mameluken-Gräber und die Ruinen der ganz alten, verfallenen Stadtteile ein interessantes Bild.

Das kleine vizekönigliche Schloss, das an diesen Platz anstößt, ist einfach eingerichtet und bietet nur ein Interesse als Wohnhaus Mohamed-Alis.

Seine Zimmer, das Bad sogar, alles wird im selben Zustande erhalten wie zu jener Zeit, als er noch in diesen Räumen weilte. Man tut wohl daran, die Erinnerung an jenen großen Mann mit Verehrung zu pflegen; denn viel leistete er in der Tat, und hätten seine Erben seine Werke, seinen Geist und seine Energie im vollen Maße übernommen, wäre Ägypten heutzutage zu einer anderen und größeren Rolle berufen, als es die jetzige ist.

In einem recht versteckten Winkel der Zitadelle zeigte man uns den so genannten Josephs-Brunnen, von Salâ-heddin-Jûsuf angelegt, der fälschlich immer mit dem ägyptischen Joseph in Verbindung gebracht wird. Dieser alten, ganz einfachen Zisterne entlockt eine von Büffeln gezogene Schöpfmaschine das Wasser.

Nun hatten wir die Besichtigung der Zitadelle beendet, verabschiedeten uns von den Zivil- und Militärhonoratioren und den Derwischen der Moschee und fuhren den Berg hinab nach der Stadt.

In einer der alten Gassen befindet sich in einem recht großen und gut eingerichteten Gebäude die an Bänden sehr reiche und berühmte Khedivial-Bibliothek.

Ein Deutscher ist Direktor dieses Institutes und brachte mit Fleiß und wissenschaftlichem Ernst System und Ordnung in das frühere Chaos des reichen Materiales. Der orientalische Teil fesselt selbstverständlich am meisten das Interesse des Fremden. Wir fanden Korane in allen asiatisch-mohammedanischen Sprachen, einige aus den ältesten Tagen des Islams, in auffallend schöner Weise ausgestattet. Der Khedive und seine Vorgänger ließen in den Moscheen nachforschen und die wertvollen alten Kirchenbücher in diese Bibliothek bringen, um sie vor dem Untergange zu bewahren.

Einige außerordentlich schön geschriebene und bemalte persische Bücher wurden uns gezeigt. Sowohl die äußere Form und Ausstattung, als auch insbesondere die Kostüme, Harnische, Waffen der persischen Ritter und die Art, in welcher dieselben dargestellt sind, erinnerten mich lebhaft an manche Werke des abendländischen Mittelalters. Außer vielen Koranen sahen wir auch Bände, welche in Bild und Wort Kriegszüge, Kämpfe, Jagden und selbst Landschaften darstellten; mehrere dieser persischen Blätter waren nicht nur von historischem, sondern auch von künstlerischem Werte.

Nachdem die Bibliothek, insoweit es die beschränkte Zeit erlaubte, durchgesehen war, setzten wir unsere Fahrt fort und passierten das Gewühl und bunte Leben der arabischen Stadtteile; einige europäische Straßen rasch durcheilend, gelangten wir bald auf den großen Platz des vizeköniglichen Schlosses. Gegenüber dem Palais und den Kasernen steht eine neu errichtete Erziehungsanstalt. Der jetzige Khedive schenkt diesem von ihm gegründeten Institute seine volle Sorgfalt und forderte uns auf, dasselbe zu besuchen. Wir besichtigten die Lehrsäle, in denen die Schüler, meist Söhne reicher Kairenser Muslims, darunter die zwei Knaben des Vizekönigs, schöne, frisch und gesund aussehende Kinder, unter der Leitung europäischer Lehrer studierten. Man zeigte uns auch die Wohnräume, Speise- und Spielzimmer. Die Anstalt ist im Ganzen nach europäischem Muster eingerichtet, nur wurde ein über die Zwecke eines Erziehungshauses hinausreichender Luxus an Seidenstoffen und Möbeln entwickelt.

Von da aus statteten wir den Generalkonsuln, den Baronen Schäffer und Saurma, in ihren reizenden Häusern Besuche ab, und fuhren nun zurück in das arabische Viertel. Vor einer ganz engen, für Wagen nicht praktikablen Gasse wurde gehalten und zu Fuß zum Tore des Hôtels du Nil gegangen. Die Lage dieses vorzüglichen Gasthofes inmitten der alten arabischen Stadt ist schön und der große Hof, als Garten hergerichtet mit herrlichen Pflanzen und Schatten spendenden Bäumen, verleiht dem Bilde noch erhöhten Reiz. Der Besitzer ist Österreicher und so versammelten sich in einem hübschen Kiosk außer unserer Reisegesellschaft noch einige andere anwesende Landsleute, ferner Abd-el-Kader und Brugsch-Pascha und Baron Saurma zu einem gemeinsamen sehr guten Frühstück.

Einige angenehme Stunden wurden da zugebracht, die ein arabischer Taschenspieler mit in der Tat hübschen Kunststücken erheiterte. Sein Gehilfe, ein kleiner Knabe, rief immer vor dem Beginn einer neuen Piece auf gebrochen Deutsch: »Kommen Sie her, Teufel!« Dieser Produktion folgten ein Schlangenbändiger mit sehr großen Brillenschlangen, verschiedenen Eidechsen, darunter den grauen Geckos, und unheimlichen Skorpionen, die er alle aus seinem weiten Gewande hervorholte, und ein Mann mit gut dressierten, dicken Pavianen, einer Ziege und mehreren Hunden. Im Ganzen sind es dieselben abgedroschenen Vorstellungen, die jeder europäische Jahrmarkt bietet, doch verleihen die braunen Gestalten der Künstler, in faltenreiche Gewänder gehüllt, das würdevolle Auftreten des Orientalen und der Gesamteindruck der bunten Szenerie den an und für sich langweiligen Kindereien einen eigentümlichen Reiz.

Nachdem wir nach Hause zurückgekehrt waren und Jagdkleider angelegt hatten, fuhren der Großherzog und ich mit Baron Saurma durch die Stadt über die große Nilbrücke hinaus, nach der nächsten Umgebung der vizeköniglichen Lustschlösser. Dort stand noch ein Zuckerrohrfeld und wir postierten uns mit meckernden Zicklein wohlgedeckt im hohen Rohre. Leider kam kein Wolf oder andersartiges Raubtier. Saurma hatte eben an derselben Stelle auf dieselbe Weise schon häufig glückliche Jagden gemacht, doch uns schien Diana heute nicht gewogen und so verließen wir mit Eintritt der vollen Dunkelheit den Platz, um nach Hause zu fahren. Es war ein herrlicher Abend; nach wundervollem Sonnenuntergang folgte die Pracht einer afrikanischen Frühlingsnacht. Insekten zirpten und schwirrten, Fledermäuse umflogen die Bäume, deren Kronen leise rauschten; ein Meer von Sternen war über das Firmament ausgegossen und nur unaufhörliches Hundegebell und der Schrei der zum Nil ziehenden Wasservögel unterbrachen die großartige Ruhe. In der Stadt ging es lebhafter zu und durch das Gewühl des südlichen Nachtlebens drängten wir uns bis Kasr-en-Nusha durch.

Am folgenden Morgen fuhren wir in früher Stunde nach der großen Kaserne Kasr-el-Nil und bestiegen den unter derselben liegenden Nildampfer »Ferus«, unser gutes altes Schiff, an das sich so herrliche Erinnerungen aus den gesegneten Gefilden Oberägyptens knüpften. Der braune Admiral kommandierte abermals sein treues Fahrzeug und nach wenigen Minuten setzten wir uns stromabwärts in Bewegung.

Man lernt erst die Farbenpracht, die imposanten, ich möchte sagen innerafrikanischen Natureffekte Oberägyptens kennen, wenn von dort zurückgekehrt Kairo und Unterägypten, die bei der ersten Ankuft so sehr entzückten, als farb- und stimmungsarm vor den an noch größere Reize gewöhnten Augen verblassen.

Unser Ausflug galt an diesem Tage der berühmten Barrage du Nil. Anfänglich kamen wir an alten, bis an den Wasserspiegel reichenden Häusern vorbei, später folgte der Platz, wo nebeneinander mehrere vizekönigliche Yachten, die Postdampfer und eine wahre Flotte von Dahabîyén liegen. Am linken Ufer sah man die

Schlösser und üppigen Gärten, am rechten die Stadt, dann die Schubra-Allee, das gleichnamige Schloss, mit den hochragenden Bäumen des großen Parks. Bald verschwanden diese interessanten Bilder und die monotone, kultivierte Landschaft Unterägyptens wurde über den niedrigen, brüchigen Ufern des Stromes bemerkbar. Wir beobachteten einige vereinzelte Nilgänse und sehr viele Enten, sonst war wenig anderes Wassergeflügel vertreten. An mehreren langen sandigen Inseln dampften wir vorbei und bald wurde der eigentümliche, brückenartige Bau der eigentlichen Barrage sichtbar. Hier trennen sich die Nilarme, jener von Damiette und jener von Rosette; es ist die südlichste Spitze des Deltas. Die beide Wasserarme trennende Landzunge ist mit dem übrigen festen Lande durch die eisernen Brücken und das von Mohamed-Ali erbaute riesige Stauwerk verbunden, welches den Zweck haben sollte, in der Periode des niederen Wasserstandes den Nil zu stauen, damit dann alle die unzähligen Kanäle des Deltas ebenso wie zur Zeit der Überschwemmung mit Wasser gespeist würden.

Der Erfolg des Unternehmens, welches zugleich auch auf die Nilschifffahrt von lähmendem Einfluss war, soll in keinem Verhältnis zu den großen Kosten stehen, die es erforderte. Zwischen den Stauwerken auf der Landzunge wurde um teueres Geld ein Fort errichtet. Diese allein stehende niedrig liegende Befestigung sinkt zur vollkommenen Spielerei herab; auch wahren nur einige altartige Geschütze und eine Kaserne mit schwacher Besatzung im Innern derselben den kriegerischen Anstrich; das Bemerkenswerteste am Ganzen sind die auffallend schönen und hohen Baumreihen, welche diese sonst öde Stelle schmücken.

Wir mussten alles betrachten und wurden sowohl in der Befestigung, als auch auf den Stauwerken herumgeführt. Nach der Besichtigung traten wir mit dem Dampfer die Heimfahrt an. Bei einer langen und schmalen, mit Sand und einzelnen dichten Gebüsch-Parzellen bedeckten Insel hielten wir an und durchstöberten jagend dieses Eiland. Außer einigen kleinen Wasservögeln erlegte ich noch ein Exemplar der schönen Steppenweihen. Ein seichter, lehmiger Arm trennt die Insel vom Festlande, was das Herübertreiben großer Schaf- und Ziegenherden erleichtert, die sich an den Gebüschen sättigen. An den Nilufern fanden wir auch mehrere sehr ärmliche Fischerhütten. Gar bald verließ die Jagdgesellschaft dieses Revier und kehrte an Bord des Dampfers zurück, wo während der Heimreise gefrühstückt wurde. Der schwarze Kaffee war noch kaum geleert und die Zigarette ausgeraucht, als wir auch schon bei Kasr-el-Nil eintrafen und nun von der teuren »Ferus« endgültigen und letzten Abschied nehmend ans Land gingen.

Der an liebenswürdigen Aufmerksamkeiten unerschöpfliche Abd-el-Kader-Pascha wusste, wie sehr es mich freuen würde, die drehenden und die heulenden Derwische zu sehen, und da kein Freitag mehr, an welchem Tage sie ihre eigentümlichen Andachten in den großen Moscheen verrichten, für Kairo zu unserer Verfügung stand, erwirkte er beim Khedive einen Befehl, welcher uns Einlass in die Klöster dieser Fanatiker verschaffte.

Durch die ganze Stadt fuhren wir bis in die entlegensten Teile der arabischen Viertel. Vor einer engen Gasse hielt der Wagen und wir mussten steil bergauf bis zu einer Mauer gehen. In das Tor eintretend, hatten wir den Anblick eines echten kleinen Klosters mit Garten vor uns. Über eine elende Holzstiege und eine Galerie gelangten wir in die Empfangszimmer, einfache, kahle Wände; drei orientalische Divans und einige Teppiche waren der einzige Schmuck der ärmlichen Räume; zwei junge Leute, die wir für Diener hielten, hatten uns da hinaufgeleitet. Nach wenigen Minuten erschien der Vorstand des Klosters, ein alter, von fanatischer Askese und Abtötung gebrochener Greis. Sein Äußeres war unstreitig unheimlich; mager, blass, wachsfarben, wie eine Leiche; die scharfen Züge, die bleichen Lippen, die entnervten Augen und skelettartigen Hände, die gebeugte Haltung sowie eine hohl klingende Stimme hatten etwas Geisterhaftes an sich. Seine Kleidung bestand in langen, farbigen, pelzverbrämten Gewändern, bunter Leibbinde und einem am Boden nachschleppenden Mantel, den er mit zitternden Händen trotz der fürchterlichen Hitze krampfhaft zusammenhielt. Am Kopfe trug er eine hohe, graue Filzmütze, umwickelt mit einem grünen Band, der Farbe des Propheten. Diese unglaubliche Kopfbedeckung ist sehr ähnlich jener der Perser. Mit zeremoniöser Höflichkeit wies er uns einen Sitz an und ließ sich steif wie eine Wachspuppe auf einem Divan nieder. Diener brachten Kaffee in schmutzigen Schalen und Zigaretten.

166

Nach kurzer Staatsvisite forderte er uns auf, in den heiligen Raum, in die Moschee seiner Untergebenen zu gehen. Über die längs des Hauses laufende Galerie gelangten wir in ein sehr merkwürdiges Gebäude. Es war dies ein hoher, ganz kreisrunder Kuppelbau mit alten orientalischen Verzierungen. Um die Wände lief eine schmale, von Holzsäulen getragene Galerie; dies ist der Platz für die gläubigen Zuseher und für die Musik; unter uns bemerkten wir eine echte Zirkus-Manege, mit Umzäunung von höchstens drei Schuh hohen, oben gepolsterten Brettern; der Boden in diesem eigentümlichen Kreise war mit feinem Reitschulsand bedeckt; an der einen Seite lag ein alter, türkischer Teppich. Wir saßen noch kaum eine Minute auf der Galerie, der kommenden Ereignisse mit Spannung harrend, als der alte Oberpriester mühsam in die Arena schlich und auf dem Teppich mit gekreuzten Füßen Platz nahm; ihm folgten beiläufig zwanzig Männer, alle mit der hohen Mütze geschmückt, aber in eng anliegenden, blendend weißen, vorn offenen Janken von echt türkischem Schnitt, darunter eine Leibbinde, und in weiten, gestärkten weißen Röcken, ähnlich altmodischen Damen-Krinolinen. Feierlich mit gekreuzten Armen wandelten sie einzeln herein, sich vor dem hockenden Greis tief verneigend, dann stellten sie sich alle im Kreise längs der Wände der Manege auf.

Nun sprach der alte Oberpriester mit heiserer Stimme ein Gebet, während welchem er sich zu wiederholten Malen nach verschiedenen Richtungen hin tief verneigte; seine Schüler folgten jedes Mal seinem Beispiele.

Als diese Szene zu Ende war, fiel plötzlich die Musik mit wildem Lärm ein. Die Instrumente waren dieselben, wie wir sie bei den Bienentänzen Oberägyptens gesehen hatten, nur spielte das kupferne Tam-Tam und die unserer dalmatinischen Gusla nicht unähnliche Geige eine größere Rolle; die Melodie hatte einen wilden, kriegerischen Typus. Kaum waren die ersten Töne erschallt, als alle die Männer in den Kreis traten, sich nochmals vor dem Greis verneigten und nun zu drehen begannen. Keiner berührte den anderen, jeder blieb auf seinem Platze; zuerst langsam, dann immer schneller kamen sie in Bewegung, die langen Röcke standen fast waagerecht in die Höhe, die Musik wurde rauschender und wilder, die Gesichter fanatischer; wie die Kreisel sausten sie auf Ort und Stelle herum, beide Hände weggespreizt, die eine mit dem Rücken nach aufwärts geballt, die andere offen, die innere Fläche zeigend. Das bedeutet: die Rechte führt das Schwert für den Glauben, die Linke fleht Gott um seine Gaben an.

Bloßes Zusehen kann einen Schwindelanfall hervorrufen, dabei läuft es dem Europäer schaurig kalt über den Rücken; dieser Grad des Fanatismus ist in der Tat unheimlich. Ohne im Mindesten zu zucken, immer in derselben Haltung, drehen sich diese Leute mit unglaublicher Schnelligkeit. Die Gesichtszüge sind krampfhaft verzerrt, die Augen nach aufwärts verdreht, die mageren Hände und bleichen Wangen, umrahmt von kurzen, nach türkischer Art geschnittenen Bärten, tragen die ekelhaften Spuren der durch diese Entartung des religiösen Sinnes hervorgerufenen Nervenzerrüttung. Ein alter Mann, in seiner Tracht ähnlich dem noch immer regungslos hockenden Oberpreister, schlich zwischen den drehenden Derwischen herum, ihre Bewegungen kontrollierend. Sehr lange währte diese erste Andacht, dann verstummte die Musik; bleich und unter krampfhaften Zuckungen trachteten alle so rasch als möglich die Wand als Stütze zu erreichen, und begleitet von tiefen Verbeugungen wurde abermals ein Gebet gesprochen; hierauf fiel die Musik ein und das Drehen begann von neuem.

Wie lange alltäglich dieses Vergnügen währt, weiß ich nicht, denn nach einer halben Stunde verließen wird das Kloster. Ich kann es nicht leugnen, dass ich froh war, die Sonne und den lachenden Himmel, das lustige Getriebe auf den Straßen wiederzusehen und dem kellerartig kühlen, dumpfen Raum der Moschee und den krankhaften Entartungen der Phantasie ihrer Bewohner entflohen zu sein.

Diese Derwische sind Mönche, sie leben gemeinschaftlich, unverheiratet in einem Hause; mehrere dieser schrecklichen Sekten entstanden in den späteren Tagen des Islams und nicht dort, wo seine Wiege stand, unter den geistig hochstehenden Arabern, sondern im Norden bei den erst zu dieser Religion bekehrten kleinasiatischen und mongolischen Völkern; die Osmanen in Asien und Europa bildeten den geeigneten Boden für dergleichen Entartungen und die Softas spielten bei ihnen zu Zeiten aller Kriege und religiösen Bewegungen eine große Rolle.

In Kairo besteht nun seit langem eine Filiale der Dreh- und der Heulderwische; doch besonders Erstere werden von den Arabern, die das mit Recht für einen von den weisen Satzungen des großen Propheten abweichenden krankhaften Auswuchs halten, gemieden. Alle, die wir da sahen, waren echte europäische und kleinasiatische Osmanen, die auch den vollen türkischen Typus an sich trugen.

Durch die arabischen Viertel fuhren wir nun den langen Weg hinaus in die europäische Stadt an dem vizeköniglichen, von des Khediven Gattin bewohnten Palais Kasr-el-Ayn vorbei und hinüber zu den ältesten Stadtteilen, wo eigentlich mehr Schutthaufen, Gräber, Ruinen alter Moscheen und Schmutz aller Art, als wie bewohnbare Häuser sich erheben. Am Ende einer engen, von Trümmern eingeschlossenen Gasse hielten wir an und gingen durch ein Tor in einen durch einige Pflanzen und Schatten spendende Säulen-Galerien gezierten Hof.

Eine ebenfalls kreisrunde uralte Moschee fiel uns durch ihr ruinenhaftes Aussehen auf. Ein alter Mann, wohlbeleibt, freundlich lächelnd, mit rundem Turban am Kopf und in bunte, echt türkische Gewänder gehüllt, empfing uns da. Wir mussten ihm durch eine enge Pforte in das Innere der Moschee folgen.

Die Steinplatten waren mit Schafpelzen bedeckt; an den Wänden hingen sehr alte, verrostete Waffen, Lanzen, Dolche, Säbel, zackige Schwerter und in deren Mitte eine schon arg zerfetzte grüne Fahne. Diese geweihten Waffen müssen das Blut der Ungläubigen getrunken haben, um an jene heilige Stelle gehängt werden zu dürfen.

Wenn ein Krieg für den Glauben beginnt, nehmen die Derwische dieser Sekte, welche noch in höherem Maße ein kriegerischer Orden sind als die Drehenden, die Waffen herab, entrollen die grüne Fahne des Propheten und laufen heulend durch die Gassen, Krieg und Tod den Ungläubigen schwörend, die Muslims zum heiligen Kampf auffordernd. In den alten Türkenkriegen spielten diese Leute eine große Rolle, doch bietet ihnen der Islam die Garantie, stets ein Feld für ihre Tätigkeit zu finden.

Kaum waren wir in der Moschee, als auch schon die frommen Männer hereingezogen kamen. Der Alte, der uns empfangen hatte, stellte sich in die Mitte auf einen Schafpelz, seine Untergebenen bildeten einen Kreis um ihn; er betete vor, immer daselbe;

alle wiederholten es, eine ähnliche Musik wie jene der Drehderwische stimmte wilde Weisen an und unter unaufhörlichen Bewegungen, bei welchen der Oberkörper nach vor- und rückwärts geschleudert wurde, riefen sie anfänglich, heulten dann, stöhnten, ächzten und stießen in unartikulierten Lauten stets dieselben Worte aus. Das ganze Bild wirkt unheimlich. Die Leute hatten lange, bunte, schlafrockartige Gewänder an, mit einfachen Schnüren um die Hüften. Im Gegensatze zu allen anderen Muslims keine Kopfbedeckung und lange, zottige Haare und Bärte; beim Zurückschleudern des Oberkörpers hingen die Haare bis auf den Boden, beim Vorneigen stürzten sie im wilden Durcheinander über das Gesicht. Krampfhaft zuckt der Körper, die Augen werden verdreht, Geifer und Schaum bedeckt die Lippen. Der eine besonders, ein großer Mann mit schwarzem Bart, bot das Bild der höchsten fanatischen Ekstase.

Wir blieben nicht lange in diesem unheimlichen Raum; der alte Oberpriester und alle seine Untergebenen folgten uns nach; im Freien angelangt, setzten sie ihre Kopfbedeckungen, die meisten braune Kappen, auf und kredenzten in der primitiven Gartenlaube einen wenig erfreulichen Kaffee.

Ich frug sie um ihre Abstammung; sie sprachen, sowie auch die Drehderwische, nur Türkisch, waren alle keine Araber; der alte Oberpriester stammte aus Griechenland, ein echter Osmane, die anderen waren Türken, aus Stambul, Rumelien und den übrigen Balkanländern; auch Muslims aus der Krim, aus Kleinasien und ein Kurde von Bagdad mit kolossalem grünen Turban waren anwesend.

Nach kurzem Aufenthalt empfahlen wir uns und fuhren den langen Weg bis Kasr-en-Nusha zurück; die Zeit drängte, denn wir sollten an diesem Tage noch zu einem kleinen, nicht offiziellen Diner in Zivilkleidung beim Khedive erscheinen. Bald nach dem Speisen kehrten wir nach Hause, da der Vizekönig noch des Abends einem religiösen Feste zu Ehren in die Husseïn-Moschee gehen musste. Wir waren froh, nach einem interessanten, aber bewegten Tage der wohlverdienten Ruhe zu pflegen.

Am 23. fuhr ich des Morgens durch die Stadt und die arabischen Viertel nach den Kalifen-Gräbern. Wo bei den letzten Häusern der Fahrweg endet, wurden Esel bestiegen und zwischen der Gräberstadt hindurchschreitend, erreichten wir bald den Fuß der hohen Felswände des Mokkatam-Gebirges. Derselbe Pfad wie vor einigen Wochen musste eingeschlagen werden. Die Felswand wurde durchklettert und kurze Zeit darauf saßen wir im engen, höchst unbequemen Versteck.

Nach dem Verlaufe von drei langen, vollkommen ruhigen Stunden erschienen einige Milane und Aasgeier. Diese Tiere waren eben erst beim besten Fraße, als ich den schweren Flügelschlag eines großen Vogels vernahm; gleich darauf stoben die kleineren Gäste erschreckt auseinander und ein starker weißköpfiger Geier stand mit halbgeöffneten Schwingen am Rücken des Esels, allsogleich sein Frühstück beginnend. Keinen Augenblick zögernd, streckte ich ihn mit einem Schuss zu Boden, kroch aus der Höhle heraus und die schwere Beute am Rücken kletterte ich durch all die Wände, Felsen und Geröllhalden nach dem Platze zurück, wo die Diener und Reitesel warteten. Von da wurde der Heimweg angetreten und in den Mittagsstunden war Kasr-en-Nusha wieder erreicht.

Nach einem Frühstück und kurzer Ruhepause beschlossen der Großherzog und ich einen Besuch dem Schubra-Garten abzustatten. Die Gewehre mitnehmend, bestiegen wir eine landesübliche Droschke und fuhren durch die herrliche Schubra-Allee zwischen all den Gärten und üppigen Feldern nach der hohen Gartenmauer. Ein weiter Raum ist eingefriedet; zwischen hochragenden Bäumen, fast undurchdringlichen Büschen von nahezu tropischer Vegetation steht das große Schloss, umgeben von Teichen, Kiosken und blühenden Ziergärten; ein bedeutender Teil des Komplexes ist mit Küchengärten, Orangenwäldern und selbst grünenden Saatfeldern bedeckt. Die bewässerten Stellen waren reich bevölkert von dichten Scharen zierlicher Kuhreiher, während auf den hohen Pinien, die nahe dem Schlosse einen künstlichen Hügel zierten, die plumpen Nachtreiher in unglaublicher Menge horsteten.

Diesen verschiedenen Reihern bescherten wir eine böse Stunde, mussten dann aber leider den prächtigen, zaubervoll schönen Garten, dessen rauschende Wipfel im goldigen Schimmer der untergehenden Sonne schwammen, rasch verlassen, um zur rechten Zeit zum Speisen einzutreffen.

Den dichten Büschen und wogenden Saatfeldern warfen wir gierige Blicke zu, denn ich ahnte wohl, wie günstig diese Stelle, von Mauern eingeschlossen und totenstill, für große Raubtiere sein müsse. Wenige Tage darauf jagte Saurma, meinem Rate folgend, im Schubra-Garten und erlegte noch einen Luchs und einen Ichneumon. In Kasr-en-Nusha angelangt, speisten wir mit den beiden Brüdern Saurma; der jüngere Baron und Prinz Taxis waren tags vorher erst von einer langen und sehr beschwerlichen Expedition aus den Randgebirgen des Roten Meeres zurückgekehrt, wo sie vergebens den arabischen Steinbock zu erbeuten suchten. Bald nach dem Speisen zogen wir uns alle zur Ruhe zurück.

Am 24. März fuhr die ganze Reisegesellschaft um 9 Uhr früh auf der Straße nach Heliopolis gegen die letzten Häuser der Stadt hinaus. Auf einem mit Fahnen reich geschmückten Platz stand ein großes Zelt. Viele Menschen hatten sich daselbst versammelt; die österreichisch-ungarische Kolonie war vollzählig erschienen, denn wir feierten in festlicher Weise die Grundsteinlegung eines österreichischen Hospitals. Der unter unserem Schutze stehende reiche Geschäftsmann Catouli-Bey, ein Israelite im althebräischen Kostüm, hatte in hochherziger Weise die ganzen Geldmittel zu diesem schönen Werk gespendet.

Unter freudigen Rufen und den Klängen der Volkshymne wurde die Zeremonie auf das Schönste begangen; es war ein echt patriotisches Fest, fern von der teuren Heimat auf einem anderen Weltteil. Nach Schluss der Feier fuhren wir direkt zum Khedive, um ihm unseren Abschieds- und Dankbesuch abzustatten, den er bald darauf in Kasr-en-Nusha erwiderte, uns von da zur Bahn begleitend. Mit wehmütigen Gefühlen verließen wir das schöne Schloss in der Schubra-Allee und fuhren traurigen Mutes durch die Straßen der Stadt. Am freien Platz vor dem Bahnhofgebäude stand ein Bataillon Infanterie, unter den Klängen unserer Volkshymne die Ehrenbezeugungen leistend. Am Perron hatten sich sehr viele Landsleute, dann ägyptische Würdenträger, Brugsch-Pascha, die Brüder Saurma und Prinz Taxis eingefunden. Vom Vizekönig, dem wir so viel Dank schuldeten, und all den Bekannten wurde Abschied genommen; langsam rollte der Zug aus der Bahnhofshalle, schmerzlich bewegt warfen wir die letzten Blicke der herrlichen Ka-

172

lifenstadt, den ernsten Wänden des Mokkatam, der hochragenden Zitadelle und den zauberumflossenen Pyramiden zu. Neuen Gegenden und Ländern pilgerten wir nun entgegen!

Derselbe Weg wie vor wenigen Tagen musste eingeschlagen werden. Zuerst kam das Kulturland mit seinen Städten; mehrere derselben erhalten einen gewissen Reiz durch die historischen Erinnerungen, die sich daran knüpfen, wie zum Beispiel Schibûn-el-Kanâtir, ein moderner arabischer Ort, in dessen Nähe, am so genannten Tell-el-Yehûdiye oder Judenhügel, im 14. und 13. Jahrhundert vor unserer Zeitrechnung eine wohlbefestigte Stadt gelegen war, in welcher sich später unter der Regierung Ptolemäos mit dem Beinamen Philometor ein jüdischer Tempel erhob, welchen der Hohepriester Onia für seine aus Palästina verjagten jüdischen Landsleute aufführen ließ. Ferner Belbês (altägyptisch Pilabes), eine besonders im Mittelalter hochberühmte Stadt, welche die Residenz des arabischen Gouverneurs der so genannten Ostzone des Deltas bildete. Hierauf Zakazik, ein größerer, durch seinen lebhaften Handelsverkehr bekannter Ort, an welchem sich viele Europäer und Levantiner angesiedelt haben. In der Nähe desselben erhebt sich ein mächtiger Ruinenhügel mit Namen Tell-Basta, unter welchem die letzten Trümmer der Tempel und Häuser der im Altertum hochgefeierten Stadt Bubastus (im altägyptischen Pi-bast, d.h. »Haus« oder »Wohnstätte« der Göttin Bast, hebräisch »Phi-beseth« geheißen) seit vielen Jahrhunderten ruhen. Hier ward eine Göttin, deren Name soeben erwähnt ist, in einem herrlichen und großartig angelegten Tempel verehrt. Massenhaft werden noch heute ihre Bilder in Stein und Bronze aus dem Schutte hervorgezogen.

Sie erscheint darin als eine schlanke, jüngere Frau, welche in der einen Hand ein Sistrum, in der anderen ein Körbchen trägt und statt des Frauenhauptes mit dem Kopfe einer Katze versehen ist. In der Tat waren ihr die Katzen geheiligt. In den Inschriften erscheint sie vielfach beschrieben als die Lokalform der Frieden und Segen bringenden Göttin Isis.

Östlich von der erwähnten Stadt Bubastus, welche die Metropolis des nach ihr benannten Kreises Bubastites bildete, dehnte sich in alten Zeiten die südliche Hälfte des angrenzenden Kreises Arabia aus, von dem wir bei den klassischen Schriftstellern des Altertums nur wenige Nachrichten besitzen. Es ist derselbe, welchen die heilige Schrift mit dem Namen Goschen (Gosen) belegt hat.

Die Eisenbahn durchzieht sein Gebiet, indem sie die gerade Richtung nach Osten verfolgt und den Süßwasser-Kanal im Wadi-Tûmilât begleitet. Gleich am Eingang in das Letztere befinden sich am Tell-Âbu-Solimân die Ruinen der Stadt Pithom oder Patumos, an welcher die Juden vor ihrem Auszuge aus Ägypten zu bauen gezwungen wurden. In dem östlichen Teile des Wadi und dem Krokodil-See hin zeigt sich in der Nähe von Mas-Chûta ein Denkmal Ramses II., ferner Sphinxe, beschriebene Steine und Reste alter Ziegelbauten. Lesseps hat mit der Mehrzahl von Gelehrten dort die Lage der in der heiligen Schrift genannten Stadt Ramses wiedererkennen wollen und der modernen Eisenbahnstation aus diesem Grunde den alten Namen Ramses beigelegt.

Aus dem Wadi heraustretend, geht die Eisenbahn bis zur Hauptstation Ismâîlia. Die weitere Fahrt auf dem Boden der Wüste längs des Westufers der Bitterseen (des nördlichen und des südlichen Bassins derselben) bietet einige Unterhaltung durch die Aussicht nach den blau schimmernden Gewässern und nach Westen hin durch den Blick auf den malerisch geformten Berg Genesse, dessen Steinbrüche, besonders marmorähnliche Steinlagen, noch gegenwärtig vielfach ausgebeutet werden.

Endlich zeigen die imposanten dunklen Gebirgsmassen des hohen Gebel-Ataka, bald auch der azurblaue Spiegel des Meeres die Nähe der Hafenstadt Suez an.

Bei der Einfahrt in den Bahnhof überrascht der Anblick des durch die Schiffe aller Nationen belebten Hafens, unter denen die Indienfahrer durch Größe und Ausrüstung die erste Stelle einnehmen. In später Nachmittagsstunde hatten wir die geschmacklose, unansehnliche Stadt erreicht, der die recht schlechten Hotels und stillosen Wohnhäuser der Konsuln einen echt abendländischen Charakter aufprägen. Viele Werften und Hafenbauten tragen eben auch nicht zur Verschönerung bei. Wirklich interessant ist nur die hohe geschichtliche Bedeutung, die dem wundervollen Spiegel des Roten Meeres und den umliegenden pittoresken, traurig düsteren Gestaden einen eigentümlichen Reiz verleiht. Müde von der heißen Eisenbahnfahrt zogen wir uns gleich nach der Ankunft in das Hotel zurück, um ein Diner einzunehmen. Im verwahrlosten englischen Gasthofe waren wenige Fremde, nur einige Engländer, echte Geschäftsleute, auf der großen Heerstraße zwischen Europa und Indien kurze Rast haltend, und ein armer, ungemein komischer Missionar, ein Sachse, Reservelieutenant und Prediger, alles zugleich. In Innerafrika wollte er bekehren, kannte auch theoretisch die volle Wichtigkeit seiner Mission und das Land, dem er zueilen wollte; in der Praxis aber schien er ohne Geschicklichkeit, Erfahrung und besonders arm an Geld, im Hotel von Suez den Eintritt eines glücklichen Zufalles abwarten zu wollen.

Nach dem Speisen gingen wir noch eine Zeit auf dem flachen Dache des Gasthofes herum, die herrliche Luft einer südländischen Nacht genießend.

Am Morgen des 25. März standen wir in früher Stunde auf und verließen nach kurzem Frühstück das Hotel, um durch die Stadt zum Landungsplatze der Dampfschiffe zu gehen. Einem langen Briefe meines Freundes Brugsch-Pascha verdanke ich eine treffliche Schilderung jener Gegenden und so kann nichts besseres geschehen, als die an wissenschaftlichen Bemerkungen reichen Zeilen des berühmten Forschers dem Leser im Wortlaute wiederzugeben:

»An dem Nordrande der Stadt erhebt sich ein kleiner Ruinenhügel, dessen arabische Bezeichnung Tell-Kolzum, ›Hügel von Kolzum‹, sofort an die antike Benennung Clysma, Cleisma eines älteres, daselbst gelegenen wohlbefestigten Hafenortes gemahnt. Mit dem Verfall des alten Kanales verschwand auch die Bedeutung der älteren Stadt, doch bleibt der Name im Angedenken durch die bei arabischen Schriftstellern nicht seltene Bezeichnung Bahr-Kolzum für den heutigen Golf von Suez. So belehrend der Besuch und die Besichtigung der modernen Hafenanlagen, Dämme und der Mündungsstellen und Schleusenwerke des maritimen und Süßwasser-Kanales sein mag, so gewähren sie eben nur die Kenntnis hervorragender Leistungen unserer Gegenwart auf dem Gebiete der Wasserbauten und der Mechanik.

Wie das Unbekannte mehr zu reizen pflegt als das Bekannte, wie die Vergangenheit mehr zur Neugierde anstachelt als die Ge-

genwart, wie die Tradition dem Denken mehr Stoff und Genuss gewährt als die ein für alle Mal festgestellte geschichtliche Tatsache,
so weilt der Pilger an diesen Gestaden des Roten Meeres am liebs-
ten in Gedanken und in Erinnerungen an Zeiten vertieft, für welche die Geschichte das Gedächtnis verloren zu haben scheint.

Wo war die Stelle des Meeres, an welcher Pharao mit seinem
Heere von den Wasserfluten überdeckt wurde? Wo die Straße, auf
welcher Moses sein Volk durch die Wüste nach dem Berge Sinaï
führte? Das sind die Fragen, welche sich dem christlichen Besucher
dieser Stätten zunächst und mit aller Kraft aufdrängen. Nur mit
größerer und geringerer Wahrscheinlichkeit haben die Forscher der
vergangenen Zeiten und der Gegenwart sie zu lösen versucht.

Als einziger sicherer Punkt diente ihnen bei den Untersuchungen die Lage der Moses-Quellen, welche sich auf der asiatischen
Seite des Busens von Suez nicht weit entfernt vom Ufer befinden.
Die Moses-Quellen liegen in einer vegetationsreichen Oase, aus
welcher warmes, salziges und bitteres Wasser aus trichterförmigen,
von den Schalen der Cypris aufgebauten Öffnungen emporspru-
delt.

Die größte der Quellen ist zisternartig ummauert worden und
wird für die eigentliche Moses-Quelle gehalten, welche der jüdische Gesetzgeber aus dem Felsen hervortreten ließ und deren bitteres Wasser er durch hineingeworfene Zweige süß machte.

Wenn die Sonne am Abend niedersinkt und die gewaltigen
Massen des Ataka-Gebirges mit Purpurschimmer übergießt, wenn
das Meer zwischen den Küsten Asiens und Afrikas seine durchsichtigen, smaragdfarbigen Wellen mit leisem Schlage in schaukelnde
Bewegung setzt, wenn allmählich der Farbenglanz erlischt und sich
in violette, dann bläuliche und zuletzt graue Nebelbänder auflöst,
da erst erscheint das einfache und doch so großartige Naturgemäl-
de in seiner vollen Wirkung. Unbeschreibliche Ruhe erfüllt die
Seele und erweckt selbst nach der Rückkehr in die nordische Heimat mit ihren wechselvollen Bildern und landschaftlichen Schön-
heiten jene tiefe Sehnsucht nach dem Orient, die wie ein stilles
Heimweh unser Herz durchzittert.

Hier an der Stätte der Moses-Quellen Asien, drüben am entgegengesetzten Ufer des schmalen Golfes Afrika! Welch eine Flut his-

Die Moses-Quellen

torischer Erinnerungen bis in die Zeiten grauesten Altertums hinauf erweckt nicht der Anblick der begrenzten Küstenränder beider Kontinente! Wir sehen in den Urzeiten aller menschlichen Geschichte von Wanderlust erfüllte Völkerstämme hamitischen Ursprunges aus Asien, der Wiege des Menschengeschlechtes, westwärts über die Völkerbrücke der Landenge von Suez in den dunklen Weltteil einziehen, um sich niederzulassen und der schwarzen Erde Ägyptens und stromaufwärts wandernd, Städte und Ansiedelungen zu gründen und gewaltige Denkmäler ihres Daseins zu hinterlassen.

Memphis erscheint als die älteste Station der asiatischen Einwanderer. Die Pyramiden müssen mit vollstem Rechte als die Marksteine der Weltgeschichte gelten.

Erst in zweiter Reihe, je nach den Etappen der südwärts vordringenden Urväter des ägyptischen Stammes, treten die Denkmäler Mittel- und Oberägyptens als beredte Zeugen der ältesten, nilaufwärts steigenden Kultur ein. Ein anderer Stamm, gleichfalls hamitischen Ursprunges, wohlerfahren in der Schifffahrt, wählte den Seeweg, um von Osten her längs der Küste des persischen Landes und Arabiens bis nach Afrika vorzudringen. Es sind dies die rotbraunen Kuschiten, die Äthiopen der klassischen Überlieferung, die Seefahrer der ältesten Welt. An den Küsten des glücklichen Arabiens, in Afrika, im Lande der heutigen Somali, in Abessinien und in den fruchtbaren Niederungen der nubischen Landschaft gründen sie sich eine neue Heimat, im steten Kampfe mit den Stämmen der Negerrasse, welche bis nach Assuan hin das obere Niltal und die daran stoßenden Gebiete besetzt hielten.

Von den Küsten des südlichen Arabiens aus zieht ein kuschitischer Schwarm nach Norden und siedelt sich auf kanaanitischer Erde an den Osträndern des Mittelmeerbeckens an. Sidon, Tyrus, Byblos gehören zu den ältesten Plätzen, an welchen die kuschitischen Einwanderer – die Vorfahren der Phönizier – ihre Seestationen gründeten. Ein anderer Schwarm gleicher Abstammung zog zur See den persischen Golf hinauf, landete an den Ufern des Euphrats und wurde bald das herrschende Volk in der großen Ebene, welche sich zwischen den Ufern des Euphrats und des Tigris ausbreitet. Die älteste Erinnerung dieser Wanderung haftet an dem Namen des großen Jägers Nimrod, eines Sohnes von Kusch, der den biblischen Nachrichten zufolge auf dem bezeichneten Gebiete ein mächtiges Reich stiftete. Wiederum sind es kuschititsche Stämme, welche vor dem Jahre 2000 vor unserer Zeitrechnung von Arabien her plötzlich in die Ostgegend des Delta-Landes einbrechen und hier das so genannte Hyksos-Reich gründen. Während einer Dauer von fünfhundert Jahren behaupten sie sich unter eigenen Stammkönigen im Delta-Lande, dringen südwärts dem Laufe des Nils folgend bis Theben vor und unterliegen erst nach harten Kämpfen mit den Kleinkönigen ägyptischer Herkunft. Das Museum von Bulak besitzt einen wahren Schatz von Statuen, welche die Anwesenheit der kuschitischen Herrscher in Ägypten auf das Schlagendste beweisen und der Wissenschaft gestatten, an den erhaltenen Porträts die Rasseneigentümlichkeiten jener kuschitischen Eroberer zu studieren. Nach ihrer Betreibung sah die Landenge von Suez die ägyptischen Heere nach Osten ziehen, um vielhundertjähriges Zwingjoch zu rächen.

Bis nach Babylon und Ninive drangen die siegreichen Pharaonen vor, unterwarfen zahlreiche Länder- und Völkerstämme auf ihrem Zuge und herrschten über vierhundert Jahre lang über die größten und mächtigsten Reiche Vorderasiens.

Um die Einfälle von Osten her abzuwehren, wurde der Isthmus von Suez mit Wällen und Befestigungen versehen, welche in der Nähe von Pelusium (ostwärts vom heutigen Port-Saïd) begannen und sich bis nach Heliopolis hinzogen. Nur mit pharaonischer Erlaubnis ward es Einwanderern semitischer Rasse gestattet, besonders in den Zeiten der Hungersnot, die Befestigungen zu überschreiten und in der Nähe der weidereichen Fluren des Menzaléh-Sees Nahrung für sich und ihre Viehherden zu suchen. Jacobs Einwanderung in Ägypten gibt ein anschauliches Bild für die notwendigen offiziellen Vorbereitungen zu einer Ansiedelung in diesen Teilen des Delta-Landes! Mit dem Verfall der pharaonischen Herrlichkeit bietet die Landenge von Suez das Bild eines vielbewegten Völkerlebens an seinen nördlichen Teilen dar. Einfälle, Angriffe, Schlachten auf Schlachten finden an der äußeren Befestigungslinie in der Nähe von Pelusium statt und fremde Heeresscharen ziehen den pelusischen Nilarm aufwärts bis nach Heliopolis und der alten, wohlbefestigten Residenzstadt Memphis.

Mit der Versandung der pelusischen Nilmündung durch den tausendjährigen Anprall der Mittelmeerströmung von der syrischen Küste her, mit der Vernachlässigung der Kanäle und Wasserbauten auf der Ostseite des Delta-Gebietes unter den trübsten Zeiten der ägyptischen Geschichte, zog sich die Kultur aus diesem ehemaligen Garten Gottes zurück und die vegetationsreichsten Ebenen und Gefilde wurden in sandige Einöden und unfruchtbare Wüsteneien verwandelt. Die Wassermassen der Nilflut, welche meist den pelusischen Nilarm gefüllt hatten, warfen sich auf die westliche Seite des Deltas und der so genannte kanopische Nilarm wuchs zu einem mächtigen Strome an. Die in der Nähe seiner Mündungsstelle gegründete Stadt Alexandria riss unter den Ptolemäern und Römern den Weltverkehr an sich und erhob sich selbst zum Mittelpunkte aller geistigen Bewegungen auf religiösem, philosophischem und wissenschaftlichem Gebiete. Ihre alte Bedeutung hat sich in unseren Zeiten wenigstens für den Handelsverkehr wieder gehoben. Wenn auch der Durchstich des Isthmus von Suez ihre Lebensader stark unterbunden hat, so ist dennoch die oftmals ausgesprochene Befürchtung unbegründet, dass dereinst Port-Saïd die Rolle von Alexandrien übernehmen werde.

Die günstige Lage der letzteren Stadt nach Westen zu, welche eine kürzere Verbindung mit den europäischen Hafenstädten gestattet als Port-Saïd, in unmittelbarster Nähe des gegenwärtigen Kulturgebietes Unterägyptens, ihre Wasserstraßen und Eisenbahnlinien, ihre mit bedeutenden Kosten gegründeten Comptoirs und Handlungshäuser und ganz allgemein ihr Lebenskomfort lassen trotz aller Schwierigkeiten der Einfahrt in den Hafen Alexandrien als die einzige und bedeutendste Handelsstadt Ägyptens für alle Zukunft erscheinen.

Port-Saïd würde nur dann eine ähnliche Bedeutung gewinnen, wenn der nahe liegende vorderasiatische Kontinent mit Europa in eine Handelskonkurrenz einträte, eine Aussicht, die indes in sehr weiter Ferne liegt.

Die Landenge von Suez hat historisch ausgelebt. Ihre geschichtliche Bedeutung liegt in der Vergangenheit, deren letzte Spuren der Sand der Wüste wie mit einem Grabhügel bedeckt hat. Eine Fahrt durch den maritimen Kanal bietet kein besonderes Interesse dar. Die markierten Kilometer-Nummern auf seiner ganzen Strecke von Port-Saïd bis nach Suez hin passen vollständig zu dem Charakter der Wüste, welche die blaue Wasserlinie durchschneidet. Die einzige mit dem älteren Namen Kantara-el-chazne, d.h. ›die Schatzbrücke‹ belegte Stelle im Norden des Dattel-Sees verdient eine besondere Erwähnung. Sie bezeichnet die Übergangsstelle der Karawanen von Ägypten auf asiatisches Gebiet.

In den ältesten Zeiten der ägyptischen Geschichte stand an derselben Stätte ein stark befestigter Platz, welcher zu beiden Seiten des Kanals lag, der den Dattel-See mit dem Menzaléh-See in Verbindung setzte. Eine Brücke führte von der einen Seite nach der anderen hinüber, wie eine Abbildung aus den Zeiten des Königs Seti I. (Vaters Ramses II. Sesostris) an der nördlichen Außenmauer des großen Amon-Tempels von Karnak es deutlich erkennen lässt. Von diesem Punkte aus begann die ostwärts davon gelegene Region, welche die alten Ägypter mit dem Namen Hazian oder Hazion belegten. Die Griechen bildeten denselben Namen zu Casion, die Römer zu Casium um, womit sie zunächst den in der Nähe des alten (jetzt versumpften) Sirbonis-Sees gelegenen gebirgigen Teil der Wüste bezeichneten, der sich in einer Art von Vorsprung in das Mittelmeer hineinzieht. Hier stand ein besonderes Heiligtum, welches der Schutzgottheit der Gegend, dem Zeus Casius, geweiht war. Die Araber ihrerseits geben der alten Benennung ›Hasion‹ eine sinnreiche Umwandlung zu ›Chazne‹, d.i. ›Schatz‹, die sich in der oben erwähnten Ortsbezeichnung ›Kantara-el-chazne‹ oder ›Schatzbrücke‹ erhalten hat.

Zum Schlusse noch die Bemerkung, dass die alte ›Straße der Philister‹, wie sie in der heiligen Schrift heißt, auf welcher die Heere der Pharaonen (und der fremden Eroberer) nach Palästina von Kantara aus zogen, zwischen dem Mittelmeer und dem Sirbonis-See gelegen war, während in den späteren und neueren Zeiten dem Wüsten- oder Karawanen-Wege im Süden des erwähnten Sees der Vorzug gegeben wird.«

Von den geistreichen Bemerkungen des besten Kenners der alten ägyptischen Geschichte müssen wir nun zur Schilderung der Reise zurückkehren. Ein französischer Kanal-Dampfer brachte uns über den Spiegel des herrlich blaugrünen Roten Meeres nach dem arabischen Ufer. An der den Moses-Quellen nächstliegenden Stelle des Gestades wurde angehalten und gar bald trabte die ganze Reisegesellschaft vergnügt auf kleinen Eselein durch die Wüste.

Zum ersten Male hatten wir asiatischen Boden betreten und in feierlicher Stimmung begrüßten wir den herrlichsten aller Weltteile.

Die arabische Wüste ist in ihrem Charakter von der afrikanischen ganz verschieden; an die Stelle der rötlich gelben Farben tritt ein blendend Weiß, nur hie und da unterbrochen von kleinen Gesträuchen.

Die Moses-Quellen, welche wir nach halbstündigem Ritt erreicht hatten, sind eine echte, aber ungemein kleine Oase; um die aus trichterförmigen Löchern hervorsprudelnden Quellen blüht ein üppiger Garten; Palmen und Gesträuche, hohes Gras und breitblättrige Pflanzen erfreuen das Auge. Einige Hütten dienen als Wohnung armen Beduinen.

Außer einigen Schwalben bemerkte ich von der Tierwelt nur Eidechsen und die blattdünnen, farbenwechselnden Chamäleons in unglaublicher Menge. Fährten von Hyänen, Wölfen und Schakalen bewiesen, dass des Nachts die Raubtiere daselbst zur Tränke kommen.

Die Beduinen, die wir da fanden, waren in elende Lumpen gehüllt; ihre primitiven Feuersteingewehre hatten lange Stricke umwickelt, die angezündet wurden und nun so lange brannten, bis sie mit der Pulverpfanne in Berührung kamen; durch mehrere Minuten mussten daher die armen Schützen in Erwartung des erfreulichen Ereignisses bleiben. Wir ließen sie vor uns mit diesen aller Beschreibung spottenden Instrumenten schießen. In ihrem Äußeren waren jene Leute vom echten Beduinen-Typus sehr verschieden; sie erschienen mir wie dunkle Juden; Gestalt, Gesichtsausdruck und Benehmen waren ganz und gar israelitisch und unwillkürlich gedachte man der nach den Wüsten Arabiens verstoßenen Nachkommen der Hagar, der zu räuberischen Jägern gewordenen Ismaeliten. In den in sagenhafte Form gehüllten Überlieferungen der urältesten morgenländischen Geschichte liegt ein wahrer Kern und eine hohe Bedeutung.

Von einem Wüstenhügel nahe der Quellen genossen wir eine herrliche Fernsicht über die blendend weiße arabische Wüste, mit ihren steinigen Rücken und Tälern, in südlicher Richtung nach den sich hoch auftürmenden Vorbergen der Sinaï-Gruppe und im Westen auf das Rote Meer und die afrikanischen Ataka-Gebirge.

Schwere Wolken hingen am Himmel und verliehen dem ohnedies so düsteren Bilde einen noch ernsteren Anstrich. Nach kurzem Aufenthalt zur Küste zurückgekehrt, suchten wir durch einige Zeit Muscheln an den sandigen Gestaden. Das Rote Meer ist wegen seines Reichtums an Conchilien berühmt und so fanden wir auch im Verlauf weniger Minuten eine unglaubliche Menge schöner Exemplare.

Da die Zeit drängte, mussten wir bald auf den Dampfer zurück und fuhren an Suez vorbei in den Kanal hinein. Hier, wie überall rechts und links die trostlosen Kanal-Dämme, und nur hie und da ein Blick nach der traurigen Wüste.

Die Bitterseen waren bald erreicht; sie allein bieten gewisse unleugbare landschaftliche Reize; der Kontrast der dunkelblauen Fluten zu den blendend weißen Wüstengebieten fesselt die Aufmerksamkeit des Wanderers.

In der schmalen Kanalstrecke zwischen den Bitter- und Timsâh-Seen bemerkten wir einen knapp am Ufer nach Muscheln suchenden Schakal, dem einige, leider erfolglose Schüsse nachgesendet wurden. Am tiefblauen Timsâh-See genossen wir den herrlichen Anblick eines effektvollen, echt afrikanischen Sonnenunterganges.

Die Häuser von Ismâîilia tauchten in nördlicher Richtung an den sandigen Gestaden auf und nach kurzer Fahrt legte der Dampfer an der Landungsbrücke der großen französischen Suez-Kanal-Station an. Herr von Lesseps, der berühmte Schöpfer und Gründer dieses zwei Meere verbindenden Riesenwerkes, sein Sohn und mehrere Beamte der französischen Gesellschaft erwarteten uns da. Ich war froh, die Bekanntschaft des noch rüstigen, in steter Arbeit unbeugsamen Greises machen zu können.

Zu Wagen gelangten wir in sein reizend inmitten eines kleinen Gartens liegendes Landhaus. Dort empfing uns seine wunderschöne Schwiegertochter, eine geborene Kairenser Griechin aus der reichen Familie Sinadino; ihr Bruder, ein angenehmer junger Mann und eine englische Dame waren ebenfalls anwesend. Bald nach unserer Ankunft wurde gespeist und hierauf der Abend in gesellig heiterem Verkehr zugebracht.

Des anderen Morgens in sehr früher Stunde brachen wir alle, den alten Lesseps an der Spitze, vom Landhause auf, gingen zur Bahn und fuhren eine kurze Strecke in der Richtung gegen Kairo bis zur Station Maksama. Daselbst wurde gehalten und mit vieler Mühe barkierte man die vielen Reitpferde aus dem nämlichen Zuge aus. Die übermütigen Hengste wieherten und sprangen wild umher und viel Zeit ging mit den Vorbereitungen zur Jagd verloren. In der Nähe der Station hatte ein Stamm Jagdbeduinen sein Zeltlager aufgeschlagen und bei unserer Ankunft verließen die herrlichen Gestalten ihren Ruheplatz. Sie erschienen auf Hengsten und Kamelen, der Schêch voraus, eine wunderschöne Fuchsstute reitend.

Herr von Lesseps war so freundlich gewesen, diesen bekannten, jagdkundigen Stamm in die Umgebung Ismâîilias zu laden, damit uns der herrliche Anblick einer Beduinenjagd auf Gazellen geboten werde. Der Ritt durch die Wüste gestaltete sich in der Tat sehr malerisch.

Voran war der Schêch in blendend weißem Burnus, schönem Sattelzug, einen krummen Säbel um die Hüften geschnallt; auf seiner Hand stand am dicken Lederhandschuh ein edler Jagdfalke, die bunte Kappe am Kopf.

Zu Fuß, zu Pferd und zu Kamel folgte der Tross der übrigen Beduinen, mit langen Gewehren, Säbeln und Dolchen bewaffnet; alle in weiße, fliegende Gewänder gehüllt; braune, martialische Gestalten mit ausdrucksvollen Gesichtszügen; einige asiatische, auffallend große, langhaarige Windhunde begleiteten ihre Herren, desgleichen wurden mehrere junge, noch nicht der Hand des Schêchs würdige Falken nachgetragen.

Der Stamm, mit dem wir nun durch die Wüste in der Nähe der Eisenbahn streiften, treibt sich seit einiger Zeit in Afrika herum; seine eigentliche Heimat ist aber Arabien, was man auch deutlich an dem edlen Schlag der Pferde und der reicheren Bewaffnung und Kleidung der Leute erkennen konnte. In eine lange Linie aufgelöst, ritten wir über den sandigen Boden durch die Hügel und Täler der Wüste; Gazellen hätten aufgejagt werden sollen und selbst mit einem Wüstenhasen wäre man zufrieden gewesen.

Durch mehr als zwei Stunden blieb jeder Versuch erfolglos. Die Beduinen begannen ungeduldig vorzusprengen, um einen weiteren Raum zu durchsuchen; einer derselben jagte plötzlich aus einem dichten Gesträuch eine Gazelle auf; in wilder Unordnung eil-

Ausritt zur Falkenjagd

te alles nach, die Hunde wurden gelöst und da die verteilten Reiter
von allen Seiten kamen, einige dem flüchtigen Tier sogar entgegen-
sprengten, wusste dasselbe nicht mehr, wohin es fliehen solle, und
lief zwischen den vielen Pferden erschreckt umher.

Ein Beduine machte der Jagd ein rasches Ende; im gestreckten
Galopp sandte er der in unregelmäßigen Sprüngen dahineilenden
Gazelle eine Kugel nach, die das Tier im Feuer zu Boden streckte.

Nun sollte noch ein Versuch auf Wüstenhasen unternommen werden, doch da die Hitze groß und die Aussichten gering waren, trat man den Rückweg gegen die Eisenbahnstation an. Um auch die Kunst der Falken zu zeigen, ließ der Schêch seinen edlen Jagdgenossen nach einer Taube los, die wenige Sekunden darauf, vom tödlichen Krallenhieb getroffen, zur Erde sank.

Die Stationsgebäude waren halb erreicht, wo im Waggon ein frugales Frühstück eingenommen wurde, nach demselben fuhr ein Teil der Gesellschaft nach Ismâîilia zurück, während ich und einige der Herren auf einer Dampf-Mouche eine kurze Fahrt am Süßwasser-Kanal unternahmen. Bei einem alten, halb verfallenen Hause wurde gehalten und über Sanddünen nach einem schmalen Sumpfe gegangen, der sich, von der Wüste eng begrenzt, parallel vom Kanal bis zum Krokodil-See, unweit Ismâîilia, dahinzieht.

Einer der französischen Herren, ein angenehmer, sehr passionierter Jäger, führte uns in dieses Jagdrevier, in dem er sehr häufig dem edlen Waidwerk obliegt. Im ersten Moorgrund fanden wir gleich eine Menge der schönen, echt afrikanischen, für uns noch neuen Gold-Rallen und erlegten im Zeitraum weniger Minuten eine bedeutende Zahl derselben.

In den wasserreicheren Stellen gab es viele Bekassinen, mehrere Gattungen Sumpf- und Wasserläufer sowie auch Enten und Spornkiebitze; im hohen Gras wurden Wachteln aufgejagt. Interessant waren große Heuschrecken, das größte, was ich noch je in dieser Art gesehen habe; diese Tiere flogen mit lautem Gesumme schon weit vor dem Menschen auf und um eine derselben in der Nähe betrachten zu können, musste ich das scheue Insekt wie eine Wachtel herunterschießen; fürwahr ein eigentümliches Wild.

In das von heißem Wüstensand eingeschlossene Tal brannte die Sonne glühend herab, im sumpfigen Boden mephitische Atmosphären erzeugend. Nach mehrstündiger anstrengender Jagd kehrten wir mit Beute reich beladen zum Süßwasser-Kanal zurück, wo abermals die Dampf-Mouche bestiegen wurde, welche uns rasch nach Ismâîilia brachte. Bald nach unserer Rückkehr wurde auf Wunsch Herrn von Lesseps statt im Hause an Bord eines französischen Dampfers ein Diner eingenommen und darauf ziemlich früh zur Ruhe gegangen.

Am folgenden Morgen besuchten wir alle die kleine, aber recht hübsche Kirche, wo ein Franziskaner für die ganze französische Kolonie eine Messe las. Hierauf führte uns Lesseps durch die Gassen und Gärten der echt französischen Stadt. Mit Wohlgefallen zeigte der alte Herr sein Werk, das er einst aus der anscheinend unfruchtbaren Wüste hervorgezaubert hatte.

Die Zeit der Abreise war gekommen; am Landungsplatze nahmen wir Abschied von Herrn von Lesseps und Herrn Zimmermann, dem wir auf allen unseren Eisenbahnfahrten in Ägypten viel zu verdanken hatten, und setzten uns, vom jungen Lesseps, seiner Gemahlin und einigen anderen französischen Herren begleitet, in Bewegung. Die Reise verlief ziemlich rasch und die trostlosen Gegenden wurden durch eifriges Gespräch unschädlich gemacht. Einige Möven und einen Aasgeier erlegte ich vom Verdeck des Schiffes aus. An den seichten Stellen des Menzaléh-Sees standen tausende von Pelikanen und Flamingos, im Glanze der Sonne rötlich schimmernd.

In Port-Saïd veranstaltete die österreichisch-ungarische Kolonie einen glänzenden Empfang. Von reich geschmückten Dampfern und Booten umgeben fuhren wir zur Stelle, wo unsere »Miramar« lag; nach wenigen Minuten waren wir wieder auf Bord unseres guten Schiffes; von den Klängen der Volkshymne begrüßt, standen wir abermals auf einem Stück vaterländischen Bodens. Port-Saïd ist eine vollkommen europäische Stadt; die großartigen Hafen- und Kanalbauten, die Schiffswerften, Bauplätze, Werkstätten und vor allem die Fahrzeuge, besonders die Indienfahrer, verleihen dem ganzen Bilde den unverfälscht abendländischen Typus. In den späteren Nachmittagsstunden gaben wir auf der »Miramar« ein Diner, zu dem Abd-el-Kader-Pascha und die französischen Herren geladen wurden; als es zu dunkeln begann, inszenierten die hier weilenden Landsleute eine reizende Hafenbeleuchtung und Fresko-Fahrt. Viele hell erleuchtete Boote mit Musikbanden umgaukelten unser Schiff und ein hübsches Feuerwerk wurde am Lande abgebrannt. Bald kam die Stunde des Abschiedes. Unsere Gäste verließen die »Miramar«, auch Abd-el-Kader-Pascha; wir alle hatten ihn schätzen und achten gelernt, er war uns ein treuer Reisebegleiter und wahrer Freund!

Langsam setzte sich die »Miramar« in Bewegung.

Herrliche, unvergessliche Tage hatten wir in Afrika durchlebt, großartige Eindrücke nahmen wir mit vom schwarzen Erdteil, vom farbenprächtigen Ägypten, vom vieltausendjährigen Friedhof einer uralten untergegangenen Kultur.

6. Kapitel

Auf hoher See begrüßte uns der Morgen des 28. März. Noch kein
Land in Sicht?, war die oft gestellte Frage, und mit Sehnsucht erwarteten wir die aus den Wogen emportauchenden Konturen
Asiens. Endlich in den Vormittagsstunden erschienen die in bläuliche Dünste gehüllten Höhenzüge des judäischen Gebirges, bald
darauf der gelbe Strand und der Hügel mit der staffelförmig, festungsartig sich aufbauenden Stadt Jaffa. Auf den ersten Blick sieht
das Land kahl und öde aus, gelbe Dünen und graue Gebirge erfreu-
en keineswegs das Auge; wenn das Schiff sich aber der alten, in großer historischer Vergangenheit ergrauten Stadt nähert, bemerkt
man den herrlich grünen Kranz waldähnlicher Gärten, in deren
Mitte Jaffa liegt. Da kein Hafen für größere Schiffe besteht, mussten wir eine Viertelstunde weit vor dem berüchtigten Felsenkranz,
der die Stadt umgibt, vor Anker gehen.

Bald darauf langten der Gouverneur, sein Sekretär und der Di-
visionsgeneral Generaladjutant Rizah-Pascha, den der Sultan so

189

freundlich war eigens aus Konstantinopel zu senden und uns für die ganze Reise im gelobten Lande zuzuteilen, auf Bord der »Miramar« an. Die hohen Würdenträger hatten einen vom ägyptischen sehr abweichenden Typus. Die Gesichtsfarbe lichter, breitere Züge und mit einem Wort den mehr türkischen Charakter. Nach kurzer Zeit sollten wir sehen, wie sehr dieses Land in jeder Beziehung sich von Ägypten unterscheidet.

Rizah-Pascha, ein angenehmer, gebildeter Mann, in dessen Gesellschaft wir von nun an eine Reihe interessanter Tage verlebten, übergab mir ein Schreiben des Sultans. Der Großherr war von ausnehmender Liebenswürdigkeit für uns und die ganze Reise hindurch blieben wir seine Gäste. Diesen freundlichen Gesinnungen verdanken wir eine herrliche Karawane, famose Zeltlager und viele Erleichterungen der beschwerlichen Expeditionen, die nun folgen sollten.

Nach kurzer Begrüßung fuhren die türkischen Herren wieder an das Land zurück, um ihre Parade-Pascha-Uniformen abzulegen und noch einige Vorbereitungen zu treffen. Auch wir ließen uns bald nach Jaffa hinüberrudern, doch nicht wie sonst in unseren Booten, sondern nach der Regel, die hier an dieser tückischen Küste herrscht, in den breiten, ziemlich flachen, von Eingeborenen geführten Fahrzeugen. Ein geschickter Lotse saß am Steuer und kräftige Ruderschläge seiner Leute brachten uns rasch von der »Miramar« hinweg. Wir sollten sie abermals für lange Zeit nicht sehen. Während unserer Reise im Lande musste das Schiff den nächsten guten Hafen, Beiruth, aufsuchen. Zwei der Marineoffiziere, Graf Chorinsky und Schiffslieutenant Sachs, begleiteten uns nach dem gelobten Lande.

Bald hatten wir den Kranz der gefürchteten und berüchtigten Felsenriffe erreicht. Wenn das Boot durch die enge Gasse zwischen zwei zackigen Felsblöcken hindurchgleitet, kann man sich leicht eine Vorstellung von der Ungemütlichkeit dieser Situation im Falle schweren Wetters und schäumender Brandung machen. Wir hatten spiegelglatte See und anstandslos fuhren wir an die Stiege des engen, nur für Barken berechneten Hafens von Jaffa.

Ein neues Land, ein vollkommen verschiedener Typus, echt morgenländisch, sogar echter und farbenreicher als in Ägypten, begrüßte uns. Alles schien mir neu. Der reine, wahre asiatische Orient trat mir zum ersten Male entgegen.

Die Stadt ist an einem Hügel staffelförmig aufgebaut; die untersten Häuser werden so wie die zwischen denselben herausragenden Felsen von den Wogen bespült. Die aus Lehm erbauten arabischen Stadtteile sind verschwunden, das zerbröckelnde Winkelwerk der Nilstädte, die braune Erdfarbe der Wände, die flachen Dächer, wir haben sie in Afrika zurückgelassen.

Die Steinbauten des reichen asiatischen Orients mit seiner alten Geschichte, arg vermengt mit echt hebräischen Reminiszenzen des gelobten Landes, erscheinen uns in Form fester Gebäude mit runden Kuppeln auf den Dächern, flachen Terrassen, ernsten gewölbten Toren; alles in grau-weißen Quadersteinen, ohne Mörtel und Anstrich erbaut. Der erste Schritt auf dem Boden des gelobten Landes ruft in den Städten die Erinnerungen an die geordnete Macht des Judenreiches, an den weisen König Salomo, oder auch an die Tage, wo Jesus inmitten seiner Apostel auf den steinernen Stufen der Hauptplätze predigend saß, lebhaft ins Gedächtnis, und am Lande ziehen die Bilder am geistigen Auge vorüber, die uns in Kindesjahren beim Studium der heiligen Schrift umgaukelten.

Ein hübscher Anblick bot sich uns beim Anlegen an der Hafenstiege dar; alle flachen Terrassen und Treppen sowie auch die engen Fenster waren dicht mit Menschen besetzt. Die Kostüme sind viel farbenreicher und interessanter als in Ägypten; der kleinasiatische Charakter sowie auch oft der türkische, ja sogar der althebräische machen sich geltend.

Das blaue Fellachen-Hemd und die braune Kappe sieht man in den Gassen ebenso wenig als den einfachen weißen Burnus, desgleichen wird man keinem spärlich oder fast gar nicht gekleideten Menschen, wie dies ja so oft in Ägypten der Fall ist, begegnen. Faltenreiche weite Gewänder mit breiten bunten Leibbinden, große Turbane, hie und da Feze, Oberkleider oder auch kurze spencerartige Jacken mit Pelzverbrämung, weite Pumphosen, rote Pantoffel, manchmal sogar Opanken; bei den echten hier lebenden Kleinasiaten sowie auch unter den Drusen Kostüme, die an die Völker der Balkanhalbinsel erinnern, bilden in raschen Zügen die Kennzeichen jener Trachten, die man an der asiatischen Küste findet.

191

Die Frauen sind sehr malerisch in weite Kleider gehüllt mit weißem Kopftuch und Schleier, vollkommen verschieden von der ägyptischen Frauentracht. Da in Jaffa viele Christinnen und Jüdinnen wohnen, sah man auch eine Menge reich gekleideter Frauen auf den Gassen, die meisten wenig oder gar nicht verschleiert und daher konnten wir die vielen schönen und in der Tat edlen Gesichtszüge beobachten; auffallend häufig war auch blendend weiße Hautfarbe neben rabenschwarzen Haaren zu finden. Im Ganzen ist der Menschenschlag in Palästina und besonders in den Städten schon sehr licht, hie und da gelblich, selten braun; letztere Farbe ist nur bei den freien Stämmen und auch da besonders unter den südlicheren zu bemerken.

Der erste Blick auf die bunte, ungemein farbenreiche Menge war sehr interessant und nur langsam stiegen wir von den Booten über eine Stiege den Weg zum lateinischen Hospiz empor.

Türkisches Militär, grün adjustiert, vom ägyptischen vollkommen verschieden, martialische Kleinasiaten, hielten Spalier, und es war notwendig, denn die Leute drängten ungemein neugierig gegen uns heran. An der Türe des Hospizes warteten einige alte Franziskaner; durch ein echt orientalisches Haus, über unzählige Stiegen, gelangten wir in die Franziskaner-Kirche. Der Weg war beschwerlich und schmutzig und man musste unglaubliche Gestanks-Atmosphären passieren. Die Kirche selbst ist alt, aber nicht sehr hübsch und interessant. Beim Eintritt werden Reliquien geküsst und man erhält die Aufforderung, am Boden liegend ein Gebet zu sprechen.

Auf Schritt und Tritt findet man im gelobten Lande Plätze, an die sich fromme Legenden knüpfen, auch Jaffa hat deren einige. Das dunkle, mittelalterlich aussehende Gotteshaus, der matte Schein der Fackeln, der heisere Gesang der Franziskaner, das Brummen der Orgel, und alles das am Boden Palästinas, erweckte eigentümliche Gedanken an die Tage der Kreuzzüge, als manch Kämpe aus dem fernen Abendland hier den ersten Segen auf heiliger Erde erhielt, ehe er auf schwerem Ross im blanken Stahl den verhängnisvollen Kampf suchte gegen den edlen, leichtfüßigen Sohn der Wüste, der stolz und kühn sein Vaterland gegen die fremden Eindringlinge verteidigte.

Orangenmarkt in Jaffa

Nach Segen und Gesang drängten wir uns mit Mühe durch die
Scharen der Neugierigen, welche in den engen Gängen und Stiegen den Weg verstellten, hindurch. Dumpfe, in der Tat ekelhafte

193

Auf der Steinhuhnjagd

Luft gehört zu den charakteristischen Eigenschaften jedes steinernen, kellerartigen Raumes, sei es Haus, Kloster oder Kirche; man
hüte sich wohl in Palästina, insbesondere im Frühjahre, unter
Dach zu wohnen.

Unter dem Tore warteten unsere Pferde; keine kleine Arbeit war
es, in diesem Gewühl von Menschen, noch dazu lärmenden Orientalen, sehr vielen Juden, die Karawane zusammenzustellen.
Endlich gelang dies doch. Eine Abteilung türkischer Kavallerie eröffnete den Zug, dann kamen wir und unsere Diener, zum Schluss
abermals einige Soldaten. In dieser Reihenfolge ritten wir durch einige enge Gassen über glatte, Pflaster vorstellende Steinplatten,
dann an dem von Schmutz strotzenden Marktplatz vorbei aus der
Stadt hinaus. Anfänglich führt der Weg zwischen herrlichen Gärten, dichten Hecken und üppigen Orangengärten. Die Bäume bogen sich noch unter der Last der Früchte; man kann den großen
Klima-Unterschied zwischen der Küste Palästinas und Ägyptens
deutlich bemerken. Ende Februar sahen wir die Orangenernte in
Kairo, Ende März hatte sie in Jaffa noch nicht begonnen.

Gar bald verschwanden die duftenden Gärten und wir gelangten
in eine höchst monotone graugrüne Ebene; nichts als schlecht be-

baute Felder, hie und da ein Ziehbrunnen, einige Palmen, steinige Stellen, das wilde Durcheinander eines mohammedanischen Friedhofes und in weiter Ferne als Abschluss des öden Bildes die bläulichen Höhen des judäischen Gebirges. Kamel- und Ziegenherden, gehütet von farbig kostümierten Leuten, und Bettler der ärgsten Sorte bildeten das einzige Publikum, dem wir begegneten. Die Bettler Palästinas sind noch ärger als jene Ägyptens, die grässlichsten Krüppel, die man sich nur vorstellen kann, viele noch mit dem echten altbiblischen Aussatz behaftet.

Inmitten der Felder hätte man sich in Europa geglaubt. Der Vegetation fehlt der schon tropische Anstrich der Nil-Landschaften, auch war noch alles im Wachstum zurück. Viele Störche standen auf den Feldern, sonst war wenig Tierwelt zu bemerken. Bald gelangten wir zu einigen kleinen, recht elend aussehenden Dörfern; an Grabstätten und Wachtürmen für türkische Gendarmerie-Posten führte der Weg vorbei und nach Verlauf von drei Stunden hatten wir die kleine ruinenhafte Stadt Ramlé erreicht.

Unsere Karawane passierte nur an den letzten Häusern des Ortes. Sonst ist Ramlé die gewöhnliche Nachtstation der Jerusalempilger, doch wir hatten keine Lust, in der Nähe der notorisch schmutzigen Stadt zu übernachten, und beschlossen, unseren Weg bis zu dem am Fuße der Berge liegenden Dorfe Latrun fortzusetzen.

In Ramlé selbst, wie gesagt, war ich nicht, doch so viel ich sehen konnte, schienen mir die Menschen und ihre farbigen, althebräischen Kostüme das Interessanteste zu sein. Christen sind nur wenige da und die wenigen fast ausschließlich Bekenner der griechisch-orthodoxen Kirche. Sehr viele Leute strömten aus dem Orte heraus und liefen durch einige Zeit, neugierig gaffend, unserer Karawane nach. Die Gegend begann allmählich einen anderen Charakter anzunehmen. Die Straße führte sanft bergab in eine weitgestreckte Talniederung, an deren entgegengesetztem Rande die judäischen Gebirge sich erhoben.

Die Felder waren schon hie und da mit Steinen und Felsblöcken bedeckt und zwischen einzelnen immergrünen Gebüschen blickten spiegelglatte Steinplatten hervor. In der Nähe eines Schêch-Grabes gelang mir ein glückliches Coup-Double auf ein Pärchen der schönen und großen Steinhühner. Bald nach Sonnenuntergang erreichten wir den Ort Latrun, der recht malerisch zwischen Felsen und grünen Gesträuchen am Fuße des Gebirgszuges liegt.

Neben den Ruinen einer alten Festung – aus welcher Zeit sie stammen, ist schwer zu erkennen – stand unser herrliches Zeltlager, eine Stadt von echt türkischen Zelten, in den schönsten Stoffen mit allem Komfort eingerichtet, lebhaft an die Tage des alten Soliman erinnernd. Die vielen Tragtiere, meist Maulesel, auch kleine Pferde und die Scharen von Dienern, Drusen aus dem Libanon (Sonnenanbeter) lungerten neben dem Lager zwischen den Steinen umher. Der Unternehmer Herr Howard, der in wechselvollem Leben englischen Schutz und Namen erhielt, ist ein echter brauner Orientale, jetzt Dragoman in Beiruth und Arrangeur von Karawanen und Expeditionen en gros; wir lernten dessen unbeugsame Energie und vorzügliche Eigenschaften in harten Tagen kennen, wo schwere Aufgaben an ihn herantraten.

Zwei Beduinen, einen Mohren, der in seiner frühesten Jugend in Afrika geraubt wurde und nun mit einem Stamm asiatischer Araber herumzieht, und einen echten, im Gesicht fast europäisch gefärbten Jordan-Beduinen hatte Howard auch zur Karawane genommen, damit sie alltäglich Steinhühner für die Küche liefern sollten. Beide waren in die bei den asiatischen Stämmen gebräuchlichen, braun- und weiß gestreiften, dicken Kamelhaar-Burnuse gehüllt.

Mit dem blassen Gesellen gingen nur mein Onkel und ich noch an demselben Abend auf den Schakal-Anstand. Über Hecken und Mauern gelangten wir neben dem Dorfe vorbei zu einer Wasser-Zisterne; leider war kein Mondschein und vor Beginn der vollen Dunkelheit erschien nichts, nur in der Ferne hörten wir die Schakale heulen. Auf demselben elenden Wege stolperten wir langsam ins Lager zurück; bei Latrun standen viele in ihren langen Mänteln gespensterhaft aussehende Leute, die uns aufmerksam betrachteten. Dieser Ort soll seinen Namen vom lateinischen »Latro«, als der Geburtsort des begnadigten Schächers Dismas, erhalten haben. An jedem Dorf kleben Erinnerungen, manche in der Tat großartig schön und für die Wahrheit zeugend, viele aber auch zum Überdruss unwahrscheinlich.

Im Lager wurde nach unserer Rückkunft im großen Speisezimmerzelt ein vollkommenes Diner eingenommen und dann folgte dem türkischen Kaffee bald die wohltätige Ruhe eines verdienten Schlummers.

Des anderen Morgens herrschte schon in früher Stunde reges Leben im Lager. Die Zelte wurden abgebrochen, alles auf die Maultiere verladen und unter dem üblichen Glockengeklingel der Tragtiere, dem Geschrei ihrer Führer, dem Wiehern der Pferde setzte sich die Karawane in Bewegung.

Anfänglich führte der Weg durch enge Gebirgstäler; rechts und links steile Lehnen mit Felsblöcken und dichten, immergrünen Gebüschen bedeckt. Im ganzen Charakter und in der Flora tragen diese Gegenden den echten Mittelmeer-Typus an sich, wie man ihn an den Küsten Spaniens, Griechenlands, Italiens und den westlichen Teilen Nord-Afrikas, besonders in Marokko findet. In Palästina ist diese Zone eine ziemlich schmale und bei Jerusalem verschwindet sie allmählich, um östlich von Bethlehem der innerasiatischen Steppenvegetation zu weichen. An dem alten Brunnen Bîr Egyub (Hiobsbrunnen) vorbei gelangen wir durch die Schlucht des Wâdi Ali, die Ruinen einer alten Moschee passierend, gegen den Kamm des Gebirges.

Der Typus ist immer derselbe, nichts als blendend weiße Felsblöcke, einer vom anderen durch stachelige Gesträuche getrennt, nur hie und da tauchen halb verfallene Häuser und Ruinen zwischen dem Gestein hervor; Felswände sind selten, hingegen sieht man viele lange, spiegelglatte Platten an den Hängen der Berge. Unzählige Adler und Geier kreisen in den Lüften; zwischen den Gebüschen bemerkten wir nur wenig Vogelwelt, sehr vereinzelte Steinhühner liefen an den Lehnen pfeilschnell empor. Nach zweistündiger Reise versuchten wir mit unserem Jagdaraber einen kurzen Pirschgang über den Kamm des Gebirges.

Eine schöne Aussicht eröffnete sich uns in ein Gewirr von Gebirgstälern und Bergkesseln; immer derselbe Charakter, die echte Mittelmeer-Flora, sehr ähnlich jener der Gebirge von Zante. Im fernen Osten sah man die graugelben Ränder und Kuppen des Plateaus, auf dem Jerusalem liegt, und den Beginn der ganz verschiedenen Höhenzüge im Innern des Landes. Zwischen den unzähligen Felsplatten, Steinklötzen und fast undurchdringlichen, mit langen Dornen bewehrten Gebüschen war das Gehen eben nicht sehr angenehm, und da keine Steinhühner angetroffen wurden und die allenthalben umherkreisenden großen Raubvögel sich nicht anschleichen ließen, kehrten wir sehr bald auf die Karawanenstraße zurück.

Der Kamm der Gebirge wurde überschritten; die Gegend nahm einen immer öderen Charakter an; selbst die Gebüsche wichen dürrem Gras und malerische Felsen kleinem Gerölle. Vor uns breitete sich ein weites Tal aus; in Serpentinen schlängelt sich der Weg in dasselbe hinab. An einigen ruinenhaften Gasthäusern für Pilger, die inmitten trostloser steiniger Ölgärten standen und mich lebhaft an die kleinen Fondas der spanischen Hochgebirge erinnerten, kamen wir vorbei.

Das Dorf Abu Gôsch wurde uns gezeigt, wo Anfang dieses Jahrhunderts die gleichnamige Familie eines berüchtigten Schêchs zum Schrecken aller Pilger hauste; später mussten wir auch den Ort Gôba, das antike Modin, die Heimatstätte der Makkabäer-Familie in weiter Ferne betrachten; auf Schritt und Tritt kleben Geschichten aus der alten Judenzeit; ich habe dieselben wie jeder Reisende anhören müssen, merken konnte ich sie mir gottlob nicht alle, und nur jene, die halbwegs einen wahrscheinlichen Charakter tragen, werde ich in homöopathischen Dosen den geduldigen Lesern auftischen.

Nach langer Reise erreichen wir gegen 11 Uhr vormittags die Sohle des breiten Tales, genannt »Wâdi Kulôniye«; an den Berghängen liegt das gleichnamige Dorf. Am tiefsten Punkt steht ein einstöckiges europäisches Pilger-Gasthaus. Palästina ist, solange man auf den normalen Heerstraßen der frommen Karawanen wandert, ein echtes Touristenland, die Schweiz ins Religiöse übersetzt; dort wird der Sinn nach Naturschönheiten der Reisenden, hier der Glaube und die Andacht ausgebeutet und zu Geld gemacht.

In Kulôniye also hielten wir an, da unsere Ankunft in Jerusalem erst für Nachmittag festgesetzt war. Die Zeit, die erübrigte, wurde zu einer Durchstreifung der Berghänge benützt. Nichts als graugrüne staffelförmig angelegte Ölwälder, einzelne Gebüsche und Felsplatten. Die ärgste Mittagshitze glühte auf dem trostlosen Lande und nur mühsam schleppten wir uns an den steilen Lehnen herum; ein asiatischer Nusshöher und der graue syrische Hase waren die einzigen Wildgattungen, die wir zu Gesicht bekamen. Der Großherzog schoss den armen Lampe an, konnte ihn aber im Geröll nicht finden; nicht besser ging es Hoyos auf der anderen Seite des Tales mit einem Schakal. Ich erlegte einige jener ekelhaften, großen schwarzen Eidechsen, die in den steinigen Teilen Palästinas in der Tat auf jedem Felsen kleben.

Bald kehrten wir alle, da die Hitze ganz unerträglich wurde, nach dem Pilgerhause zurück. Im Schatten einiger Ölbäume, auf dem Platze, wo das neutestamentarische Emaus stand und wo auch nebenbei David den berühmten Goliath erschlug, nahmen wir ein Frühstück ein. Unser Gereralkonsul Graf Caboga war aus Jerusalem entgegengekommen und eifrig besprachen wir mit ihm die Pläne für die nächsten Tage. Nach dem Frühstück warf sich die ganze Reisegesellschaft in volle Parade und mehrere Geistliche der verschiedenen Riten und Dragomane der Konsulate begrüßten uns schon hier, ritten aber dann nach Jerusalem für den großen Empfang voraus.

Als die Zeit heranrückte, denn des Einzuges halber musste alles nach der Minute gehen, setzten auch wir uns in Bewegung. Die Straße führt in Serpentinen längs der Berghänge auf das Plateau empor; die Gesträuche und fast alle Spuren von Vegetation verschwinden immer mehr und mehr und eine traurige Steinwüste beginnt: Das verfluchte Land! Dieses Eindrucks kann man sich nicht erwehren; ein eigentümlich trauriger, zugleich großartiger Charakter ist über die ganze Landschaft ausgegossen und unheimlich mystische Gefühle bemächtigen sich jedes Wanderers. Zu Esel und in Leiterwagen sieht man Pilger aller Länder und Stände, viele recht verkommene Individuen, auch Juden aus den verschiedensten Teilen der Erde.

Wir hatten noch nicht die Höhe erreicht, als zwei Franzsikaner auf Pferden entgegengetrabt kamen. Der erste, der Custode di Terra Santa, ein dicker Mönch mit schwarzem Vollbart, eine große energische Gestalt, aus Toskana gebürtig, erinnerte mich lebhaft an jene wehrhaften Kämpen des Glaubens, die mit hoch erhobenem Kruzifix den Kreuzfahrern in den Kämpfen voranschritten, die Ritter zu Heldentaten anspornend; der zweite, ein Landsmann, ein

Böhme, konnte sich vor Freude nicht lassen, als er mit mir, vielleicht nach Jahren zum ersten Mal, wieder Gelegenheit hatte, seine Muttersprache zu reden. Beide Mönche begrüßten uns auf das Herzlichste und schlossen sich nun dem Zuge an.

Die Franziskaner im gelobten Lande sind die eigentlichen Vertreter der lateinischen Kirche, wehrhafte Kämpfer für ihren Glauben, und im steten Zank und Hader verteidigen sie den anderen Konzessionen gegenüber die Rechte ihres Ritus.

Der Höhenzug ist erstiegen, das trostlos kahle Plateau von Jerusalem liegt vor uns ausgebreitet; in weiter Ferne erheben sich die graublauen Hochgebirge des Jordan-Tales. Gelbgrau ist der vorherrschende Ton der Landschaft, Vegetationslosigkeit das Hauptmerkmal. Die ersten Anzeichen von Jerusalem werden sichtbar; der große Häuserkomplex der Russen mit fünfkuppliger Kirche, der Ölberg und rechts das griechische Kreuz-Kloster; die heilige Stadt selbst haben wir noch nicht erblickt. Am Wege erhebt sich ein großer Triumphbogen mit ungarischer Aufschrift. Die Judenkolonie mit Fahnen steht daneben, die Volkshymne singend; unter vielen Komplimenten, dem üblichen Geschwätz und Lärm, umringen uns patriotische Israeliten, echte Juden aus Nordungarn, in langem Kaftan, hohen Stiefeln, Samtkappen am Kopf, geringeltem Bart und den üblichen Haarlocken; man hätte sich in irgendein Karpathendorf versetzt denken können.

Selbstverständlich folgte uns von hier an die ganze Judengemeinde; zu beiden Seiten war der Weg ohnedies mit Menschen dicht besetzt: Juden aus allen Ländern, kleinasiatische Christen, Griechen, europäische Pilger, orientalisch-christliche Frauen, teils halb, teils gar nicht verschleiert; in den höchst malerischen Kostümen nur mit den Trachten der alten Hebräerinnen vergleichbar, wahre Mariengestalten; daneben wieder Kopten, einige englische Touristen mit ihrem alle Poesie raubenden Äußeren, ferner mohammedanisches Landvolk, verkrüppelte Bettler und undefinierbares Pilgervolk aus den verschiedensten Teilen der Erde, das alles lungerte an der Straße herum, uns neugierig betrachtend.

An dem Punkte, von dem aus man zum ersten Male Jerusalem erblicken kann, stand der Einzug schon gruppiert, unserer Ankunft harrend.

Alles kniete nieder, um mit entblößtem Haupte ein Gebet zu verrichten. Das heilige Sion mit seinen alten Mauern, den grauweißen runden Häusern, den Kuppeln der Grabkirche und der großen Omâr-Moschee war vor uns ausgebreitet.

Die Stadt, aus der unser Glaube hervorging, in der mit dem Kreuzestod Christi die größte Veränderung der Weltgeschichte ihren Anfang nahm, an deren Mauern jahrtausendealte Erinnerungen der biblischen Geschichte, alle Traditionen unserer Religion hängen, an deren Steinen das Blut unserer Ahnen, der tapferen Kreuzfahrer, klebt, diese Stadt hatten wir nahe vor uns. Ganz eigentümlich mystische Gefühle religiöser Schwärmerei bemächtigen sich jedes Pilgers und man nähert sich dem Fanatismus.

Mir ist es ganz begreiflich, wie sehr diese Stätte seit Jahrhunderten stets der Hauptsitz der Äußerungen des vehementesten Fanatismus war und es immer sein wird.

Der Glaube und alle Traditionen, die man seit der Kindheit aufgesogen, treten einem deutlich sichtbar entgegen, umgeben von einer unheimlich toten Gegend, an der der Fluch haftet, dem das Volk, das hier geherrscht, für ewig weichen musste. Wer lange in Jerusalem bleibt, muss endlich ein Fanatiker werden; man lebt sich dort, vom ersten Anblick der Stadt angefangen, in einen mystisch-schwärmerischen Gedankenkreis hinein, der leicht dauernde Macht erhält. Es sind dies dieselben Gefühle, welche die Kreuzfahrer kein Opfer an Gut und Blut scheuen ließen und allen Religionskriegen jene wilde Kraft verliehen.

Doch kehren wir zu unserem Einzug zurück. Voraus ritten einige Kawassen des Konsulates mit langen Stöcken, in eigentümlichen theatralischen Kostümen; dann kam ein Bataillon türkischer Infanterie mit Musikbande; merkwürdige Zusammenstellung, zum Einzug in Jerusalem türkische Musik und fliegende Fahne mit dem weißen Halbmond; dann kamen wir alle in voller Parade, reitend, umgeben von Geistlichen, Konsulatsbeamten, türkischen und christlichen Würdenträgern; zu beiden Seiten der Straße dichte Menschenmassen. Der Weg führt an einem großen Gebäude vorbei, in dem die russischen Pilger kaserniert sind. Alljährlich kommen vor Ostern tausende russischer Bauern unter Führung ihrer Popen nach Jerusalem, schon jetzt waren deren zweitausend anwesend; in dich-

201

ten Haufen standen sie da, uns neugierig betrachtend. Neben dem echten großrussischen Bauerntypus, den weiten Blusen mit Gürtel, Pumphosen, hohen Stiefeln, eigentümlich ausgeschweiftem Zylinderhut, den Stumpfnasen, blondem Vollbart, schlaffen, fetten, langen Haaren und dem unverfälscht nordslavischen Wesen sah man auch Gestalten in lichtgraue Militärmäntel gehüllt, geschmückt mit Medaillen; desgleichen wimmelte es an Popen, blonden russischen, schwarzen echt griechischen und südslavischen.

Man passiert ein Völkergemenge, das höchst interessant ist, bis endlich das Stadttor von Jaffa erreicht wird. Vor demselben steigt man vom Pferde und geht durch den alten, grauen Bau in das Innere der heiligen Stadt. Hier steht der lateinische Patriarch, umgeben von einem ungemein zahlreichen Klerus von Weltpriestern, Alumnen und Mönchen; alles im Ornat, brennende Lichter haltend. Der Patriarch sowohl als auch seine Untergebenen tragen, wie alle lateinischen Priester im Orient, den Vollbart.

Wir knieten nieder und küssten den Boden; nach kurzem Gebet hielt der Patriarch, ein geborner Genueser, eine schöne italienische Ansprache, auf die ich französisch antwortete; hierauf stimmten die Priester Kirchenlieder an und paarweise gehend setzte sich die Prozession langsam in Bewegung; der Großherzog und ich schritten rechts und links vom Patriarchen; hinter uns folgten alle anderen, auch die türkischen Würdenträger; neben dem Zug ging ein Spalier osmanischer Infanterie, welche bei jeder Gelegenheit den Konfessionen die einzige Bürgschaft bietet, dass eine von der anderen bei den betreffenden Festen unbehelligt gelassen werde.

Die Gassen der Stadt sind ungemein eng und finster; eine kühle, kellerartige Atmosphäre, verpestet durch die schrechlichsten Gerüche aller Art, herrscht zwischen den engen steinernen Mauern. Das Pflaster, aus unregelmäßigen Steinplatten bestehend, gestattet nur den Fußgängern ein sicheres Fortkommen. Jerusalem trägt den unverfälschten, düsteren althebräischen Charakter an sich und hat nichts gemein mit den heiteren, farbenprächtigen, an Bazaren reichen Städten des Islams. Auf den Gassen, insoweit Platz war, und unter den Türen stand sehr viel neugieriges Publikum aller Art, europäische Pilger, Juden, christliche und mohammedanische Orientalen.

Allmählich gelangte der Zug, eine Reihe schmaler Gassen passierend, an eine Stiege; über dieselbe hinabsteigend, erreichten wir den Vorplatz der heiligen Grabkirche. Derselbe, mit Steinplatten bedeckt, auf zwei Seiten von hohen Mauern, auf der dritten hingegen von der Hauptfassade der Kirche mit recht hübschen Säulen und einem schönen Tor mit hohen Bogen eingeschlossen, stammt aus den Tagen der Kreuzfahrer.

Einen eigentümlichen, höchst ehrwürdigen Eindruck ruft dieser erste Blick auf das größte Heiligtum der ganzen christlichen Welt in jedem Pilger hervor; schon die Szenerie trägt viel dazu bei: der einige Stufen unter dem Niveau der übrigen Stadt liegende altertümliche Vorplatz, die grauen Häuser des düsteren Jerusalems und in ihrer Mitte die durch eine hohe Kuppel geschmückte alte, verwitterte Grabkirche.

Im Vorhof hocken allenthalben Verkäufer heiliger Gegenstände im orientalischen Kostüme herum und viele griechische und russische Popen standen, unseren Zug neugierig betrachtend, da. Durch das Haupttor traten wir ein. Groß und imposant erscheint das Innere der Kirche auf den ersten Blick, doch zugleich düster und ernst. Weihrauch und Rosenölgeruch durchdringen die dumpfe, kühle, kellerartige Luft. Rechts und links sieht man Eingänge zu Kapellen, Stiegen, hohe Chöre, und bald wird der Pilger gewahr, wie sehr dieses große Gotteshaus ein Konglomerat verschiedener Verehrungsarten und Liturgien, ein Kompromiss zwischen den einzelnen Kulten ist, und wie alle in einem Raum Platz fanden für ihre speziellen, ganz eigenen Gottesdienste.

In der Mitte der Kirche, in der großen runden Halle steht eine Kapelle, ein Gotteshaus für sich; das ist die eigentliche Grabkapelle, welche den orientalischen Kirchen und den Lateinern zugleich gehört und in der alle die alten Sekten ihre Gottesdienste abhalten; ganz ausgeschlossen sind nur die neuen Religionen, die Protestanten und ihre Gesinnungsgenossen. Noch ehe wir die Grabkapelle erreichten, kniete der Zug bei dem großen viereckigen, von schweren Leuchtern umgebenen Salbungsstein nieder, und flach am Boden liegend küssten wir ihn alle. Es ist derselbe Stein, auf dem der Leichnam Christi von Nicodemus gesalbt wurde.

Wie die Schrift es sagt: »Darnach bat Pilatum Joseph von Arimathia, der ein Jünger Jesu war, doch heimlich, aus Furcht vor den Juden, dass er möchte abnehmen den Leichnam Jesu. Und Pilatus erlaubte es. Derowegen kam er und nahm den Leichnam Jesu herab. Es kam aber auch Nicodemus, der vormals bei der Nacht zu Jesu gekommen war, und brachte Myrrhen und Aloe untereinander bei hundert Pfunden. Da nahmen sie den Leichnam Jesu und banden ihn in leinene Tücher mit Spezereien, wie die Juden pflegen zu begraben.«

Nach kurzer Andacht schritten wir zum Eingang der Grabkapelle. Dieses ganz kleine Gotteshaus war durch lange Zeit im ausschließlichen Besitz der orientalischen Kirchen, und so trägt es den vollen griechischen Typus von außen nach innen an sich; alles reich in Gold und Silber, mit in Metall eingelassenen, schwarz bemalten Heiligenbildern und jenem echten eigentümlichen Charakter, der alle orthodoxen Kirchen von anderen unterscheidet.

Vom Patriarchen geleitet durften wir in das Innere der Kapelle gelangen; durch einen engen Vorraum kommt man an eine niedere Pforte, welche buchstäblich durchkrochen werden muss. Nun ist man in dem eigentlichen Heiligtum, dem Wahrzeichen des christlichen Glaubens. Blanker Fels blickt überall zwischen den reich verzierten Wänden hervor und diesen kahlen Stein verehren wir, er ist derselbe, der den Sohn Gottes getragen!

Rosenduft und Weihrauch, griechische Pracht, der Schein rötlicher Lampen, das Gemurmel lateinischer Gebete, alles wirkt betäubend; die enge Gruft scheint die Welt, die Wiege unseres Glaubens zu sein; in schwärmerisch gläubiger Stimmung drückt der Pilger seine heißen Lippen an den kahlen Fels, der ihm sichtbar seine heiligsten Gefühle, Trost, Stärke und Hoffnung repräsentiert. – Der Patriarch führte uns nach einigen Minuten wieder hinaus und vor der Grabkapelle kniete alles nieder und der fromme Gesang der Priester klang durch die majestätischen Hallen.

An dem Tore der Grabkirche verabschiedeten wir uns vom Patriarchen. Wir hatten eben nur unsere erste Andacht an der heiligen Stätte darbringen wollen, die Kirche selbst gedachten wir den folgenden Tag erst im Detail zu besehen, und so werde ich später eine flüchtige Schilderung, denn eine gründliche würde ein vollkommen spezielles Studium verlangen, folgen lassen. Durch einige enge Gassen gingen wir nun, von den türkischen Würdenträgern geleitet und von den Neugierigen gaffend umgeben, nach dem österreichischen Hospiz. Es ist dies ein ziemlich großes Gebäude mit geräumigen Wohnzimmern und einer recht hübschen Kapelle. Über eine Stiege gelangt man von der Gasse zum Haustor; unter demselben erwartete mich ein Geistlicher, der Aufseher des Hospiz, ein echter, braver Tiroler.

Bald nach unserer Ankunft mussten wir die Konsuln und darauf einige türkische Würdenträger, auch Honoratioren der Stadt, im orientalischen Kostüm, und später alle christlichen und jüdischen Häupter der Kirchen empfangen. Es kamen der lateinische Patriarch, umgeben von Priestern und Mönchen, der griechische mit seinen Popen, einige echte Armenier, dann Kopten und der syrische Patriarch. Es ist dies eine höchst interessante Kirche, welche der würdige Greis mit grauem Bart, faltenreichem schwarzen Ornat und einem von der Popen-Mütze herabwallenden Schleier, in Jerusalem vertritt.

Die alten Jacobiten sind, so viel ich weiß, die erste Sekte, welche sich schon in den ersten Jahrunderten des christlichen Glaubens von der eigentlichen Kirche losriss und seit diesen Tagen bis auf heute nur in Kleinasien ihren Sitz hat. Die Verehrung, welche sie dem heiligen Jacobus zollen, reicht über das Niveau der Heiligenverehrung der anderen alten Religionen hinaus. Schließlich kamen auch die Rabbiner; an ihrer Spitze der Vorstand der Juden in Jerusalem, einer der höchsten Priester in der geistlichen Hierarchie der jetzigen Hebräer.

Der alte Mann mit langem, blendend weißem Bart, wachsgelber Haut, schönen Zügen, ist aus Spanien gebürtig und trägt, wie die meisten in Palästina lebenden Rabbiner, das althebräische Kostüm: den farbigen, faltenreichen Oberrock mit Pelz verbrämt, einen Turban am Kopf, lange Kleider, gelbe Pantoffel. Ich habe mir die Pharisäer niemals anders als jenen greisen Rabbiner vorgestellt.

Nachdem alle diese unleugbar recht interessanten Visiten uns verlassen hatten, gingen wir aus dem Hospiz durch eine Gasse zum altersgrauen Damaskus-Tor. Gleich außerhalb der Stadtmauer, neben steinigen Plätzen und Schutthaufen, zwischen einem verkümmerten Ölgarten, stand unser stattliches Zeltlager aufgeschlagen. Die Diener hatten bereits alles ausgepackt und so richteten wir uns gleich recht häuslich ein. Die Pferde und Tragtiere weideten um den Lagerplatz, die Leute schliefen und wälzten sich am Boden, daneben biwakierte die türkische Escadron, die seit Jaffa uns begleitete, während Infanterie aus Jerusalem Spalier um das ganze Lager bildete, da das Publikum, besonders das jüdische und christliche, sehr viele mit Bettelbriefen ausgerüstet, uns belästigen wollten.

Nach der Hitze und den Anstrengungen des Tages tat etwas Ruhe recht wohl. Ein kühler Abend mit schönem Sonnenuntergang wirkte erfrischend und nach eingenommenem Diner herrschte bald Ruhe im Lager. Den Einschlafenden klangen noch in den Ohren das unausgesetzte Geheul der halbwilden Hunde innerhalb der Stadtmauern und jenes der bei Jerusalem massenhaft hausenden Schakale, die den gegenüber unserem Lager jenseits eines sanften Tales befindlichen Schinderplatz umgaben.

Am 30. in früher Stunde gingen wir alle, Herren und Diener, nahe dem Hospiz, wo der Burgpfarrer, der Geistliche des Hauses und einige Deutsch sprechende Franziskaner die ganze Reisegesellschaft beichten ließen. Von dort pilgerten wir nach der Grabkirche, wo in der Grabkapelle am Grabstein der Burgpfarrer die Messe las und allen das heilige Abendmahl daselbst gereicht wurde; zum Schlusse der Messe nahm der Prälat auch die Weihe der vielen eingekauften frommen Andenken vor, die während des Gottesdienstes am Grabstein gelegen waren.

Aus der Grabkapelle gingen wir durch die große Kirche und eine andere, den Franziskanern gehörende kleine Kapelle nach dem engen Franziskaner-Kloster, das auch noch zu den Gebäuden der Grabkirche gehört. Über enge Stiegen, schmutzige Räume mit schrecklich dumpfer Luft gelangten wir in eine bescheidene Zelle, das so genannte Refektorium. Daselbst bewirteten uns die freundlichen Mönche mit einer sehr guten Schokolade. Der Custode di Terra Santa erzählte während des Frühstücks von den Kämpfen und Feindseligkeiten, die mehr oder weniger unausgesetzt zwischen den verschiedenen Glaubensgenossenschaften bestehen, und erwähnte, dass es sogar manchmal zu Tätlichkeiten komme,

Grabkirche in Jerusalem

die, falls es innerhalb der Kirche geschehe, von türkischen Soldaten, von den Ungläubigen also, auf energische Weise geschlichtet
werden müssten. Der rüstige Mönch sprach kampfeskühn und
wälzte in kräftigen Ausdrücken die ganze Schuld auf die orientalischen Christen. Schwer ist zu entscheiden, wen größere Schuld

trifft; doch eines ist gewiss, dass die beständigen Zänkereien den Nimbus des Christentums in den Augen der Muslime nicht erhöhen.

Nach dem Frühstück sahen wir uns das ganze Kloster an; in elenden Zellen leben die Mönche; eine kleine Plattform am Dache ist der einzige Platz, wo sie Luft schöpfen können. Das enge Franziskaner-Kloster sowohl, als auch auf der gegenüberliegenden Seite der Kirche die Wohnungen für griechische und armenische Popen sind innerhalb der Mauern der Grabkirche, die nur ein Tor hat, welches anlässlich großer Festtage oder bei Ankunft sehr vieler Pilger, auf Wunsch eines oder aller Patriarchen, von den Türken, die die Oberaufsicht ausüben, eröffnet wird. In den Zwischenräumen, oft durch Wochen und Monate, ist die Kirche geschlossen und aus Eifersucht wohnt innerhalb derselben eine gemeinsame Wache. Aus dem armen lateinischen Kloster ebenso wenig wie aus den Behausungen der Griechen dürfen Tore hinaus in die Stadt führen; Speise und Trank müssen durch die Fenster mittelst Körben ins Kloster hineinbefördert werden. Neben diesen geistlichen Wächterwohnungen führen Galerien innerhalb der Kirche, von denen umherpatrouillierende Geistliche den ganzen inneren Raum übersehen können.

Vom Kloster aus gingen wir in die Kirche hinab und betrachteten die verschiedenen Heiligtümer und historischen Punkte, alle die vielen Nebenkapellen, die Plätze, an welche sich die Legenden und Glaubenssätze knüpfen.

Es ist ein wahrer Schatz interessanter Beobachtungen, die man da sammelt; deutlich lässt es sich erkennen, wie die verschiedenen Bauten aus verschiedenen Epochen stammen und man findet viele gute, stilvolle Reminiszenzen aus den Tagen des Mittelalters.

Die einzelnen Kapellen und Plätze der Verehrung, deren es eine große Menge gibt, wechseln im Typus je nach ihren Besitzern; es gibt deren ganz lateinische, andere tragen den armenischen oder syrischen oder koptischen Typus; weitaus die meisten aber sind echt griechisch-orthodox, glänzend in Gold und Silber, reich überladen mit dunklen byzantinischen Heiligenbildern.

Die Grabkirche in allen Details zu schildern, würde eine lange Arbeit und ein ganzes Vorstudium erfordern, auch findet sie jeder

Wissbegierige in manchen Reisehandbüchern mit ziemlicher Genauigkeit beschrieben. Ich beschränke mich daher auf die Wiedergabe der Eindrücke und Bilder, die sich lebhaft in mein Gedächtnis eingeprägt haben.

Stiegen auf, Stiegen ab, oft über recht unebene Steinplatten wanderten wir in der ganzen Grabkirche herum, nicht ein Winkel blieb, den ich nicht besah; allenthalben, besonders bei den spezifisch griechischen Heiligtümern, fanden wir viele russische Pilger, die unter tiefen Verbeugungen beständig das Kreuzzeichen machten. Von der Kirche aus gingen wir durch eine Gasse zu dem nahen, recht großen San Salvatore-Franziskaner-Kloster. Die Kirche, das Refektorium, einige Zellen wurden angesehen und mehr den Mönchen ein Besuch abgestattet, denn große Sehenswürdigkeiten befinden sich eben nicht in diesem kahlen und ärmlichen Kloster. Der nächste Gang galt dem Patriarchen; er empfing uns, umgeben von vielen Geistlichen, in seinem Hause, das echt südländisch, kahl, mit wenig Möbeln, einigen sporadischen Vorhängen, Steinplatten als Fußboden, geistlichen italienischen Gemälden an der Wand, eingerichtet ist; auch die Kapelle, der Hof und die große Stiege sind schlicht und beweisen, wie wenig reich die lateinischen Kirchenfürsten im Orient sind. Auch beim hochwürdigen Patriarchen mussten wir eine schreckliche Gewohnheit des Morgenlandes, nämlich die obligaten Getränke bei jedem Besuch, durchmachen. Mit Schokolade hatten wir bei den Franziskanern begonnen, hier wurden wir zu fader Limonade mit Mandelmilch verurteilt; es sollte an diesem Vormittage noch ärger werden.

Auf der Stiege des Patriarchen trat ein Weib an mich heran, in echt orientalischer, man möchte fast sagen althebräischer Kleidung, mit weißem Kopftuch, nicht verschleiert, eine hiesige Christin, eine wundervolle Erscheinung; schöne Züge, herrliche Gestalt, blasse Gesichtsfarbe, wie man sich Maria Magdalena nicht schöner denken kann; sie gab mir eine Bittschrift und verschwand hierauf hinter einigen Säulen.

Wir gingen nun durch die engen Straßen, die voll Menschen waren, teils Pilger, teils Handel treibende Muslime und ekelhafte Bettler, zum syrischen Patriarchen. Er empfing uns am Eingang der

Kirche im schwarzen Gewand; seine Priester hingegen waren in weiten, reichen Messgewändern mit Kapuzen, wie man sie nur auf den Bildern aus der ältesten Christenzeit sieht, und trugen brennende Fackeln. Zwischen den Priestern und ebenfalls ähnlich kostümierten Chorknaben, welche in syrischer Sprache unsere Volkshymne sangen, hielten wir einen feierlichen Einzug in die Kirche. Das Gotteshaus selbst ist jenem der Griechen ähnlich, ebenfalls sehr reich, mit viel Verschwendung an Gold und Silber, doch hat es unleugbar auch einen ganz eigentümlichen, spezifisch jacobitischen Anstrich. Der Altar steht sehr hoch und in einer Seitenkapelle ruht unter einem Stein der Kopf des von ihnen fast als Gott verehrten heiligen Jacobus. Die Nische mit den Reliquien ist selbstverständlich sehr reich verziert.

Nahe dem Altare befindet sich ein hoher, ganz vergoldeter Thron, neben dem die Priester stets nur mit den Zeichen größter Verehrung vorbeihuschen; es ist dies der Sitz des heiligen Jacobus, auf dem er beständig, natürlich unsichtbar, thront. In der Kirche waren eben ziemlich viel Pilger dieser Religion, die man ihrem Äußeren nach ebenso gut für Türken oder anderweitige Muslime hätte halten können.

In feierlicher Prozession wanderten wir auch aus dem Gotteshaus hinaus durch einen offenen Säulengang nach der Wohnung des Patriarchen, die schlicht und unwohnlich eingerichtet, in einer Ecke ein Sofa und in der anderen drei melancholische Stühle aufweist. Der würdige Greis empfing uns auf das Freundlichste und zwang uns, ein vollkommen undefinierbares, rosenrotes Getränk hinunterzuwürgen. Nach kurzem Besuch setzten wir uns in Bewegung und gingen nach dem Judenviertel.

In Jerusalem sind die einzigen Bazare in den Händen der Hebräer; um eine lange, an Kaufläden reiche Gasse gruppieren sich die Behausungen des auserwählten Volkes.

Ein Schmutz, ein Gestank, ein Lärm herrschen in jenen Straßen, von denen man sich keinen Begriff machen kann. Halbnackte Kinder wälzen sich am Pflaster herum, die jüdischen Weiber mit rasiertem Schädel, schlecht umgebundenen Kopftüchern, blickten aus den Fenstern hinaus. Die Männer kauften und verkauften, handelten und betrogen; es waren Juden aus allen Ländern, wenige in einfacher Zivilkleidung, viele mit Talar, hohen Stiefeln und Samtkappe, echte polnische Juden, die meisten aber in orientalischer, fast althebräischer Tracht; alle Sprachen konnte man hören, auch viel Deutsch und Hebräisch. Mit Mühe passierten wir durch dieses Gewühl bis zur Synagoge. Dort warteten Rabbiner und Vorstände der Kultusgemeinde, begrüßten uns mit deutschen Ansprachen und offerierten inmitten des Tempels eine Bank zum Ausruhen.

Die Synagoge ist ein neuer Bau und sieht ebenso wie jene in unserer Heimat aus; nur wenige der Israeliten waren in schönen Kostümen, die meisten trugen den Kaftan und schienen aus Polen zu stammen. Während wir da saßen, stimmten sie auf einer runden Estrade einen Kirchengesang und ein Gebet an. Nach kurzem Aufenthalt verließen wir, verfolgt von den überschwänglichsten Segenswünschen, die Synagoge und gingen durch die Stadt zurück. Da das heilige Grab offen war, wogten eigentümliche Menschenmengen auf den Gassen auf und ab. Russen, Bulgaren, Wallachen, Armenier, Kleinasiaten, Griechen, Kopten, neben den verschiedentlichsten Pilgern lateinischer Konfession, bildeten ein interessantes Völkergemenge.

Im Lager angelangt frühstückten wir, um bald darauf unsere Besichtigungen fortzusetzen. Zu Pferd ritten wir längs der altersgrauen Mauer des heiligen Sion bis zur berühmten, wundervollen Omâr-Moschee.

Ein großer, mit Rasen bedeckter Platz, von Mauern umgeben, ist der so genannte Haram-esch-Scherif; in dessen Mitte steht die Haupt-Moschee Kubbek-es-Sachrâ, mit hoher Kuppel und Säulenvorhalle, ein herrliches Oktogon, einer der berühmtesten orientalischen Bauten. Kleine, halb verfallene Denkmäler und Brunnen befinden sich zwischen der Hauptmoschee und den an der Umfassungsmauer stehenden Gebäuden, der ebenfalls sehr schönen Mesdjid-el-Aksâ, einer unter Kaiser Justinian zu Ehren der heiligen Jungfrau erbauten Kirche, die dann Omâr dem muslimischen Glauben weihte.

Von dem Oberderwisch, einem alten, sehr energisch aussehenden, reich und bunt gekleideten Mohammedaner, wurden wir herumgeführt. Die Leute sind in Palästina sowie in allen asiatisch-mohammedanischen Ländern viel fanatischer als in Ägypten, und

Fremde müssen auf der Hut sein, sie in diesen Gefühlen nicht im Geringsten zu verletzen.

Wir sahen uns beide Moscheen genau an. In der Mitte des großen Oktogons erhebt sich ein grauer Felsklotz; das Gotteshaus ist um ihn herumgebaut; dieser Felsen kann die große Ähnlichkeit der orientalischen Sagen beweisen. Die Juden verehren ihn auch. Der Talmud spricht von ihm und die hebräische Überlieferung lehrt, dass Abraham und Melchisedeck hier geopfert haben, dass Abraham hier den Isak töten sollte und Jacob diesen Fels gesalbt habe. Hier soll die Bundeslade gestanden haben. Jeremias hat sie daselbst verborgen und die Juden meinen bis heutzutage, dass sie noch dort sei. Auch betrachten sie diesen Fels als den Mittelpunkt der Erde; dieselbe Ansicht finden wir in der Grabkirche, wo auch ein kleiner Stein diesen Punkt bezeichnet. Interessant ist, dass die große Moschee auf dem Platze des alten Salomonischen Tempels steht, und so übernahmen die Muslime alle hebräischen Traditionen mit in den Kauf, fügten nur ihre Sagen hinzu. Er schwebt nach ihrer Meinung ohne Stütze über dem Abgrund und wollen es dem Wanderer auch beweisen, den sie unter den Tempel in hohle Räume führen, in denen man noch Reste von alten Mauern aus jüdischer Zeit sieht. Die Mohammedaner zeigen da Betplätze von David und Salomon, Abraham, Elias, auch Mohamed hat den Eindruck seines Kopfes zurückgelassen. Alle Sagen, die mit dieser für die Kenntnis der altasiatischen Religionen hochwichtigen Stelle im Zusammenhange sind, aufzuzählen, wäre eine mühsame Arbeit. Um nur zu zeigen, wie sehr alle die im Morgenland entstandenen Religionen zusammenhängen, sei erwähnt, dass dieser Fels nach Ansicht der Mohammedaner die Stelle ist, wo am jüngsten Tage der Thron Gottes aufgeschlagen werden wird; und da wird die Kaaba von Mekka hierher zur Sachrá kommen, denn hier wird der Posaunenstoß erschallen, der das Gericht einleitet.

Zu den ersten Zeiten der Mohammedaner hatte dieser Platz eine fast gleiche Bedeutung wie Mekka, die erst dann allmählich zurückwich. Von diesem Stein aus unternahm Mohamed seine Himmelfahrt und der Erzengel Gabriel musste den Stein zurückhalten, der dem Propheten nachschweben wollte.

Jüdische und mohammedanische Traditionen fallen hier vielfach zusammen und erhöhen das Interesse des Platzes.

Die Barthaare Mohameds, seine und Omârs Fahnen und der Schild von Omârs Onkel Hamsa sowie auch sehr schöne und alte Korane werden da gezeigt. Kunstgeschichtlich höchst wichtige Mosaiken, schöne Glasfenster und allerlei architektonische Momente wären zu bemerken, doch hier ist nicht Raum für allzu lange Schilderungen.

Nur der alten kufischen Inschriften sei noch Erwähnung getan, welche Koranverse auf Jesus Bezug nehmend, vom muslimischen Standpunkte aus enthalten und in schöner Schrift auf der Wand angebracht sind: Sûr. XVII, 111: »Lob sei Gott, der keinen Sohn, noch einen Genossen in seinem Regiment gehabt hat und keinen Helfer braucht, der ihn von der Schmach errette; preise ihn« .

Hinaustretend auf den freien Platz gelangten wir an die äußere Umfassungsmauer, sie fällt tief und senkrecht in eine felsige Schlucht ab. Weit hinüber über das Hochland genießt man eine herrliche Fernsicht nach den Gebirgen am Jordan und am Toten Meere. Das so genannte goldene Tor fällt uns in der Umfassungsmauer auf. Jüdische und Sagen aus dem Leben Christi knüpfen sich daran; mit Schutt und Steinen haben es die Mohammedaner zugemauert, denn ihrer Sage nach ist dieses Tor dasjenige, durch welches vielleicht ein blonder König aus dem Abendland einziehen wird in den Hof der Omâr-Moschee, ihrer Herrschaft hier ein Ende bereitend.

Nach langem Besuch verließen wir diesen höchst interessanten Platz; es ist die Stelle, wo der alte Tempel der Juden stand, der Salomonische Palast, der Glanzpunkt des alten, hochkultivierten Hebräer-Reiches, wo Christus später lehrte, an den sich die meisten Erinnerungen seiner Tätigkeit, Kardinalsätze unseres Glaubens knüpfen; wo darauf die Römer siegreich einzogen, die Juden mordend; wo ein Jupiter-Tempel stand und darnach eine Justinianische, byzantinisch-christliche Kirche; und dann folgte der Islam und es wurde daraus eine große Moschee, in der sich noch heute die Sätze und Sagen der drei größten Religionen denkwürdig vermischen, auf denselben morgenländischen Ursprung deutend.

213

Nebstdem erinnert uns die Omâr-Moschee an das berühmte Bild Raphaels, die »Trauung Marias«.

An der Klagemauer der Juden vorbei, wo sie noch heute um das verlorene Reich an den Trümmern ihres Tempels weinen und wehklagen, gingen wir durch die als »Via Dolorosa« bezeichnete Gasse quer durch die Stadt nach der Grabkirche.

Dort hatten sich einstweilen viele katholische Pilger versammelt; jeder, auch wir alle, bekamen brennende Lichter und nun wurde, die Franziskaner voraus, von einer heiligen Stätte zur anderen singend als Prozession gewandert. Bei den besonderen Plätzen der Andacht betete man kniend bestimmte Gebete und erst nach einer Stunde war dieser Rundgang zu Ende. Die dunkle Kirche, von den Fackeln matt beleuchtet, der dumpfe, monotone Gesang, der starke Weihrauchgeruch, das alles wirkt mystisch und gewaltig auf das menschliche Gemüt und alltäglich nehmen viele Pilger an dieser Prozession teil, die mit großen Ablässen verbunden ist.

Von da gingen wir in das Lager zurück, um unsere Pferde zu besteigen, und ritten um die ganze Stadt herum.

Bei herrlicher Abendbeleuchtung kamen wir an den Königsgräbern der alten Juden, dem Grab Absaloms vorbei, sahen den Blutacker Hakeldama und das öde, steinige, großartig düstere Kydron-Tal; alles ist so, wie es in der Schrift steht. Ich habe mir Jerusalem und dessen nächste Umgebung nie anders vorgestellt, als ich es dann fand.

Die Dämmerung begann, und langsam, große Eindrücke und Bilder genießend, ritten wir längs der alten Stadtmauer zurück. Ein interessanter, gut ausgefüllter Tag lag hinter uns.

Am 31. März begab sich die ganze Reisegesellschaft aus dem Lager in die Grabkirche, um da in einer Seitenkapelle am heiligen Messopfer beizuwohnen. Der Custode di Terra Santa erwartete uns beim Hauptportal und von ihm geleitet gelangten wir über eine Treppe in ein dunkles Heiligtum. Durch ein niederes Gitter sind zwei Altäre voneinander geschieden.

Der eine, schlicht und einfach, gehört den Lateinern, der andere prunkvoll, versilbert und vergoldet, ist griechisch. Ersterer ist am Platze, wo Maria bei der Kreuzigung gestanden, Letzterer hat den Namen »Golgotha«; der blanke Fels blickt unter dem griechischen

Kydron-Tal

Altarstein heraus, und sehr viele Pilger, meist russische Bauern, kamen während der lateinischen Messe einer nach dem anderen, um die geweihte Stelle zu küssen. Auch wir folgten ihrem Beispiele und wurden dafür von einigen Popen mit geweihtem Rosenwasser förmlich übergossen. Die orthodoxe Kapelle war mit schwarzen Stoffen verhängt, denn eine Stunde später sollte eine Seelenmesse für den armen verstorbenen Zar Alexander II. gelesen werden.

Nach dem Gottesdienst verließen wir die Grabkirche und gingen durch mehrere Gassen nach dem vom bekannten Geistlichen Père Ratisbonne gegründeten Frauenkloster. Die dazugehörige Kirche steht am Platze des »Ecce-homo« und bietet sonst kein besonderes Interesse; es ist ein neuer Bau, ganz französisch eingerichtet; blendend weiß und sauber, daher nicht mystisch und wenig eindrucksvoll, erinnerte er mich lebhaft an die protestantischen Bethäuser. Die im Kloster befindliche Mädchenschule ist ein wahrhaft edles Institut, um welches sich der brave Priester große Verdienste gesammelt hat.

Sehr reinlich und gut eingerichtet, bietet diese Anstalt Unterricht reichen und armen Kindern, besonders Christinnen, doch auch jüdischen und mohammedanischen Mädchen verwehrt der tolerante Geistliche den Eintritt nicht und lässt sie die Segnungen der Bildung genießen. Von der Plattform des Hauses erfreut man sich einer herrlichen Fernsicht nach dem Ölberge und der ganzen Umgebung der heiligen Stadt. Im Sprechzimmer mussten wir die obligate Limonade hinunterwürgen und gingen hierauf in die nahe liegende Flagellations-Kapelle.

Nach einigen Schlägen an einem halb verfallenen Tor öffnet der Aufseher dieser heiligen Stätte, ein alter ungemein verwahrloster Franziskaner, ein geborener Spanier, und führt die Wanderer durch einen ruinenhaften Vorhof in die kleine Kapelle; 1839 wurde dieselbe erst erbaut, ist daher von keinem Interesse; nur unter dem Altarstein sieht man das Loch, in welchem die Geiselungssäule stand.

Von da wanderten wir nach dem Regierungsgebäude, um dem Pascha und Gouverneur unseren Besuch abzustatten. Im Hof des großen, echt orientalischen Gebäudes stand eine Ehrencompagnie, die uns mit klingendem Spiel empfing. Der freundliche Hausherr führte seine Gäste nach dem im ersten Stock befindlichen Empfangssalon. Strohmatten liegen am Boden, die Wände sind kahl und an den vier Mauern stehende Divane, mit hübschen Stoffen überzogen, bildeten die einzigen Einrichtungsgegenstände. Mit förmlicher orientalischer Etikette wurden uns die Plätze angewiesen und famoser türkischer Kaffee sowie auch Zigaretten mit Libanon-Tabak kredenzt. Nach kurzem Besuch verabschiedeten wir uns vom Pascha und verließen abermals unter Trompetenbegleitung das Regierungsgebäude.

Nun gingen wir zum Coenaculum, dem berühmten Abendmahlsaal, der sich am Rande der Stadt in einem uralten, jetzt ganz mohammedanisch eingerichteten Hause befindet. Das Gebäude sieht recht baufällig und ruinenhaft aus. Der Saal selbst ist kahl und verwahrlost, auch ohne jedes Anzeichen, das auf die Wichtigkeit dieser Stätte deutet. Im selben Hause wird auch zwischen Gestein und Schutt das Grab Davids gezeigt und als solches hat der Platz eine Bedeutung für die Muslims. Einer einst reichen Familie, die ihre direkte Abstammung von Osman beweisen will, gehörend, bietet das alte Gebäude ein gewisses Interesse. Unter elenden Verhältnissen leben diese armen Leute, tragen aber dennoch große grüne Turbane und farbige, sehr malerische, wenn auch schon etwas zerrissene Kleider. In der Erinnerung an den großen Ahnherrn empfingen sie uns, wenn auch freundlich, so doch unleugbar herablassend, gaben daher unserem Erscheinen nicht den Charakter der Besichtigung der historischen Stätte, sondern eines Besuches bei ihren erlauchten eigenen Personen; folglich musste sich die ganze Reisegesellschaft auf einigen morschen Divans, die in einer halb offenen Galerie standen, niederlassen und aus sehr schmutzigen Schalen Kaffee schlürfen und dazu Zigaretten rauchen. Mit Pathos erzählten die braunen, unleugbar vornehm aussehenden Leute, mit schönen, edlen Gesichtszügen und langen Bärten, ganze Geschichten auf Arabisch, denen wir durch freundliches Grinsen antworteten. Der Besuch dauerte nicht allzu lange und durch das nahe liegende Stadttor eilten wir zu unseren Pferden, die schon früher dahin bestellt waren.

Der Großherzog und die Herren ritten nach dem Lager zurück, während Graf Caboga und ich auf einem nichts weniger als guten Wege die Richtung in das Kydron-Tal einschlugen. Wir beabsichtigten den Ölberg zu besichtigen. Im düsteren, unheimlichen Kydron-Tale, an den Hängen des Ölberges, befinden sich unglaubliche Mengen von Grabstätten; schon in den Tagen der alten Juden galt dieses Tal als unrein, im Gegensatze zum nahen Tempelberg. Vorchristliche Traditionen lehren bereits, dass in dieser Schlucht das Weltgericht stattfinden werde; die Muslime haben diesen Glauben von den Juden übernommen, daher begraben sie ihre Toten an der Ostseite des Harâm, während die Hebräer es an dem Westabhange des Ölberges tun.

Beide ehren die Sage, dass bei den Posaunenstößen des Weltgerichtes die Berge auseinander treten werden, um Platz zu machen den Massen der auferstehenden Leiber. Der christliche Glaube legt hierher den Ort, wo die Felsen sich öffneten und die Toten erschienen im Augenblick, als der Erlöser sterbend sein Haupt neigte, die Sonne sich verfinsterte und der Vorhang des Salomonischen Tempels in zwei Teile riss.

Der Ölberg in seinen untersten Hängen felsig abfallend, weiter oben sanfter aufsteigend, mit Steinplatten, Geröll und uralten knorrigen Ölbäumen bedeckt, bietet den Anblick eines graugrünen, düsteren Hügels. Auf einem schlechten, in Serpentinen sich emporschlängelnden Wege gelangten wir auf die Spitze des Berges. Eine kleine Kapelle mit zylindrischer Trommel und unbedeutender Kuppel überwölbt die Stelle, an der sich Christus gen Himmel erhob. In einer Marmorplatte sieht man die Fußspur des Erlösers.

Der Platz gehört den Mohammedanern, wird von ihnen ebenfalls heilig gehalten, doch erlauben sie den Christen an gewissen Tagen daselbst Messe zu lesen. Neben der Kapelle steht ein Minarett; die enge Stiege führt anfänglich innerhalb, dann wie gewöhnlich außerhalb, das Geländer ist abgebrochen, die Steinplatten glatt, daher für Leute, die dem Schwindel unterworfen sind, nicht ratsam. Von der Spitze des Turmes genießt man eine herrliche Aussicht auf Jerusalem, die Höhenzüge, welche das Plateau, die nächste Umgebung der heiligen Stadt sowie auch Bethlehem von dem Jordan-Tale trennen; es sind graugrüne Steppengebirge; in weiter Ferne erblickt man die Hochgebirge am östlichen Ufer des Jordans und des Toten Meeres und durch einen Taleinschnitt sah man ein kleines Stück des dunkelblauen Wasserspiegels des einsamen Binnenmeeres.

Der Ölberg sowie die Gebäude auf demselben sind ungemein verwahrlost und nur der berühmte Gehtsemane-Garten an dessen Fuße trägt die Spuren guter Pflege, die ihm die Franziskaner als dessen Besitzer angedeihen lassen. Ein Mönch lebt als Aufseher in dem daneben stehenden kleinen Häuschen. Ölberg und Gethsemane erweckten ernste Gedanken in mir; die Wahrheit der Überlieferung spricht aus jedem Stein und man glaubt die Passionsgeschichte in lebenden Bildern zu sehen; mir dünkte, als hätte ich insbesondere diese zwei Punkte schon gekannt, so sehr stimmte die Wirklichkeit mit der Vorstellung überein, die ich mir stets im Geiste bildete.

Vom Kydron-Tal ritten wir längs der Stadtmauer gegen unser Lager zurück. Beim Schlachtplatz stieg ich ab und versuchte vergeblich einen Aasgeier anzuschleichen. Hunderte von großen Geiern kreisten in den Lüften, Hunde umlungerten die blutig schmutzige Stelle; ein ganz perfider Gestank zwang mich, einen fluchtähnlichen Rückzug anzutreten und durch einige Ölgärten hindurch und an Häusern vorbei gelangte ich in das Lager. Bald darauf wurde gespeist, denn Graf Caboga und ich wollten noch nachmittags Jerusalem verlassen und nach dem Maltester-Hospiz Tautur reisen; die anderen Herren hatten die Absicht, erst tags darauf nach Bethlehem zu folgen.

7. Kapitel

Jerusalem musste ich nun verlassen; einen Abschiedsblick den grauen Mauern des ehrwürdigen Sion zuwendend, fuhr ich mit Graf Caboga auf der recht guten Straße von Bethlehem weg. Vom Damaskus-Tor, wo unser Lager stand, führt der Weg anfänglich um die westliche Seite der Stadt herum, knapp unter der alten Mauer. Beim Beginn des Kydron-Tales muss eine Niederung passiert wer-

den und zwischen steinigen, wenig bebuschten und nur von spär-
lichem Graswuchs bedeckten Flächen, einigen halb verfallenen
Gartenmauern, verkümmerten Ölpflanzungen und ruinenhaften
Häusern schlängelt sich die Straße hindurch. Zur Rechten erblickt
man die kasernartigen Gebäude der deutschen Kolonie, zur linken
einen öden, verlassenen Höhenzug; am hübschesten ist der Blick
zurück auf die hochragenden Zinnen, Mauern und Türme der heiligen Stadt.

Allmählich steigt der Weg an der entgegengesetzten Lehne der
Niederung empor; ein kahler Hügel nahe von uns wird als der
Platz bezeichnet, wo das Landhaus des Kaiphas stand; auch kommen wir über die Stelle, wo die Philister lagerten und David sie
schlug; später an den Ruinen des Hauses des greisen Simeon und
an dem Magierbrunnen, wo die Weisen aus dem Morgenlande den
Stern wieder erblickten, vorbei. Der Sattel des Bergrückens ist erreicht und wir befinden uns neben der Gartenmauer des großen,
zwischen Ölbäumen stehenden griechischen Klosters Mar-Elyâs.
Die Aussicht von hier ist eine reizende; eine weite, von tiefen Ein-
schnitten durchzogene, steinige, graugrüne Niederung zieht sich
bis zu den Höhen, auf denen Bethlehem malerisch liegt. Die Racheln und kleinen Täler sowie die Senkungen des Terrains verfol-
gen alle die Richtung gegen die Randgebirge des Jordan-Tales und
durch diese in Form von Schluchten hindurch nach dem Toten
Meere.

Im Südwesten erblickt man in weiter Ferne einen ziemlich bedeutenden Ölwald, aus dessen Dunkel die Zinnen der Sommerre-
sidenz des lateinischen Patriarchen emporragen. Nach Norden
wird nun der Ausblick durch den eben überschrittenen Höhenzug
abgeschlossen, während nach Westen ein Gewirr von steinigen Hügeln, kleinen Tälern und Plateaus der Landschaft einen interessanten Charakter verleiht.

Eine Viertelstunde noch bergab fahrend erreichen wir die Mauern des Gartens der kleinen Malteser-Burg Tantur. An einem Berghange steht das stilvoll gebaute mittelalterliche Schloss, an die Tage der Kreuzfahrer mahnend.

Das weiße Kreuz Maltas weht als Flagge von den Zinnen und
die Nebengebäude, als Hospiz eingerichtet, zeugen für die Mildtä-

tigkeit des alten Ritterordens. Durch den Garten bergauf gelangen wir an die zweite Umfassungsmauer und in den gepflasterten Schlosshof, in dessen Mitte ein tiefer Brunnen steht. Graf Caboga gründete dieses Schloss und das kleine Hospiz für kranke Pilger und Landvolk; das ganze Jahr hindurch führt er da ein angenehmes Landleben, ernsten Studien und mildtätigen Werken gewidmet. Sein Diener Ferdinand Nicodemus, ein christlicher Syrier, ein recht gebildeter junger Mann, leistet als gelernter Apotheker im Hospiz gute Dienste, zugleich ist er ein überaus geschickter Bursche, tüchtiger Reiter, findig und geübt im Verkehr mit den Bewohnern des Landes; er begleitete uns auch auf der ganzen Reise durch Palästina, wo wir ihn alle sehr schätzen lernten.

Als wir im Schlosshof angelangt waren, sprangen von allen Seiten große arabische Hunde, schöne Tiere, unseren ungarischen Wolfshunden sehr ähnlich, herbei und begrüßten freudig winselnd ihren Herrn. Graf Caboga ist ein Tierfreund und zähmt die verschiedensten Gattungen. Durch lange Zeit hatte er eine vollkommen zahme Hyäne; jetzt lief ihm ein schönes asiatisches Schaf bis in die Zimmer nach und ein mit den Tauben frei am Schlossturm lebender Kakadu schwang sich leichten Fluges auf die Schultern seines Herrn herab. Nachdem ich das wohnlich eingerichtete Schloss besehen hatte, ging ich begleitet von Ferdinand und meinem Jäger nach dem Platze, wo des Nachts auf Hyänen gejagt werden sollte.

Wir mussten den Weg, den wir gekommen waren, die Straße von Jerusalem, für ein kurzes Stück einschlagen. Mehrere hundert Schritte unterhalb des Klosters Mar-Elyâs stehen einige alte, aus großen Steinen flüchtig erbaute Mauern; an einer derselben dicht neben der Straße war auf sehr geschickte und unkenntliche Weise ein Versteck erbaut worden. Vor demselben lag in höchst übelriechendem Zustande, wie es die Hyäne liebt, ein alter Esel.

Leider war um diese Zeit kein Mondschein und ich musste wohl erwarten, dass jeder Versuch, die Raubtiere in der stockfinsteren Nacht zu sehen, geschweige denn zu erlegen, vergeblich bleiben dürfte, daher hatte ich viel Gift, das probate Mittel Strychnin, mitgenommen, um doch einer Hyäne habhaft zu werden.

Große Lederhandschuhe wurden angezogen und darauf auf kunstgerechte Weise der Schlägel des Langohres todbringend präpariert; nach alter Jägersitte mussten einige kleine Fleischstücke, ebenfalls vergiftet, um den Hauptköder gelegt werden, da die meisten Raubtiere die Gewohnheit haben, früher einige kleine Brocken zu verkosten, ehe sie sich auf die große Arbeit verlegen. Diese ekelhafte Tätigkeit des Präparierens war eben beendet und wir richteten noch die Schussscharten der Embuscade her, als ein Araber mit langem Gewehr erschien und uns seine Dienste anbot; er wollte um jeden Preis uns des Nachts auf den Anstand begleiten, gab viele gute Lehren, erzählte über alle seine Erfolge bei der Hyänenjagd und nur mit Mühe konnten wir ihn zum Schweigen bringen. Da die Stunde des Lauerns noch lange nicht da war, beschlossen wir in das Schloss zurückzukehren; den Araber, von dem wir fürchteten, er könnte uns, im Falle er fortgejagt würde, aus Rache den ganzen Anstand verderben, nahmen wir vorsichtigerweise mit. Ferdinand kannte ihn als einen unverlässlichen, schlechten Menschen, der von der Jagd auf Steinhühner lebt und vagabundierend die Gegend Bethlehems durchzieht; das verschmitzte, heimtückische Gesicht sprach bestätigend für diese Annahme und so war ich entschlossen, dieses Individuum für diese Nacht unschädlich zu machen. Den jungen Hodek ließ ich beim Versteck, damit er bis zu unserer Rückkehr Acht gebe und wache. Die Sonne ging eben unter, die steinigen Hügel, das Schloss Tantur, die malerisch gelegene Stadt Bethlehem und die Randgebirge des Jordan-Tales zaubervoll vergoldend. Über dem Toten Meer drüben erglänzten die schönen Hochgebirge mit ihren hohen, kahlen Wänden, im echten an unsere Alpen erinnernden Alpenglühen.

Der Himmel war mit einzelnen dünnen Lämmerwolken bedeckt und ein kühler Luftzug wehte über das Hochplateau.

Die Temperatur der Umgebung Jerusalems und des gesamten Küstengebirges zwischen dem Meere bis Bethlehem ist nicht mit der milden, immer gleichen, herrlichen Luft Ägyptens zu vergleichen. Raue Winde mahnen an die hohe Lage dieses kahlen Plateaus und Schneefälle im Monat März sind bei der heiligen Stadt eine nicht allzu seltene Erscheinung. Bei Bethlehem, schon eine Stunde östlich dieses Ortes, ändert sich die Flora und das Klima und die fürchterliche dicke, schwere Atmosphäre des Jordan-Tales macht sich da fühlbar.

Mit unserem Araber schritten wir nach dem Schloss zurück; dort angelangt, wurde er mit Speise und Trank erfreut, doch zugleich für zwölf Stunden in einem wohlversperrten Gemach seiner Freiheit beraubt. Auch wir nahmen ein sehr gutes Souper ein, das von den landesüblich gekleideten Dienern des Grafen serviert wurde. Hierauf eilte ich zu meinem Hyänen-Anstand zurück.

Die Nacht war einstweilen hereingebrochen und leider verfinsterte noch auftürmendes Gewölk die ohnehin in tiefes Dunkel gehüllte Landschaft. Hodek kauerte in der Hütte und meldete mir das Erscheinen einiger Schakale kurz nach Sonnenuntergang. Mit eiserner Geduld blieben wir bis Mitternacht im Versteck liegen, doch gar bald musste man die Hoffnungslosigkeit erkennen, denn kaum war die Stelle, wo der tote Esel sich befand, bemerkbar. Wäre blanker Fels oder wie in Ägypten Wüstensand der Untergrund gewesen, so hätte ich bessere Aussichten gehabt, doch wie in der ganzen Umgebung Jerusalems, so auch hier, lagen einzelne Steine und Felsplatten, getrennt durch dunkles Gras, umher, mithin waren alle frohen Hoffnungen zerstört. Dafür aber standen wir in diesem engen, dumpfen Raum wahre Qualen aus; der Wind war für die Jagd gut und blies vom Aas direkt gegen uns, durch die Schussscharten die schrecklichsten Gerüche hereinwehend. Einigemal glaubten wir herumschleichende Tiere zu vernehmen; auch zogen auf der Straße mehrmals Menschen, Lieder vor sich hin brummend, vorbei und die Wachthunde des Klosters sowie jene des Schlosses heulten jämmerlich, nach echt orientalischer Weise. Um Mitternacht, wie gesagt, riss mir die Geduld und wir tappten alle vorsichtig nach dem Schlosse zurück.

Am 1. April noch vor Sonnenaufgang ließ ich mich wecken und ging hinaus, um die Wirkung des Strychnins zu sehen. Nicht gering war unser Erstaunen, als der Esel, das große, schwere Tier, einfach verschwunden war.

Keine Spur des Schleppens am Boden war zu bemerken, das Gras schien nicht gebogen, und so war der Beweis geliefert, dass ein außerordentlich starkes Raubtier den schweren Esel einfach hinweggetragen hatte.

Da einige der kleinen Brocken auch verschwunden waren, suchten wir die nächste Umgebung ab und fanden auf höchstens zwan-

Fenek

zig Schritte einen starken Schakal. Hochbeiniger, größer und mit kürzerer und buschigerer Rute als die ägyptischen, und mit einem gelblichen Fell, das nur am Rücken durch eine blaugraue Schabrake unterbrocken war, erschien mir das merkwürdige Tier verschieden von jenen Schakalen, die ich bisher gesehen und erlegt hatte. Gar bald entdeckten wir auch eine Blutspur, die uns vom Platz direkt an die Straße führte, über dieselbe hinweg an eine Mauer; da konnte man deutlich bemerken, wie der Esel über die Steine hinweggezerrt worden war, auch klebten noch Haare und Blut an den scharfen Kanten; auf der entgegengesetzten Seite wurde das Aas wieder getragen; die Blutspur nahm nun die Richtung gegen eines jener tief eingeschnittenen Täler, die gegen die Randgebirge der Jordan-Niederung führen. Vorsichtig schlich ich nach; über eine Kuppe hinüberblickend, gewahrte ich auf beiläufig 50 Gänge einen dunklen Gegenstand und bei demselben ein kleines rötlich gelbes Tier. Einer jener wunderhübschen niedlichen Feneks (Wüstenfüchse) mit ihren langen Fledermausohren verzehrte da gemütlich sein Frühstück; ein glücklicher Kugelschuss streckte den kleinen Gesellen zu Boden.

Als ich an den Platz eilte, fand ich meine Beute neben dem Kopf unseres Esels liegen; selbstverständlich wurde nun alles genau untersucht; der schwere, große Schädel eines ausgewachsenen alten Langohres der großen asiatischen Rasse war einfach abgebissen, man sah den Riss der Zähne. Mit dem übrigen Körper war das Raubtier verschwunden; bis hierher hatte es aber den ganzen Esel geschleppt, nicht gezerrt, sondern am Rücken getragen. Die Hyänen sind sehr groß und stark, doch dies zu leisten sind sie nach meiner Ansicht unmöglich imstande; auch haben sie nicht die Gewohnheit, ihre Beute unberührt zu verschleppen, das ist echte Bärenmanier und ich bin überzeugt, dass ein gelber syrischer Isabell-Bär, der, wie Brehm in seinem Tierleben sagt, auch in Palästina vorkommt, uns diese Posse gespielt hat. Wäre Vollmond gewesen, man hätte eine jagdlich herrliche Nacht erleben können. Ärgerlich und schlechter Laune ging ich in das Schloss zurück, um zu frühstücken. Auf der Straße herrschte reges Leben; die Karawanen mit Lebensmitteln auf Eseln und Kamelen zogen vom Lande zum Markt nach Jerusalem; man sah bunte Trachten und interessante Männer- und Frauen-Typen.

Bald kam auch unser Gepäck und die ganze Tragtier-Kolonne mit Herrn Howard an der Spitze vom heiligen Sion, wo das Lager an diesem Morgen abgebrochen worden war, am Schloss vorbei, um unterhalb Bethlehem unseren nächsten Lagerplatz wieder aufzuschlagen. Die Herren wollten noch den Vormittag in der Stadt zubringen und erst gegen 12 Uhr nach Tantur kommen. Ich benützte die erübrigte Zeit, um im Versteck auf große Raubvögel zu warten; der Kopf des Esels war indessen zur Hütte hinaufgeschleppt worden; ich hatte noch für die nächste Nacht Vergiftungspläne mit diesem letzten Überrest unseres stattlichen Langohres. Störche zogen in großen Scharen von Süden nach Norden, bald folgte auch die alltägliche Geier-Karawane, welche von den Hochgebirgen am Toten Meer nach den Städten, insbesondere Jerusalem, kommt, um die Äser aufzulesen. Hunderte von Geiern, einer hinter dem anderen, auch einige Adler wurden in den Vormittagsstunden in den Lüften sichtbar.

Leider stand das Versteck zu nahe an der Straße, auf der reges Leben herrschte, und so umkreisten Unmassen von großen Raubvögeln die Stelle, ohne sich herabzuwagen. Ein einziger Aasgeier hatte den Mut, einige Male ganz neben der Hütte vorbeizuziehen, was er auch mit dem Leben büßte.

Nach diesem Erfolg ging ich abermals zum Schloss zurück und erwartete da mit Graf Caboga die Ankunft meiner Reisegefährten, die auch bald erfolgte. In gestrecktem Schritt sprengten sie in den Schlosshof und allsogleich musste ich meine Jagdgeschichten, die Erlebnisse der letzten Stunden zum Besten geben. Caboga bewirtete uns noch mit einem guten Gabelfrühstück, worauf alles teils zu Wagen, teils zu Pferd die kurze Reise nach Bethlehem antrat. Der steinige, schlechte Weg schlängelt sich zwischen alten Mauern, einigen Ölgärten, neben halb verfallenen Häusern, stets bergab gegen die steile Berglehne, an der die berühmte Stadt, der Geburtsort des Heilandes, liegt.

Der Name Bêt-lahem ist uralt und bedeutet im Hebräischen »Brotort«; in der altbiblischen Geschichte war diese Stadt durch die Fruchtbarkeit ihrer Umgebung berühmt und zugleich als Heimat der Familie David viel gepriesen; der auch an den Reichtum dieser Landschaft mahnende Name »Ephrata« wurde oft von den Propheten in ihren ahnungsvollen Gesängen genannt: »Und Du Bethlehem, Ephrata, die Du klein bist unter den tausenden in Juda, aus Dir soll der kommen, der in Israel Herr sei, welches Ausgang von Anfang und von Ewigkeit her gewesen ist.«

Die Stadt liegt auf einem Bergrücken, an den steil abfallenden Hängen malerisch aufgebaut, doch zugleich lang gestreckt; zwischen den steinigen Lehnen sind plattformartige Öl- und Weingärten, welche dem ganzen Bild einen freundlichen grünen Charakter verleihen, angepflanzt. Die aus weißem Stein erbauten Häuser mit flachen Dächern, die Kuppeln und Türme der Kirchen, die Plattformen und Klöster, das alles gibt diesem heiligen Ort den Anstrich einer größeren Stadt, die es eigentlich nicht ist.

An den ersten Häusern vorbei dringt man in eine enge Gasse ein; holperiges Pflaster, Winkelwerk, düstere Wände, ununterbrochenes Bergauf- und Bergabfahren sind die ersten Eindrücke, die der Wanderer erhält. Zugleich bietet sich aber Gelegenheit zu interessanten ethnographischen Studien. In noch weit höherem Maße als Jerusalem ist Bethlehem der Typus einer alten hebräischen Stadt. Die Menschen, die man auf den flachen Dächern ihrer Häuser, in den Gassen und an den Fenstern sieht, sind alte biblische Juden, wie die Phantasie dieselben nicht anders ausmalen kann; große Turbane, faltenreiche Gewänder, bunte Oberkleider; die Reichen in der Tracht der Pharisäer, die Armen so wie jenes Volks, das zuerst aus dem Munde des Erlösers auf den Plätzen und Straßen die Segen bringenden Sätze seiner Lehre erhielt.

Der Gesichts-Typus ist auch ein echt hebräischer: lange, gebogene Nasen, blasse Gesichtsfarbe, schwarze und rote Bärte, geringelt und in zwei Spitzen verlaufend, wie man es auf den Bildern Christi und seiner Apostel sieht.

Die Frauen sind besonders auffallend: in weite, faltenreiche, farbige Gewänder gehüllt, das weiße, äußerst malerisch drapierte Tuch am Kopfe; blasse Hautfarbe, die schönsten Augen, Gesichtszüge und Haare, die man sich nur denken kann. Ich habe noch niemals so schöne Frauen als in Bethlehem gesehen, geschweige denn so viele in einer Stadt; eine Schönheit folgt der andern; die edelsten Muttergottes-Typen, und wie man sich die herrlichsten Frauengestalten des neuen Testamentes nur ausmalen kann, wandeln da in Fleisch und Blut umher.

Der erstaunte Pilger wähnt sich wie im Traume in die Tage des Heilandes versetzt, als Maria in ärmlicher Hütte den Gottmensch gebar und die Weisen aus dem Morgenlande, dem Stern folgend, aus den Niederungen des Jordan-Tales kamen, wo ihre freien Nomadenreiche bestanden, so wie sie heutzutage noch bestehen.

Frauen von Bethlehem

Noch weit mehr als Jerusalem entrückt Bethlehem den Wanderer aus der Gegenwart im Geiste in jene Tage, die uns die Überlieferung lehrt; und wenn möglich noch drastischer erkennt man alles, als hätte man es schon einmal in den Kinderjahren gesehen. Bethlehem von außen und besonders seine heiligen Stätten, die ich gleich schildern werde, sind der Typus des Krippenspieles, so wie wir es auf den Bildern der gläubigen Maler aus dem Mittelalter sehen und wie es alljährlich zu Weihnachten, in bunten Farben be-

229

malt, als fromme Spielerei den Kindern geschenkt wird. Die Stadt ist von Christen bewohnt; die Urbevölkerung ward hier christlich und von fünftausend Seelen sind nur dreihundert Muslime.

Die Gasse verlassend, kommen wir auf einen von echt orientalischen Häusern umgebenen Platz, an dessen einer Seite sich die große Marien-Kirche mit allen dazugehörigen Gebäuden erhebt. Die wichtigsten heiligen Stätten sind auch hier unter einem Dach vereinigt und gehören den Lateinern, Griechen und Armeniern gemeinschaftlich; alle drei Religionen haben auch ihre mit der Kirche in unmittelbarer Verbindung stehenden Klöster.

An der Hauptpforte erwartete uns der Custode di Terra Santa mit einigen seiner Franziskaner und am Platze war alles dicht gedrängt mit Menschen; unglaubliche Massen von Bittgesuchen wurden uns in wenigen Minuten aufgedrängt.

Die Kirche ist uralt und schön, von byzantinischem Ursprung, ziemlich unversehrt, aus den Tagen Kaiser Constantins stammend, der sie selbst erbauen ließ. Im Innern überrascht uns ein im Laufe der Zeiten entstandenes Winkelwerk und viele so enge und niedere Pforten, durch welche man sich nur mit aller Mühe durchzwängen kann; sie haben den Zweck, die heiligen Stätten vor Invasionen der nicht allzu weit hausenden, vollkommen unbotmäßigen Araberstämme zu schützen.

Die Kirche mit ihren Kapellen und Hallen trägt den vollen Charakter der ältesten christlichen, daher byzantinischen Zeit, leider sind viele der uralten Mosaiken und Malereien verwischt und abgefallen sowie auch Statuen gebrochen; im Ganzen ist die Kirche nicht sehr gut erhalten; in ihrem Innern sieht man auf Schritt und Tritt den zwischen den drei Riten geschlossenen Kompromiss, und Altäre, Taufbecken und Stellen der verschiedenen Verehrungsarten befinden sich nebeneinander. Franziskaner und Popen wandeln in großer Menge in den Hallen umher; wenig Pilger, nur einige russische Bauern waren an diesem Tage anwesend; desto mehr Volk, da die Stadt christlich ist, darunter die schönsten, malerischsten Weiber, die sich nur die Phantasie ausmalen kann, folgten uns im heiligen Raume.

Das Interessanteste und Wichtigste sind die unterirdischen Grotten. Über eine Stiege und durch Türen gelangt man aus der

Kirche in die durch viele Lampen hell erleuchtete Geburtskapelle; in einer Nische gegen Osten steht ein Altar, unter demselben ist ein silberner Stern in den Boden eingelegt, umgeben von den Worten: »*Hic de virgine Maria Jesus Christus natus est.*« Dieser enge düstere Raum hat eine ganz eigentümliche Wirkung auf jeden Pilger und der volle Mystizismus des alten Glaubens, die Macht der Überlieferung und die Überzeugung, hier sei das Christentum geboren worden, von da sei die größte Veränderung in der Weltgeschichte hervorgegangen, ruft ernste erhabene Gedanken wach und wie von selbst fällt man auf die Knie, den Stein küssend, an dem Tausende von Lippen im langen Lauf der Zeiten in heißer Inbrunst durch einen vielsagenden Kuss ihr Credo dargebracht haben. Über drei Stufen noch tiefer hinabsteigend, gelangt man in die Kapelle der Krippe, wo, wie die Überlieferung lehrt, die Krippe mit dem Jesukindlein stand, und gegenüber wird die Stelle gezeigt, auf der die drei Weisen aus dem Morgenlande niedersanken, dem Gotteskind ihre Anbetung zollend.

Durch einen unterirdischen Gang kommen wir an einem Loch im blanken Fels vorbei, aus dem einst eine Quelle für die heilige Familie hervorsprudelte; eine Tür eröffnet hier den Eintritt in einen neuen Gang, wo die Stelle gezeigt wird, an der Josef den Befehl zur Flucht nach Ägypten erhielt; noch etwas tiefer ist die ganz höhlenartige Kapelle der unschuldigen Kinder, wo Herodes einige daselbst durch ihre Mütter verborgene Kinder morden ließ.

Unser Weg führt uns nun weiter zum Altar und Grab des heiligen Eusebius von Cremona, eines Schülers des heiligen Hieronymus; nahe davon gelangen wir zum Grab dieses großen Kirchenvaters; etwas weiter wird die in den Fels gehauene Kapelle des Heiligen gezeigt, in der er lebte und seine Werke schrieb. Der Weg durch die unterirdischen Räume war somit beendet und über eine Stiege gelangten wir durch die Katharinen-Kirche in das lateinische Kloster. Es ist dies ein einfach aber reinlich erhaltenes Gebäude; im Refektoriumssaal bewirteten uns die Franziskaner mit allerlei süßlichen Getränken.

Nach kurzem Besuch forderte uns der griechische Bischof, ein Mann in den besten Jahren mit langem schwarzen Bart und schönen Gesichtszügen, ein echter Grieche, höflich und geschmeidig, in den schönsten Phrasen auf, sein Kloster zu besuchen. Es ist dies ein einfacher Bau, bewohnt von Mönchen der Regel des heiligen Basilius; vollkommen orthodox eingerichtet, vom lateinischen Typus ziemlich verschieden. In einem kahlen, recht unwohnlichen Zimmer, von dem aus man aber eine schöne Fernsicht über die Stadt und die ganze Gegend genoss, mussten wir uns alle niedersetzen, mein Onkel, der Bischof und ich auf den einzigen Divan. Kaum waren wir da, als auch schon Popen mit den schrecklichen Getränken erschienen. Sobald als nur möglich trachteten wir, uns von da zu flüchten und gingen nun zu der nahe liegenden Milchgrotte. Durch einen weiten Eingang und über einige Stufen gelangt man in die eigentliche Grotte. Die Überlieferung lehrt, die heilige Familie habe sich daselbst verborgen und einige Tropfen der Muttermilch Marias seien auf den Kalkstein gespritzt; daher pilgern sehr viele Frauen an diese Stelle, denn ein Aufguss auf den Stein vermehrt die Milch jenen, die sie benötigen. Christen und auch Muslime halten diese Grotte in hoher Verehrung; der Altar im Innern derselben gehört den Lateinern.

Nachdem wir uns von den griechischen und lateinischen Geistlichen verabschiedet hatten, eilten wir an den letzten Häusern der Stadt vorbei zwischen Ölgärten und Steinmauern längs des Berghanges nach unserem Lager, das auf einem freien Platze neben dem ungemein schmutzigen, aber malerisch gelegenen Dorf Betsahur aufgeschlagen war.

Die Bevölkerung drängte sich neugierig heran und nur mit Mühe konnten die türkischen Gendarmen das Lager freihalten. Alles war schon ausgepackt und hergerichtet und gar bald hatten wir uns auch hier häuslich eingerichtet.

Zwei Jäger erschienen, ihre Dienste anbietend; es war ein edles Brüderpaar, bethlehemitische Bürger, vollkommene Juden im alten Kostüme; doch hatten sie auch viel Vagabundenartiges an sich und schienen von der Steinhuhn-Jagd zu leben. Der eine sprach gut Französisch und schien mit vielen Beduinenstämmen in Jagdangelegenheiten in Verbindung zu sein, versprach uns auch eine Steinbock-Jagd zu arrangieren und junge, lebende Steinböcke zu verschaffen. Er war Christ wie alle Bethlehemitaner und hatte in

Frankreich als Soldat gegen Deutschland wacker gefochten. Herr von Lesseps lernte ihn auf seiner Reise in Palästina kennen und nahm ihn als Diener mit; in Frankreich übergab er ihn den Reihen der Armee, die eben gegen den Rhein marschierte; auf diese Weise nahm er am Feldzug 1870 teil und kehrte bald nach dem Friedensschluss in seine Heimat zurück, um da so wie einst auf Steinhühner zu jagen.

Mit diesen Leuten gingen nun Hoyos und ich hinaus, um in den Nachmittagsstunden noch etwas die nächste Umgebung zu durchstöbern. Im Tale in östlicher Richtung schreitend, kamen wir an einigen Herden vorbei. Die malerisch gekleideten Hirten gefielen mir sehr gut. Jene, die bei der Krippe als die Ersten dem Sohn Gottes huldigten, sahen gewiss auch nicht anders aus wie diese, die mit ihren Ziegen, eintönige Lieder singend, auf den Berghängen umherzogen.

Die Hügel nahmen hier einen höheren und steileren Charakter an; auch lagen die Steine spärlicher umher und gelbgrünes Gras bedeckte alles; ich bemerkte schon einen Unterschied in der Pflanzen-Fauna.

Betsahur ist in dieser Richtung das letzte Dorf und mit dem Beginne der graugrünen Berge und der Jordan-Flora gelangt man in das Gebiet der Beduinen-Stämme, wo eine gewisse Vorsicht nicht ganz außer Acht gelassen werden darf.

In den Hängen kletterten wir mit Eifer umher; einige Steinhühner wurden gesehen und gehört, doch die wenigen, die man in der Nähe Bethlehems findet, sind schon so scheu, dass von einer Annäherung keine Rede ist. Wir streiften mit unseren landesüblichen Jägern über einige Hügel gegen das Dorf zurück; sobald man sich demselben nähert, beginnt wieder die Zone der Ölbäume und verwahrloster Gärten. Südlich von dem Höhenrücken, auf dem Bethlehem und auch Betsahur stehen, befindet sich ein tief eingeschnittenes Tal, dessen beiderseitige Lehnen staffelförmig angelegte Öl- und Weinpflanzungen aufweisen, zwischen denen Felswände mit karstartigem Gestein, Nischen, Mulden und Höhlen bildend und mit immergrünen Gebüschen bedeckt, dem Ganzen einen recht malerischen Charakter verleihen. Die schmale Talsohle ist mit Felsblöcken, alten Mauern und Zisternen ausgefüllt; ein steiniger, für die Herden bestimmter Pfad schlängelt sich an der dem Orte entgegengesetzten Lehne empor. Hoyos und ich kletterten zwischen den Ölgärten und Felswänden, einige rufende Hühner suchend, herum, als plötzlich der Großherzog mit einigen anderen Herren neben dem Dorfe drüben erschien und uns mit Zeichen verständlich zu machen suchte, dass unter uns etwas Jagdbares umherlaufe. Leider gestattete das staffelförmig abfallende Terrain keinen Überblick und so eilten wir zu den Herren an die andere Lehne hinüber, wo uns mitgeteilt wurde, ein starker Schakal sei um eine Stufe tiefer langsam vorbeigewechselt. Auf das hin verteilten wir uns an verschiedenen Plätzen im Tale, um bei Sonnenuntergang auf die ausziehenden Raubtiere zu lauern.

Mein orientalischer Begleiter meinte, auch die Wauis hätten diesen Ort sehr gerne. »Waui« nennen die Araber Palästinas den Schakal, nicht »Thaleb« wie die Ägypter, überhaupt weicht das hiesige Arabisch von dem der Ägypter unverständlich stark ab.

Der Abend war sehr schön, die Sonne ging unter, Herden kamen vorbei, von malerischen Hirten geleitet, der Ton der Glocken vermengte sich mit schwermütigen Gesängen und von Bethlehem klang das Ave-Maria-Geläute herüber. Die Schatten wurden immer länger, das letzte Rot verschwand von den Bergen am Toten Meer, die Adler strichen ihren Schlafplätzen zu und ein Schakal schlich gespenstig durch das Tal; er nahm die Richtung gegen mein Versteck, doch leider war der Wind nicht am besten und so verschwand das schlaue Tier hinter einigen Felsen.

Eine eigentümliche, unheimliche Melancholie ruht in den öden Schluchten Palästinas, besonders des Abends, und man kann sich vorstellen, wie geeignet diese düsteren Plätze den Raubtieren erscheinen, wo Hyänen, Wölfe und Schakale zusammen bei den alten Gräbern heulen. Vor Eintritt der vollen Dunkelheit verließ ich den feuchten, kühlen Platz und eilte neben dem Dorfe vorbei nach dem Lager. Ein Schatten schwebte über mir hinweg, ich warf einen Schuss hin und ein armer Storch sank tödlich getroffen herab. Im Lager angelangt wurde gespeist und dann bald zur Ruhe gegangen.

Des anderen Morgens brachen wir ziemlich früh auf und ritten nach Bethlehem; abermals waren große Menschenmengen am

Platze und nur mit Mühe drängten wir unsere wiehernden und umherspringenden arabischen Hengste bis zur Kirchentür durch das Gewühl. Die Franziskaner geleiteten die ganze Reisegesellschaft in die Geburtskapelle, wo der Burgpfarrer die Messe las. Publikum war uns selbst bis in die unterirdischen heiligen Stätten gefolgt und auf dem blanken Fels knieten, durch den matten Schein der Lampen interessant beleuchtet, einige wunderschöne Bethlehemitanerinnen, wahre Madonnen-Gestalten.

Nach dem Gottesdienst eilten wir auf den Platz hinaus, wo unsere Pferde standen.

Eine große Überraschung erwartete mich da. Auf der Terrasse eines Hauses lagen eine kolossale Hyäne mit wundervollem Fell und langen Mähnen und neben ihr zwei Schakale, kleiner und verschieden in der Färbung von dem des vorhergegangenen Tages, doch stärker und noch variierender im ganzen Aussehen vom ägyptischen *Canis aureus*. Das Gift hatte diesmal gewirkt. Tags zuvor wurde der noch übrig gebliebene Schädel des Esels mit starker Dosis Strychnin präpariert und als einzige Speise an den Platz gelegt; selbstverständlich fielen die in jenen öden Gegenden arg ausgehungerten Tiere mit aller Gier über den leckeren Bissen her und fanden auf diese Weise einen raschen Tod. Die Beute sandte ich, auf den Rücken eines Esels verladen, nach dem Lager zurück, wo sie in das Zelt unseres Präparators wanderte.

Wir ritten hierauf denselben Weg wie tags zuvor nach Tantur in das hübsche Malteser-Schloss. Dort angelangt, wurde beschlossen, einen der nahe liegenden kahlen, steinigen Hügel regelrecht zu treiben. Wir requirierten so viele Treiber als nur möglich. Diener des Grafen Caboga, unsere Pferdeknechte aus dem Lager, Hirten und spazieren gehende Landleute, alles wurde mitgenommen. Ein Teil der Herren stellte sich als Schützenlinie im Tale am Südabhang des Bergrückens an, während Hoyos, die Jäger und ich die Treiberlinie postierten und auf ein gegebenes Zeichen den Trieb ausführten; mehrere türkische Gendarmen halfen auch mit und bekundeten viel Talent für dergleichen Unterhaltungen. Einige Steinhühner, eine arme Wachtel und ein Schakal flogen und sprangen vor uns auf, nahmen aber leider nicht die Richtung gegen die Schützenlinie. Erst zum Schluss des Triebes zogen mehrere Hühner über die Herren hinweg, wovon eines erlegt wurde; desgleichen kam ein Hase zum Schusse und wurde von Chorinsky erschossen: Es war der echte graue, syrische Hase, etwas magerer und kleiner und um vieles dunkler gefärbt als unser Feldhase, doch diesem in allem ähnlicher als dem afrikanischen Wüstenhasen. Nach dem eben nicht allzu glänzend ausgefallenen Triebe gingen wir, Tantur rechts liegen lassend, an der Hyänen-Embuscade vorbei nach dem Kloster Mar-Elyâs, von wo aus sich eine herrliche Fernsicht über Jerusalem darbot. Es war der letzte Blick auf die heilige Stadt und deren Umgebung; von nun an ging es stets dem Osten und dann dem Norden wieder zu. Vom Kloster aus beschlossen wir einen langen Streif nach dem Prinzip der böhmischen Rebhühner-Jagden, in einem Zug bis zu unserem Lagerplatz zu unternehmen.

Ein weiter Weg und recht stark kupiertes Terrain standen uns bevor; ein Hügel erhob sich hinter dem andern und alle waren durch tiefe, steile Täler getrennt. Die Treiber ließen wir auslaufen, zwischen ihnen teilte ich die Herren und Jäger ein und auf diese Weise war ein breiter Streifen Landes jagend gedeckt. Die Sonne brannte ehrlich, kein Luftzug regte sich, und wolkenlos, in Dünste der Mittagshitze gehüllt, breitete sich das blaue Firmament aus. Schon der erste Hügel kostete viel Schweiß; die steilen Lehnen, mit kurzem Gras bewachsen, waren überaus glatt und kein Stein leistete dem Fuß Widerstand und Stütze. Einige Steinhühner flogen in weiter Ferne auf; ein recht starker Schakal wurde von Chorinsky gefehlt und der Großherzog erlegte eine ganz auffallend große Schlange, die einen guten Schuss brauchte, um ihrer habhaft zu werden.

Zwei graugrüne grasige Hügel waren glücklich überklettert; die Treiber folgten faul; Unterbrechungen entstanden und das Bild einer richtigen Streifjagd nach europäischem Muster ging immer mehr und mehr verloren.

Die Gegend begann einen anderen Charakter anzunehmen, Steinplatten, Felswände, Höhlen und Grotten, alte Mauern, staffelförmig dazwischen angebaute Öl- und Weingärten, felsige Täler, in derselben Art wie jenes hinter dem Dorfe Betsahur, traten an die Stelle der kahlen Hügel. Kaum hatten wir dieses Terrain betreten, als auch schon ein Schakal dicht unter mir neben einem Felsblock

Araber bringen junge lebende Steinböcke ins Lager

hervorsprang; ein nachgesandter Schuss warf ihn zu Boden, doch allsogleich verschwand das flinke Tier, tödlich getroffen, in einem tiefen Bau.

Da ich meiner Beute habhaft werden wollte, schickte ich meinen Jäger mit dem Auftrage, die Dackel herbeizuholen, nach dem Lager zurück und wartete nun an dem Platze, wo mich der treue Achmed, stets dienstbereit, mit Limonade labte.

Die anderen Herren setzten den Streif bis nach Hause fort; Graf Waldburg schoss auch noch ein Steinhuhn, das vor ihm aufflog.

Bald erschien mein Jäger mit den drei Dackeln; »Scheck«, der größte und stärkste, ein Slavonier von Geburt, fuhr als Erster mit wildem Eifer in den Bau; »Croat« und »Opeka«, seine kroatischen Genossen, folgten ihm nach.

Einige Sekunden waren kaum verflogen, als man schon Gepolter unter den Steinen vernahm; ich dachte anfänglich an einen

Kampf mit dem kranken Raubtier, doch bald wurde ich eines Besseren belehrt und ein Blick in die Röhre überzeugte mich von der Tüchtigkeit der braven Hunde. Mit aller Anstrengung zerrten sie den toten Schakal an das Tageslicht.

Nun wurde der Heimweg über einen recht arg zerklüfteten Bergrücken angetreten; einige Höhlen, vor deren Eingang frische Fuchs-, Schakal- und bei einer sogar Hyänenspuren zu bemerken waren, ließ ich von den Hunden absuchen.

Leider blieben diese Versuche erfolglos; auch brannte die Sonne fürchterlich und die Dackel ermüdeten rasch auf den heißen Steinplatten.

Bald hatten wir das Lager erreicht; einige Stunden der Ruhe taten wohl. Vor Sonnenuntergang kletterten Waldburg und ich noch an den Hängen desselben Tales herum, in dem wir den Abend zuvor einen Schakal-Anstand bezogen hatten. Sowohl die Suche mit den Hunden, als auch eifrige Bemühungen, einen alten Steinhahn, der auf einer Platte balzte, anzuschleichen, blieben erfolglos und so begnügten wir uns damit, die entgegengesetzte Lehne und den Höhenkamm zu erklettern, um die schöne Aussicht nach den Gebirgen am Toten Meer zu genießen. Mit Einbruch der Dunkelheit kehrten wir in das Lager zurück, in dem bald Ruhe herrschte, als wohltätige Vorbereitung für die kommenden Reisetage im Jordan-Tale.

Am 3. morgens verbreitete sich schon in früher Stunde reges Leben im Lager. Die Zelte wurden abgebrochen und alles Gepäck auf die Tragtiere verladen; auch waren zwei Hyänen aus Tantur angelangt, schöne, starke Exemplare, welche sich des Nachts bei demselben Eselskopf vergiftet hatten. Einige Beduinen von den Randgebirgen des südwestlichen Toten-Meer-Ufers kamen in das Lager; schöne männliche Gestalten mit edlen Gesichtszügen, muskulös und nervig, von ziemlich brauner Hautfarbe. Es waren die Mitglieder armer, aber sehr wilder, vollkommen unbotmäßiger Stämme; Kleidung und Bewaffnung sprachen für die kümmerliche Existenz dieser Leute. Der eine, wahrscheinlich der Schêch, trug einen bunten Turban, ein weißes, faltenreiches Gewand, gelbe Schuhe und um den Leib einen großen, krummen Türkensäbel; sein Gesichtsausdruck, die mageren Züge, ein scharf gezeichneter Mund, um den ein höhnisches Lächeln spielte, und stechende schwarze Augen hatten nichts Vertrauenerweckendes an sich.

Diese Beduinen, in ihrem Wesen und Äußeren echte Araber, von den mehr hebräischen Bethlehemitanern grundverschieden, waren gekommen, um mir drei junge Steinbockkitze zu verkaufen, die ich auch in der Tat akquirierte; ferner wollten sie uns zu einem Jagdzug in ihre kahlen Berge auffordern, wo der arabische Steinbock, jenes schöne Wild mit hohen, knorpeligen Hörnern, in großer Menge haust. Leider war diese Expedition für diesmal ganz untunlich, denn sie hätte uns von der Reisetour im Jordan-Tal mehrere Tage hindurch längs der Ufer des Toten Meeres bis an dessen Südwestspitze abgelenkt und die Zeit war eng bemessen.

Mit schwerem Herzen musste ich daher die braunen Söhne der Steppe wieder in ihre Heimat zurücksenden, sie durch ein Bachschîsch vertröstend. Das Lager war, wie gewöhnlich, mit unglaublicher Schnelligkeit abgebrochen worden und unter Herrn Howards Leitung setzte sich die große Karawane gegen Mar-Saba in Bewegung. Wir ritten noch einmal nach Bethlehem hinauf, wo der Burgpfarrer die Messe las; am Platz vor der Kirche wurde hierauf vom Custoden di Terra Santa und seinen Franziskanern Abschied genommen; dichte Menschenmengen hatten sich angesammelt; neugierig betrachteten uns die schönen Bethlehemitanerinnen und nochmals von einem Regen von Bettelbriefen überhäuft verließen wir die heilige Geburtsstadt Christi. Die letzte Stadt, die letzten biederen Bewohner eines kultivierten Landes lagen hinter uns; für einige Zeit sollten wir nun dem Gebiete der freien Nomaden, den echten Beduinen angehören.

Von Bethlehem aus mussten wir denselben Weg an unserem früheren Lagerplatz vorbei einschlagen. Während wir in ein enges, von graugrünen Hügeln eingeschlossenes Tal ritten, entschwanden bald Bethlehem, Tantur, Mar-Elyâs, die steinigen Gebirge, die Plateaus und kultivierten Hänge unseren Blicken. Der Mittelmeer-Typus und der Charakter der asiatischen Steppe, die monotonen, mit kurzem Gras bedeckten Berge, die gewundenen, jede Fernsicht versperrenden Täler nahmen uns auf.

Anfänglich war der Weg recht gut, manchmal konnte man sogar auf kleinen Wiesen in schärferem Tempo reiten, doch je weiter wir kamen, desto höher wurden die Berge und enger der Fußsteig, welcher von nun an immer an den steilen Hängen führte, da die Talsohle nur aus einer felsigen Schlucht bestand. Ein echter Beduine auf einem nicht sehr gut gewarteten, aber recht hübschen Braunen ritt uns als Wegweiser voran; es war der Schêch eines Stammes aus diesen Bergen; seine Kleidung, ein weiter dunkler Mantel über lichte Unterkleider gehängt, und ein einfacher Säbel sowie gelbe Pantoffel zeigten die Spuren einer gewissen Ärmlichkeit.

Der Ritt durch die schmalen Täler bot nicht viel Abwechslung; hie und da erregten enge, recht schlechte Passagen vorsichtige Aufmerksamkeit und in der Tat hatten wir häufig Gelegenheit, die Geschicklichkeit der arabischen Pferde zu bewundern, mit welcher sie über glattes Gras und schiefe Steinplatten schritten, an Stellen, wo jeder Fehltritt einen Fall weit in die Tiefe nach sich gezogen hätte. Auch die Tierwelt war in jenen öden Gebirgen nicht stark vertreten; Geier, Adler und hie und da einzelne Störche zogen uns über die Köpfe, sonst blieb alles ruhig.

In weiter Ferne sahen wir auf der Spitze des Hügels ein Beduinen-Lager. Man irrt sehr, wenn man sich die Zelte als hohe, spitzige, aus blendend weißen Tüchern errichtete luftige Gebäude vorstellt; im Gegenteil, es sind dunkle, aus Tierhäuten verfertigte niedrige Hütten; eine bläuliche Rauchsäule stieg aus dem Lager auf und Menschen und Herden trieben sich um die flüchtige Niederlassung herum. Nur arme Stämme leben zwischen den kultivierten Teilen Palästinas in dieser Gegend, z.B. Bethlehem und dem Jordan-Tale; sie ziehen in den Randgebirgen umher, lassen ihre Herden, die Pferde und Ziegen an den grasigen Hängen weiden, wechseln je nach dem Bedarf die Lagerplätze, kommen manchmal bis in die Nähe der Städte, wo sie mit Vieh Handel treiben, sich aber nicht lange aufhalten dürfen; erkennen, insoweit sie dies nicht beschäftigt, die Oberhoheit des Sultans an und zahlen Steuern, so viel es ihnen eben beliebt, meistens gar nichts. Untereinander bekämpfen sich diese kleinen Stämme oft, zumeist wegen gegenseitiger Räubereien an Vieh oder gar einer Stute.

Das wahre Beduinenleben der großen, mächtigen und reichen Stämme beginnt erst am Jordan-Ufer. Drüben an den östlichen Gestaden dieses Flusses leben jene wilden Scharen, die vollkommen

Ein schwerer Abstieg

unbotmäßig, den Sultan und sein Kalifentum nicht anerkennen und so oft als es nur der Mangel an türkischer Militärmacht erlaubt, über den heiligen Fluss herüberschwimmen und das gelobte Land beunruhigen.

Nach langem Ritt endet das enge Tal und der Fußsteig führt auf den Kamm eines hohen Bergrückens, von wo aus eine herrliche Fernsicht sich erschließt.

Dicht unter uns ein steiler Hang, an dessen Fuß ein runder Talkessel, umgeben von hohen Bergen, rechts und links unzählige
Kuppen, Rücken und lang gestreckte Hügel, alle einförmig, grau-
grün, echte Steppenlandschaft; aus dem Talkessel führt nur ein
schluchtartiges Tal in südöstlicher Richtung hinaus; durch dasselbe gewinnt man einen eng begrenzten Blick auf den tiefblauen
Wasserspiegel des Toten Meeres und die kahlen, weißen Felswände
der schön geformten Hochgebirge des entgegengesetzten Ufers.

Am jäh abfallenden Hang unter unserem Standplatze zieht sich
der Fußsteig in Serpentinen hinab. Der größte Teil der Tragtiere der
großen Karawane machte eben unter unaufhörlichem Glockenge-
läute diesen schweren Abstieg, während die schnellsten schon im
Talkessel angelangt waren, wo die unermüdlichen Diener auf einer
steinigen Wiese die ersten Zelte aufschlugen. Die Herren setzten
ebenfalls den Weg fort und nur der Großherzog und ich wollten
am Bergrücken warten, bis das ganze Lager aufgeschlagen sei und
indessen ein Zicklein schlachten und dasselbe hinter einer Kuppe,
die gedeckte Annäherung erlaubte, als Köder auslegen.

Hunderte von Geiern und Adlern kamen von den Hochgebirgen am Toten Meer dahergezogen und strichen, einer hinter dem
anderen, alle in derselben Richtung. Mit pünktlicher Genauigkeit
verfolgten sie ihre tägliche Marschroute gegen Jerusalem. Unser
Zicklein würdigten sie keines Blickes und nur zwei Kolkraben und
ein Aasgeier umkreisten den Platz, ohne sich aber niederzulassen.
Die Sonne brannte fürchterlich, kein Lüftchen regte sich und nicht
die geringste Wolke trübte das dunkelblaue Firmament.

Nach einer Stunde verließen wir die ungünstige Stelle und gingen, das Zicklein, welches wir tags darauf noch auslegen wollten,
mitschleppend, zu Fuß nach dem Talkessel hinab. Je tiefer wir kamen, desto schwerer und drückender wurde die Luft und durch das
Seitental drang als erster Gruß vom Toten Meer und dem Jordan-
Tal eine bleierne Atmosphäre herauf, die wir in den nächsten Tagen fürchten lernen sollten.

Bald hatten wir den Talkessel erreicht, wo unser Lager indessen
vollends aufgeschlagen war; eine kleine Stadt stand da und reges
Leben herrschte in der sonst ganz öden Gegend. Die zwei Jagdaraber, welche seit Latrun der Karawane jagend folgten, erschienen

mit reicher Beute für die Küche. Außer vielen Steinhühnern brachten sie auch einige der kleinen, hübschen Klippenhühner; es war das erste Mal, dass wir den Verbreitungskreis dieses schönen Vogels erreicht hatten. Die Araber, welche mit ihren unvollkommenen Waffen nur auf sitzendes Wild schießen können, schleichen die Hühner, gedeckt durch einen braun und gelb bemalten Vorhang an, der mittelst Zuckerrohrstäben gespannt wird und nur durch zwei Öffnungen für die Augen und eine für das Gewehr Ausblick und Ausschuss gewährt. Die dummen Vögel sehen keinen Menschen und gaffen so lange stier den beweglichen Vorhang an, bis aus demselben der todbringende Schuss fällt.

Gleich nach unserer Ankunft wurde ein Frühstück verzehrt, während die orientalischen Diener mit viel Geschick den Lagerplatz für die Nacht ermöglichten.

Jeder Stein musste aufgehoben und auch das ganze Gras gut abgesucht werden; allenthalben saßen große, dicke Skorpione, deren bösartige Eigenschaften wir leider in den letzten Tagen der Reise noch gründlich kennen lernen sollten. Nach dem Frühstück wurde beschlossen, dem berühmten Felsenkloster Mar-Saba einen Besuch abzustatten.

Der Weg führt vom Lagerplatz in das vorerwähnte enge Tal; rechts und links fallen steile, mit Gras bewachsene Lehnen ab, die plötzlich ihre Form verändern und als senkrechte Felswände in einer tiefen, steinigen Schlucht endigen.

Der Pfad schlängelt sich stets oberhalb der Wand am letzten Rand der grünen Lehne; das Gestein unter uns in der dunklen grausigen Schlucht ist unterwaschen, voll Höhlen und Nischen, in denen viele Felsentauben und Röthelfalken friedlich nebeneinander brüten. Auf Schritt und Tritt jagt man diese gefiederten Bewohner auf, die dann ängstlich von einer Seite der engen Schlucht zur andern flattern. Nach einer halben Stunde gelangten wir zu einem alten Wachtturm, der am Rande der Felswand steht; von oben kommend, gewahrt man sonst keine Spur der großen geistlichen Ansiedelung, die wohlversteckt an die Felsen der Schlucht angebaut ist.

Beim Turme muss der Wanderer mit aller Vehemenz an die wohlverriegelte Tür klopfen, ehe es sich unten hinter den festen

Mauern rührt und die Pforte allmählich aufgeht. Die armen Mönche mussten viele Vorsichtsmaßregeln zu ihrem Schutze ergreifen, denn schon häufig spielten ihnen die Muslime bös mit.

Im Jahre 614 wurde das Kloster zum ersten Mal von den persischen Scharen unter Chosroës geplündert; 796 und 842 folgten andere asiatische Völker demselben Beispiele und nach wiederholten kleineren Überfällen erfolgten in den Jahren 1832 und 1834 große Massaker, bei denen die wilden Stämme des linken Jordan-Ufers alle Mönche niedermetzelten. Jetzt muss jeder Pilger, der Einlass begehrt, an dem Turme einen Brief durch ein Fenster dem Wache haltenden Popen übergeben, der ihn dann mittels einer eigenen Vorrichtung nach dem Hauptgebäude des Klosters hinunterlässt; auf dem nämlichen Wege kommt die Antwort mit der Erlaubnis empor und erst dann darf das Tor geöffnet werden. Nach Sonnenuntergang wird niemand mehr trotz Briefes eingelassen, sowie auch Frauen wegen der strengen Regel der griechischen Mönchsorden niemals das Innere dieser frommen Kolonie betreten dürfen.

Durch das Tor unter dem Turm gelangten wir über die steile Treppe zu einer zweiten Tür, von da abermals über viele Stufen auf eine schmale, gepflasterte Plattform. Hier teilen sich die Wege und man gewinnt den ersten Eindruck in das Innere dieser höchst merkwürdigen Gebäude. Ein Konglomerat von Stiegen, Plattformen, Terrassen, an den Fels angebauten Wohnräumen, alten Holzhütten und durch Balken getragenen Gängen, Kapellen, Höhlen und Grotten erstreckt sich längs der Felswand vom obersten Turm bis nahe zur Sohle der Schlucht; das letzte Stück ist nur durch eine Stiege vom Kloster herab in Verbindung; natürlich sind auch gegen den unteren Eingang zu feste Türen und ein Labyrinth von Gängen, die vor Eindringlingen aus dem Tale herauf schützen. Alle Räume dieses merkwürdigen Gebäudes zu schildern, wäre eine langwierige Arbeit. Ein Gewirr enger Stiegen, viel Schmutz, wenig Licht und allenthalben hervorblickender blanker Fels sind die Charaktereigenschaften dieses Klosters.

Auf der ersten Plattform empfing uns der griechische Bischof von Bethlehem, umgeben von sehr vielen, recht ärmlich aussehenden Mönchen. Inmitten dieses Platzes steht ein kleines Gebäude, von einer Kuppel überdeckt; darin befindet sich das reich verzierte Grab des heiligen Sabas, nahe davon steht die enge Nicolaus-Kirche, mehr oder weniger eine einfache Felshöhle, in der die Schädel der unter Chosroës gemordeten Märtyrer liegen. Die Haupt-Klosterkirche, eine echt altgriechische Basilika, enthält viele auf Goldgrund gemalte schwarze Heiligenbilder und all die reich vergoldeten und versilberten Gegenstände, wie man sie in den orthodoxen Gotteshäusern findet.

Der Bischof sprach vor uns am Altar ein griechisches Dankgebet, dem ein Chorgesang der Mönche folgte, welcher in den alten Gemäuern recht effektvoll klang. Das Grab des heiligen Damascenus-Chrysorrhoas, eines der größten altgriechischen Kirchenväter, wurde uns auch gezeigt. Natürlich musste man viele geweihte Steine und Plätze küssen und argen Rosenöl- und Weihrauchgeruch einatmen.

Von hier aus begann nun die eigentliche Besichtigung des Klosters. Die fünfundsechzig Mönche leben in den Zellen des Hauptgebäudes in mehr oder weniger wohnlich eingerichteten Höhlen und auch in Holzhütten, die sie sich an die Felswand gebaut haben. Auf den Plattformen und Terrassen, und wo immer ein Plätzchen sich nur fand, legten die frommen Leute in mühsam herbeigeschaffter Erde kleine Gärtchen an; aus einem derselben ragt ein alter Palmbaum hervor, den der heilige Sabas selbst pflanzte und der bis heute noch kernlose Datteln trägt.

Das Durchstöbern aller Räume ist eine mühsame Arbeit und fort geht es Stiegen auf, Stiegen ab und oft durch so niedere Gänge, die nur eine vollkommen gebückte Haltung gestatten; nebstbei durchdringt ein schrecklicher Gestank alle Teile dieser Ansiedelung. In einem eigenen kleinen Gebäude befindet sich ein armselig eingerichtetes Fremdenzimmer, in dem uns die freundlichen Mönche mit fürchterlichen, rosenfarbigen, faden Getränken bewirteten. Von da aus gelangt man über eine offene Stiege zum Eingang in die Höhle des heiligen Sabas; mehrere in den Felsen gehauene, feuchte Räume müssen passiert werden; in zwei Grotten lebten der Legende nach der Heilige und sein Löwe, den er durch Gebete gezähmt hatte, friedlich nebeneinander. Frisches Stroh zeigt an, dass besonders fanatische Mönche noch jetzt von Zeit zu Zeit in diesem düsteren Orte hausen, um dem Heiligen zu gleichen.

Nahe an dieser Stelle erblickt man eine andere Höhle in der Felswand; ein alter Mönch, mit blassen, von religiöser Leidenschaft
durchfurchten Zügen, in elende Lumpen gehüllt, wählte sich diese
Behausung. Über eine senkrechte Stiege und ein schmales, an der
Wand angebrachtes Brett gelangt er in seine Wohnung; alltäglich
muss er diesen gefährlichen Weg zurücklegen. Wir sahen ihn aus der
Kirche über den verhängnisvollen Steg nach Hause gehen.

Von einer der größten Plattformen aus genießt man einen guten
Überblick in die Schlucht. Die gegenüberliegende Felswand befindet sich höchstens in einer Entfernung von hundertfünfzig Schritten; auch drüben sind Grotten und Höhlen, jetzt hausen darin
Schakale, Falken und Tauben; einstens waren sie von Eremiten bewohnt.

Auf den Felsen, in unmittelbarer Nähe des Klosters, lebt ein Vogel in großer Menge, den ich sonst nirgends in Palästina antraf; es
ist dies *Amydrus Tristrami*, der Berg-Glanzvogel. Alle Zinnen, Plattformen, Dächer und Felsen sind von diesen glänzend blauschwar-
zen Vögeln mit rotbraunen Schwingen förmlich bedeckt und von
allen Seiten erschallt ihr hübscher Gesang. Ein Mönch hat sie gezähmt; wenn er tagtäglich um dieselbe Stunde pfeift und ruft,
dann kommen sie herbeigeflattert, setzen sich ihm vor die Füße
und selbst auf Kopf und Schultern und nehmen Brotkrumen aus
seinen Händen. Auch die Raubtiere werden herbeigelockt; denn
allabendlich um die Stunde des Gebetläutens erscheinen die Schakale in der Schlucht und warten, bis ihnen Brotstücke herabgewor-
fen werden.

Wie man aus alledem ersieht, ist hier das orientalische Christentum auf der ältesten Stufe der Asketiker der ersten Jahrhunderte
stehen geblieben. Unwillkürlich wähnt sich der Wanderer in die
Tage der Anfänge des Christentums der alten Eremitenansiedelun-
gen der Berge Athos und anderer heiliger Plätze zurückversetzt, wo
die frommen Männer, die seither alle heilig gesprochen wurden,
im fernen Orient, in ununterbrochenem Gebet wie Füchse in Höhlen hausten. Das ist die alte erste christliche Kirche, sie war ja orientalisch, und das heutige Mar-Saba erhielt sich rein und unverfälscht am Standpunkt jener frommen Einsiedler des dritten und
vierten Jahrhunderts. Es ist kein Kloster nach europäischen Begrif-

fen, sondern eine Ansiedelung von Eremiten, eine Schar selbst-
ständig lebender Einsiedler, die durch Gefahren auf einen engen
Raum zusammengedrängt wurden. Weder die Wissenschaften
noch üppiges Leben blühen auf diesem Berge, nichts als Gebet,
tagtäglich dieselbe stete Anbetung Gottes, vollkommene Askese
und Abtötung. Ein Kind des neunzehnten Jahrhunderts, ein echter West-Europäer kann sich nicht mehr in dieses Leben hinein-
denken, nur der Orient konnte solchen Fanatismus erzeugen und
bis auf den heutigen Tag erhalten. Die Rabbiner, welche an der alten Tempelmauer klagen, die ihr ganzes Leben hindurch hockenden, die drehenden und die sich selbst verstümmelnden Derwische, sind sie etwas anderes? Nein, das Wesen ist dasselbe, nur die
Form ist eine verschiedene.

Die Asketiker von Mar-Saba genießen niemals Fleischnahrung,
nur Gemüse und Brot; alltäglich ruft der helle Klang der Glocken
alle Einsiedler in die Kirche zusammen zu gemeinsamem Gebet;
allnächtlich um die zwölfte Stunde feiern sie ein Hochamt und die
alten griechischen Gesänge verstummen erst, wenn der Morgen
dämmert. Unter den frommen Brüdern fand ich einige Russen,
Siebenbürger Walachen, Slavonier, Serben, Bulgaren, doch weitaus die meisten waren Griechen aus Europa und auch Kleinasien.

Die Erzählung von den allabendlich erscheinenden Schakalen
reizte mich sehr und mir die Erlaubnis der Eremiten verschaffend,
kroch ich über alle Stiegen und Gänge in die Schlucht hinab. Neben
einer alten Zisterne bei zwei großen Steinen kauerte ich mich hin.

Der Punkt war unheimlich ernst; vor mir die kahle Felswand,
hinter mir die Felsenansiedelungen der Mönche, über meinem
Kopfe nur ein schmaler Ausblick nach dem blauen Firmament. Als
der Abend heranrückte, flatterten die Glanzstare, Falken und Tauben in ihre Höhlen, nur hie und da erscholl noch ein kurzer Vogel-
sang; man konnte sich in den Tagen des heiligen Sabas wähnen.

Es begann zu dämmern; die hellen griechischen Glocken riefen
zum Gebet; kaum waren die letzten Töne verklungen, als ein Stück
Brot dicht neben mir herabsauste; gleich darauf stand auch schon ein
Schakal auf höchstens zwanzig Schritte vor mir. Ein glücklicher
Schuss streckte ihn zu Boden; ich war froh, mit meiner Beute der
schrecklichen Schlucht, die im Niveau des Mittelmeer-Spiegels liegt,

zu enteilen. Eine bleierne Luft, wie ich sie in meinem Leben früher noch nie gefühlt, wirkte hemmend beim Atmen und drückte erschlaffend auf den ganzen Körper; in den nächsten Tagen sollten wir noch tiefer gelangen und es demzufolge noch ausgiebiger bekommen.

Durch das ganze Klostergebiet kletterte ich nun, von den frommen Männern Abschied nehmend, bis zum Turm, und hinauseilend gelangten wir bald bei vollkommener Dunkelheit in das Lager. Das Diner wurde noch eingenommen und die weiteren Pläne für die nächsten Tage entworfen; gegen 10 Uhr kehrte volle Stille in das öde Tal ein.

Mit Sonnenaufgang versammelte sich die Reisegesellschaft zum Frühstück. Wir saßen eben beim Tische, als ein Aasgeier die Keckheit hatte, in das Lager hereinzustreichen und sich zwischen die Zelte, einige Küchenabfälle verzehrend, zu setzen. Der Großherzog holte rasch seine Flinte und schoss den dreisten Vogel nieder. Für die ersten Morgenstunden beschlossen wir, uns nach verschiedenen Richtungen zu verteilen. Der Großherzog und ich bestiegen einen der höchsten den Talkessel einschließenden Berge, um da auf der Kuppe das Zicklein abermals auszulegen; die anderen Herren gingen auf Felsentauben jagend in der Schlucht nach Mar-Saba.

Wir hatten einen langen und recht mühsamen Aufstieg; die Lehnen waren glatt und steil, einige Felsenplatten und rötliche Feuersteinwände mussten erklettert werden und die Hitze war schon sehr fühlbar. Auf der Bergspitze angelangt, fanden wir ein recht gutes Versteck, das den Nachmittag zuvor von meinen Jägern hergerichtet worden war. Wir saßen durch zwei Stunden lauernd, vom Ungeziefer unerbittlich verfolgt; außer einigen Aasgeiern, auf die wir nicht schießen wollten, kam gar nichts. Der Zug der großen Raubvögel begann abermals vormittags, wie immer die genaue Marschroute nach Jerusalem einhaltend; keine Verlockung ist imstande, sie von ihrem Weg abzuhalten.

Unverrichteter Dinge kletterten wir wieder die kürzeste Linie verfolgend zum Lagerplatz hinab, wo einstweilen die Zelte abgebrochen und der größte Teil der Karawane schon in Bewegung gesetzt worden war. Bloß ein Teil der Küche und ein kurzes Frühstück blieben noch da, um uns vor der Weiterreise zu stärken. Die Herren hatten in der Schlucht eine bedeutende Zahl Tauben, Falken

248

Abgestürztes Tragtier

und verschiedenes kleines Zeug erlegt. Nach frugaler Mahlzeit
nahmen wir nun Abschied vom Grafen Caboga, dessen Gefällig-
keit wir viel verdanken; er wollte denselben Tag noch nach Tantur
zurückkehren, ließ mir aber für die ganze weitere Reise seinen Diener Ferdinand und das gute Pferd, einen wunderschönen arabi-

schen Hengst, den er von einem Beduinen-Stamme gekauft hatte und welchen ich seit dem Einzug in Jerusalem täglich ritt. Ich war für diese Aufmerksamkeit des Grafen sehr dankbar, denn das hübsche Tier ging in den Gebirgen sehr sicher und in den Ebenen ungemein schnell, vertrug auch gut die schweren Strapazen der täglichen Arbeit und die Nächte im Freien. Als alles zu Pferde saß, begann die Weiterreise der Kolonne, den Beduinen an der Spitze.

Anfänglich hatte die Gegend denselben Charakter wie jene in der Nähe unseres Lagerplatzes, doch gar bald wurden die Täler noch enger, die Berge höher, an die Stelle bloßen Grases trat kahles, gelbes Erdreich und spiegelglatte lange Steinplatten mussten überritten werden. Auf einer kleinen, von Felsen umgebenen Wiese inmitten dieser Einöde standen zwei Störche, sie waren wahrscheinlich am Zuge und ruhten sich da aus; den einen schoss ich, als er aufflog, herunter.

Für die Pferde war der Fußsteig überaus beschwerlich und sie mussten mit aller Vorsicht gehen, denn allenthalben war der Platz darnach, dass ein Abfallen in die Tiefe leicht möglich gewesen wäre. Wir kamen an unzähligen vielen Bergspitzen, Kuppen, über Bergrücken, durch Täler und Schluchten hindurch, unaufhörlich bergauf und bergab reitend; das Terrain ist dort so kupiert, wie man es sich nicht ärger vorstellen kann, dabei vollkommen baumlos und ohne die geringste Spur menschlicher Tätigkeit.

Nach langem Ritt änderte sich die Bodengestaltung, die Hänge wurden sanfter, die Steine verschwanden ganz, hohes grünes Gras und blühende Blumen kennzeichneten die echte Steppe im Frühlingsschmuck. Die graugelben Gebirge, die wir früher durchklettern mussten, ziehen sich vom Süden nach Norden gerade fort, in westlicher Richtung jeden Ausblick verwehrend. Ein duftendes Plateau voll Blumenpracht nimmt uns auf und wird im Galopp passiert, der Boden ist gut und die Pferde springen lustig umher, froh, den Felsplatten und abschüssigen Pfaden entronnen zu sein. Die Steppe ist großartig, doch unleugbar eintönig, aber dabei nicht traurig, wie die viel imposantere Wüste; der Blumenschmuck verleiht im Frühling der Ersteren den Vorzug, Letztere kann nur bunte Steine aufweisen und die Vegetationslosigkeit ist ihr Merkmal. Abermals taucht ein Berg vor uns auf; noch zum Gebirgszug der so genannten Berge »Juda« gehörend, ist er von der Richtung der anderen abgewichen und tritt in steilen Konturen, ganz eigentümlich geformt und gefärbt, in das Plateau hinaus. Der ganze spitzige Kegel ist ein Konglomerat von gelbem Lehm, roten Felswänden und braunen und grauen Steinen, dabei vollkommen pflanzenlos. Zwischen ihm und den anderen Randgebirgen müssen wir durch eine tiefe Schlucht passieren. Es ist ein böser Übergang, nichts als glatte Platten neben abfallenden Wänden; unser Beduine selbst steigt ab; an einer Stelle können die Pferde sogar nicht geführt werden, die klugen Tiere folgen frei ihren Herren; in solchen Momenten lernt man das arabische Pferd und seine hohen Geistesgaben ungemein schätzen. Eines unserer Tragtiere fiel an jener bösen Stelle unglaublich weit in die Tiefe, kam aber zum Glück auf das Gepäck mit dem Rücken zu liegen und trug wunderbarerweise nur einige Kontusionen davon.

Der Aufstieg aus der Schlucht war besser als der Abstieg und über eine grasige Fläche gelangten wir längs des Nordfußes des Berges nach Nebi-Musa. Es ist dies ein bedeutender Wallfahrtsort der Mohammedaner, welche da das Grab des Propheten Moses zeigen; eine kleine, halb verfallene Moschee und ein erbärmliches Pilgerhaus kennzeichnen den Platz, den alljährlich tausende von Pilgern besuchen. In diesen, dem Propheten geweihten Tagen, darf kein Christ es wagen, jene Gegend zu betreten, er wäre dann seines Lebens nicht sicher. Als wir dahin gelangten war niemand da, ausgenommen eine türkische Familie, welcher die Aufsicht der heiligen Stätte anvertraut ist.

Unser Lager stand nahe von der Moschee aufgeschlagen.

Der Platz liegt äußerst malerisch; es ist ein kleines, mit Gras und Gebüschen bedecktes Hochplateau in südlicher Richtung von dem rötlichen Berge, in westlicher von den das Jordan-Tal begleitenden graugrünen Gebirgen eingeschlossen; nach Norden zu fällt das Plateau sanft, nach Osten hin steil, in Form schiefergrauer Lehmwände in die Jordan-Niederung ab. Ein herrlicher Überblick über die breite, saftig grüne Ebene, das üppige Jordan-Tal, bot sich uns dar; glücklich waren wir, die Nähe wenigstens des heiligen Flusses, der Segen und uns Jagd spendenden Lebensader dieses Landes, erreicht zu haben. Allenthalben schrien Steinhühner und wir verteilten uns noch, um dieses schöne Wild zu suchen, doch leider war die Sonne schon untergegangen und die Dämmerung begann. Einige Wachteln stieß ich im hohen Grase auf und große Züge kleiner Vögel schwirrten von einem Busch zum andern; von erfolgreicher Jagd war keine Rede mehr und so kehrten wir alle in das Lager zurück, um in unmittelbarer Nähe des Grabes des großen Weisen und Propheten Moses ruhig zu speisen und zu schlafen.

Am folgenden Morgen vor Sonnenaufgang brach die ganze Reisegesellschaft wieder auf. Die große Karawane wurde in kürzester Linie über Jericho nach Aïn-es-Sultan dirigiert, während wir von unseren Beduinen geführt und mit mehreren Gendarmen als Begleitung den interessanten Ausflug zum Toten Meer unternehmen wollten.

Von Nebi-Musa aus ritten wir in gerader östlicher Richtung über steile Berghänge, sehr schmale Pfade, durch ausgewaschene Erdrisse, über ein schiefergraues, poröses, vollkommen vegetationsloses Terrain. Einige Adler und Geier saßen auf den schmalen Rippen und Kanten, welche an dieser Stelle, vom Berge parallel eine von der andern durch kleine Schluchten getrennt, herablaufen. Nach einer Stunde beiläufig hatten wir den Fuß des Gebirges erreicht und wie mit einem Schlage befand man sich inmitten dichter Gebäusche, auf sandigem, vortrefflichem Reitboden. Üppige Gebüsch-Komplexe wechselten mit grasigen Flächen und im raschen Galopp wurde diese Strecke passiert; durch einen alten, jetzt ausgetrockneten Gießbach reitend, gelangten wir zwischen hohem Rohr, langem Gras und emporragenden Gesträuchen an das sandige, flache Ufer des Toten Meeres.

Jeder Tritt des Pferdes ist vernehmlich wie auf der zerbrechenden Decke gefrorenen Schnees; der ganze Sand ist hier von einer Salpeter-Kruste überzogen, desgleichen herumliegende ausgeschwemmte Holzstücke. Der Bahr-Lût (Lot-See), wie die Araber das Tote Meer nennen, da Mohamed die Erzählung des Lot in den Koran aufgenommen hat, ist ein wundervoller Hochgebirgssee; tiefblau, groß, schön geformt, östlich von den zackigen graugrünen Gebirgen, die wir in den letzten Tagen kennen lernten, westlich durch wahre Hochgebirge mit weißlich grauen Wänden eingeschlossen. Das Wasser selbst, ein dicker, schwerer Brei, mit mineralischen Bestandteilen stark durchsetzt, macht jedem lebenden Wesen die Existenz unmöglich und der See ist in der Tat ganz tot und ausgestorben. Einige der Herren versuchten zu baden; Ertrinken ist dabei ausgeschlossen, denn kein menschlicher Körper kann untergehen, das Wasser trägt von selbst, hingegen aber legen sich dichte Salzkrusten an die Haut an, welche das Vergnügen eben nicht erhöhen. Die Luft am Toten Meer ist bleiern schwer, ähnlich jener in tiefen Bergwerken, und erschlaffend wirkt sie auf jeden Menschen; diese Erscheinung ist eine Folge der tiefen Lage, denn der Spiegel des Toten Meeres liegt 394 Meter unter jenem des Mittelländischen.

Eine kurze Strecke hindurch ritten wir knapp am Ufer, bogen dann in nördlicher Richtung ein, über lehmige und sandige Flächen.

Zu unserer Rechten bemerkten wir eine Ebene, die sich bis zu den dichten Jordan-Auen erstreckte; zu unserer Linken unter einem brüchtigen Erdabfall eine sumpfige Niederung, mit fast undurchdringlichen Komplexen von Rohr- und Gesträppbeständen ausgefüllt.

Nahe vor den Reitern wechselte ein starkes Wildschwein in eine jener dicht bebuschten Parzellen. Als ich des mächtigen Tieres ansichtig wurde, sprang ich vom Pferde und folgte auf der Spur nach; das nur wenige hundert Gänge große Gebüsch umgehend, fand ich die Bestätigung, dass das Wild noch nicht durchgewechselt sei; nun stellte ich rasch die Herren an und ließ durch die Gendarmen treiben; gar bald ward es uns klar, wie schwer es fiel, aus diesen in der Tat undurchdringlichen Gesträuchen, Rohr- und Grasmassen, wenn selbst der Komplex noch so klein ist, ein Stück herauszujagen. Alle Versuche blieben fruchtlos, selbst das Anzünden; denn nur die grasreichen Teile brannten in hohen Flammen, riesige Rauchsäulen in die Lüfte sendend; die innersten Dickickte, im vollen Saft des Frühlings strotzend, begannen nicht einmal zu glimmen, boten daher dem Wild sichere Schlupfwinkel. Schade, dass diese Jagd missglückte, denn aus Steppen, öden Gebirgen und Felsenregionen ist die Tierwelt in jene herrlichen, üppigen und von Menschen vollkommen ungestörten Dickichte der Jordan-Ebene zusammengedrängt und an dieselben angewiesen. Die Fährten, die ich im weichen Lehm fand, sprachen für den Wildreichtum dieses

Platzes; auf engem Raum sah ich die Spuren mehrerer Wildschweine, Hyänen, Wölfe, Schakale, des asiatischen Panters, Luchses und kleinerer Raubtiere, die ich nicht unterscheiden konnte. Von einer Wasserlache flogen zwei Wildgänse und mehrere Strandläufer auf, und in den Rauchwolken über dem Feuer kreiste eine Schar Pelikane und ein neugieriger Flussadler.

Die Pelikane kamen plötzlich längs des Toten Meeres dahergezogen, umschwärmten von vergeblichen Büchsenschüssen begrüßt, durch einige Minuten das Feuer und zogen hierauf schweren Fluges im Tale nordwärts fort.

Da die Zeit drängte, verließ ich diesen Platz und ritt unausgesetzt am herrlichen Boden galoppierend über sandige Stellen, grasreiche Haiden, zwischen dichten Gebüschen, kleinen, ganz niederen Baumkomplexen, man könnte sie fast als Miniatur-Wälder bezeichnen, über einige dem Jordan zueilende Gebirgsbäche mit brüchigen Ufern, großen Steinen und üppigen Pflanzenwuchs, bis zum Dorfe Jericho.

Das jetzige Jericho besteht nur aus einigen erbärmlichen Hütten, von elenden, durch das schlechte Klima verkommenen Leuten bewohnt, die ihres stark ausgeprägten Diebssinnes halber berüchtigt sind. Dichte, mit langen Dornen bewehrte Zäune umgeben das Dorf; ein Turm, als letzter Überrest aus den Tagen des fränkischen Königreiches ragt empor und daneben soll die Stelle sein, an der das Haus des Zachäus stand. Eine alte Sikomore wird als der Baum bezeichnet, von dem aus der fromme Mann den Erlöser betrachtete. Elend und herabgekommen ist der Ort, an dem eine blühende Stadt in den Tagen des Altertums sowohl, wie bis zu den Zeiten der Kreuzfahrer stand. An den letzten Hütten ritten wir vorbei und gelangten durch die in der Tat gartenähnliche Vegetation über wilde Haferfelder und zwischen blumenreichen Gesträuchen an den Fuß des westlichen Randgebirges. Das nächste Ziel, die herrliche berühmte Sultansquelle Aïn-es-Sultan, lag vor uns. Von hier sollte die eigentliche Expedition im Jordan-Tale beginnen.

8. Kapitel

Am Rande der Vegetationsgrenze, wo dichtes Buschwerk in scharf gezogener Linie dem steinigen Gebirge weicht, sprudelt eine Quelle in üppiger Fülle aus dem Boden hervor und läuft in ein altes, steinernes Becken. Wo Quellen der Erde entspringen oder Gießbäche aus dem Gebirge Segen spendend herabsinken, findet man Vegetation, Wald, Busch und Feld. Längs der Wasserader ziehen sich diese glücklichen Strecken vom Fuße der kahlen Berge bis an den Jordan mit seinen breiten Auen. Neben diesem blühenden Streif Landes folgt ein Stück echte Steppe bis zur nächsten Wasserader; auf diese Weise ist die Jordan-Ebene der Länge nach durchzogen vom heiligen Fluss mit seinen grünen Ufern, der Quere aber eingeteilt in sich abwechselnde Steppengebiete und üppige, wilde Gartenlandschaft.

Die schönste unter allen diesen Oasen ist jene, welche, bei der Sultans-Quelle beginnend, als ein breites Band sich bis an den Jordan längs der Ufer eines Gießbaches hinabzieht. Unser Lager war nahe von der Quelle, am Fuße des Berges an der Vegetationsgrenze aufgeschlagen; von nun an begann eine Reise von Quelle zu

Quelle, denn an diese ist die Karawane, welche jene vollkommen wilden Landstriche durchwandert, gebunden.

Hinter dem Lagerplatz erhob sich ein kahler, felsiger Berg, der eigentlich aus der Reihe der Randgebirge als vorspringender Kegel hervortrat und von denselben durch eine Schlucht getrennt war. In den Wänden dieses verlassenen Tales hausen in Höhlen griechische Eremiten; seit den Anfängen des Christentumes bis zum heutigen Tage besteht diese Ansiedelung frommer Anachoreten.

Als wir an der Quelle vorbeiritten, genossen wir ein herrliches Bild; das Lager freier Beduinen des linken Jordan-Ufers war da aufgeschlagen; wundervolle Hengste, meist Schimmel, weideten im saftigen Grase; eine Fuchsstute, ein feines Tier, stand neben einem Baume an dessen Zweige angebunden, es war das Streitross des Herrn und Gebieters, des greisen Schêch-Ali. Beduinen in langen, weißen Gewändern, mit Turbanen am Kopfe, Gewehren, Dolchen und Säbeln saßen um ein Feuer, an dem sie ihre Mahlzeit kochten. Die langen Lanzen, das Kennzeichen der großen unbotmäßigen Stämme, das Höchste, was man sich nur unter dem Begriff Lanze vorstellen kann, aus leichtem feinen Holz gearbeitet, standen eine neben der anderen im Boden befestigt. Vor unseren Zelten erwartete mich Schêch-Ali, umgeben von seinen Söhnen und Begleitern.

Der greise Nomadenkönig mit edlen, feinen Gesichtszügen, zugespitztem weißen Bart, eine hohe, noch sehnige, ungebeugte Männergestalt im langen, blendend weißen Gewand, einen reich verzierten türkischen Säbel um die Hüften geschnallt, mit gelben Schuhen und breitem Turban am Kopfe, reichte mir die mit echt orientalischen Ringen geschmückte Hand freundlich zum Gruße. Ehrfurchtsvoll umstanden ihn seine Söhne und vornehmsten Führer der Stämme; aus allen ihren Bewegungen sprach unbedingter Gehorsam, Liebe und Verehrung zum weisen, vielerfahrenen Patriarchen.

Den echten Nomadenkönig des alten Testamentes, den greisen Abraham und später jener Weisen, die dem Heiland an der Krippe ihre Gaben darbrachten, kann man sich nicht anders ausmalen, als wie Schêch-Ali vor uns in Fleisch und Blut erschien, eine lebende Fortsetzung jahrtausendalten Stillstandes.

Schêch-Ali

In jenen Gebieten ist alles gleich geblieben. Frei und ungebunden zieht der alte Stammvater, der Weise, der Sterndeuter und, wenn es gilt, ritterliche Anführer in den Steppen und Gebirgen umher. Edle Rosse, schöne Weiber, große Herden sowie tausende mutiger Kämpfer auf flinken Rennern sind sein Besitz, seine Macht; unbegrenzt sind die weiten Strecken, die er durchzieht; die

Weideplätze bestimmen die Orte, wo die reichen Zelte sich entfalten zu luftigen Schlössern.

Ich war froh, den in seiner Art unleugbar mächtigen Herrscher zu sehen, und zufrieden, daraus zu erkennen, dass die türkischen Behörden, statt das Kalifentum herauszukehren, uns mit freundlichem Ansuchen unter seinen Schutz gestellt haben. Und dieser Schutz ist für eine Jordanreise absolut notwendig, denn der Fluss bildet die Grenze, von da bis Bagdad ist freies Gebiet unbotmäßiger Stämme. Kein Kalife wird anerkannt, sie fühlen sich Mekka näher als die Osmanen; niemand könnte es wagen, in diese Steppen und Wüsten, in denen nur der wahre Nomade leben kann, mit bewaffneter Hand einzudringen. Bis zum Jordan reicht das Gebiet, welches die Türken beherrschen, doch die Garnisonen in Palästina sind schwach und auf die größeren Städte beschränkt; in den Randgebirgen hausen schon, wie wir früher erwähnten, arme, doch mutige Beduinen-Stämme, die ebenfalls der Regierung nicht hold gesinnt sind. Das Jordangebiet ist daher den großen Stämmen des linken Ufers in jedem Augenblick bloßgelegt und die Geschichte selbst dieses Jahrhunderts weist viele derartige Raubzüge auf.

Die Kavallerie-Escadron, welche unsere Karawane begleitete, hätte ebenso wenig als alle Drohungen und Machtworte der Behörden geholfen, wenn eines schönen Abends hunderte dieser flinken Lanzenreiter über den Fluss schwimmend uns umschwärmt hätten. Daher können wir den Paschas sehr dankbar sein, unsere Reise und Marschrichtung dem greisen Schêch in aller Form gemeldet und uns seinem Schutz anempfohlen zu haben.

Eitel, wie jeder Orientale, fühlte sich der Nomadenkönig durch die höfliche Behandlung geschmeichelt und kam selbst mit einer Schar herrlicher Reiter aus weiter Ferne – denn er treibt sich für seine Person sonst entfernt von seiner Grenze herum – nach den Ufern des Jordans, durchschwamm den Fluss und erwartete uns bei unseren Zelten. In kurzen Worten, aus denen Macht und Wahrheit klangen, erklärte er, wir seien sicher längs des ganzen Jordans, und alles, was wir für die Jagden brauchen, stünde zu unserer Verfügung; und in der Tat, in jeder Station fanden wir ortskundige Stämme, die uns gute Jagden verschafften und unermüdlich bedienten.

Die Waran-Eidechse

Wenn Schêch-Ali volle Sicherheit verspricht, ist man in jenen Gebieten sicherer wie inmitten Europas, denn sein Wort gilt alles bei den wilden Stämmen; früher war dies anders, da lagen die Beduinen untereinander in unaufhörlichem Streit und blutigem Kampf; die Freundschaft des einen Stammes war genug, um den

Wanderer der Wut des anderen preiszugeben. Jetzt hat sie fast alle der weise Greis unter seine Herrschaft vereinigt und unendlich groß ist das Gebiet, dessen Nomadenvölker ihm blindlings gehorchen. Tausende von Reitern, kampfeskühne Wüstensöhne, folgen seinen Winken und eine Art Chalifat hat sich da herausgebildet. Nach kurzer Unterredung verließ uns Schêch-Ali unter zeremoniösen Abschiedsgrüßen; eine vornehme Ruhe kennzeichnet das Benehmen dieser Leute und ein stolzes Selbstbewusstsein, die man in Europa selten in diesem Maße findet. Die edlen Rosse wurden bestiegen und umgeben von einem treuen Lanzenwald ritt der Nomadenkönig heim in seine endlosen Steppen.

Der Gouverneur von Nablus, ein echter Turkmene, ein angenehmer, recht gebildeter Mann, stets beflissen, unseren Wünschen nachzukommen, erwartete uns desgleichen bei den Zelten. Er trug das Pascha-Gewand, aber über den Fez, der Hitze halber, weiße Tücher gespannt.

Ein kurzes Frühstück wurde eingenommen, doch niemand konnte viel Speise zu sich nehmen; die drückende schwere Luft steigerte sich in den Mittagsstunden in unerhörtem Maße und ewiger, unstillbarer Durst verdrängte in diesen unter dem Meeresspiegel liegenden Gegenden jeden Appetit. Nach einstündiger Rast brach ein Teil der Reisegesellschaft abermals auf, um die Nachmittags- und Abendstunden zur Jagd zu benützen.

Salim, der Führer einer Bande Jagd-Beduinen, sollte uns wildreiche Plätze zeigen. Er war ein tüchtiger, braver Geselle, den ich bald liebgewann und als Jäger achten lernte. Am Pferd, auf der Jagd und im Kampf aufgewachsen, konnte er als Typus eines echten, unbedingt freien Arabers gelten. Seine Gestalt war klein aber sehnig, das Gesicht, durch energische Züge, einen kurzen Vollbart und ein Paar echter Falkenaugen geziert, hatte eine für diese Landstriche auffallend dunkle Farbe, ähnlich jener afrikanischer Araber. Die Kleidung bestand in einem weißen, hochaufgeschürzten Burnus, einem kleinen Turban und gelben Schuhen, in denen die mageren Beine steckten; als Bewaffnung trug er nur ein kurzes Messer im Gürtel und eine Peitsche in der Hand.

Seine Begleiter, es waren deren beiläufig fünfzehn an der Zahl, lange, hagere Burschen, die meisten bärtig, von braungelblicher

Gesichtsfarbe, zerfetzten Kleidern und Turbane am Kopf, aus teils weißen, teils braun und weiß gestreiften Stoffen erzeugt, mit langen Gewehren, alten Pistolen und kurzen Messern bewaffnet, Stöcke oder Peitschen schwingend, waren seelengute, aber ungemein jagdlustige Gesellen. Hunde folgten; rasselose, wolfartige Köter, die wir aber dann achten lernten. Einige der Beduinen hatten gekraustes Haar und auffallend dunkle Haut; deutlich konnte man an ihnen die Spuren von Negerblut erkennen.

Mit dieser Gesellschaft verließen wir das Lager, ein ziemlich langer Fußmarsch stand bevor; Reiten war leider unmöglich, denn die Pferde waren seit Sonnenaufgang in scharfer Bewegung gewesen und wir benötigten sie in voller Kraft und Gesundheit für die nächsten Tage. Anfänglich führte uns Salim durch die so genannten Wälder; es sind dies eigentlich üppig grüne Wiesen und wilde Haferfelder, mit Gebüschen und niederen, verkümmerten Bäumen bald mehr bald weniger überdeckt. Alles hat im Jordan-Tale Dornen, das hohe Gras im Frühling lange Stacheln mit Widerhaken, die sich in das Fleisch der Tiere und Menschen festsetzen, jeder Busch, jeder Baum ist mit Spitzen bewehrt; man kann sich denken, wie Kleider und Haut aussehen, und wahre bittere Leiden muss der jagdlustige Wanderer in diesen Gegenden mit Resignation erdulden.

Auf den Bäumen und Sträuchern regte sich alles von vielartiger Vogelwelt; in jene gesegneten Landstriche sind die Tiere eng zusammengedrängt, und so fand man allerlei schöne, für uns neue Exemplare. Die echt asiatische Girrtaube ließ allenthalben ihre Stimme erschallen und die liebenden Tauber führten Flugkünste in den Lüften aus; der große Hesperidenwürger sowie viele Singvögel schmetterten ihre Lieder aus den dunklen Gebüschen heraus, und auf Schritt und Tritt entflogen Wachteln dem wilden Hafer. Auch an Raubvögeln, Adlern, Milanen und Falken war kein Mangel. Das Kleingetier schien desgleichen in großen Mengen vertreten zu sein; schlanke Eidechsen, plumpe Frösche und große und kleine Insekten in Hülle und Fülle machten die Gegend unsicher. Nach einiger Zeit verließen wir diese Gartenlandschaft und gelangten in die Steppe; gelber Graswuchs bedeckte den Boden, der mich lebhaft an die Heimat, an die ungarischen Puszten erinnerte. Unzählige Heuschrecken schwirrten da vor unseren Füßen auf und man konnte einen Begriff davon erhalten, wie dieses Tier in Asien zu gewissen Zeiten zu einer wahren Landplage sich gestaltet. Plötzlich hielt Salim inne und erklärte, wir seien am Ziele unserer Reise. Ein Gießbach, vom Gebirge kommend, in gerader Linie durch die Ebene zum Jordan fließend lag zwischen steilen Lehmwänden vor uns da.

Interessant geformt sind diese Wasserläufe; auf beiden Seiten von senkrechten, einige Klafter tiefen, brüchigen Wänden eingeschlossen, bieten sie in ihrem Inneren das Bild eines wilden Durcheinanders. In der Mitte fließt ein um diese trockene Jahreszeit nur schmaler Bach, um ihn herum ist ein Gewirre von Felsblöcken, lehmigen Stellen, dichten, in der Tat undurchdringlichen Gebüschen, Bäumen, morschen Stämmen, Moder und Schutt aller Art, ein Urwald auf engem Raum; an den breitesten Stellen beträgt die Entfernung von einem Ufer zum anderen höchstens 200 Schritte.

Einige Schützen sollten nun an der rechten, andere an der linken Seite am oberen Rande der Lehmwände gehen, während die Beduinen, mit ihren Hunden auf gleicher Höhe bleibend, die Gesträuche und Steine in Form eines Streifens durchstöberten. Salim blieb neben mir und leitete die ganze Jagd.

Unter ununterbrochenem Geheul und Schleudern von Steinen gingen und sprangen die Treiber im Bache umher; bald krachten lustig die Schüsse, denn ein Huhn nach dem andern flog auf, um bald wieder in den Gebüschen einzufallen. Stein- und Klippenhühner sowie Wachteln und Singvögel verschiedener Art entflogen den Verstecken; in den brüchigen Ufern nisteten Mandelkrähen und Bienenfresser. An lehmigen Stellen fanden wir Spuren von Wild- und Stachelschweinen, von Letzteren auch Stacheln und ihre Baue; leider verkriecht sich dieses scheue Tier beim geringsten Geräusch unter die Erde und wird daher bei Tage fast niemals erlegt.

Wir hatten schon einige Zeit gejagt und ein großes Stück längs der Ufer zurückgelegt, als plötzlich die Hunde in einem fast undurchdringlichen Gebüsch Laut gaben. Ich suchte ein geflügeltes Klippenhuhn und war daher glücklicherweise in der Talsohle. Da fiel ein Schuss von der anderen Lehne und einer der Herren rief

Achmed in Gefahr

mir zu, ein Gürteltier sei eben gefehlt worden und laufe vor den
Hunden.

Die Beduinen und ich folgten in großen Sprüngen der Jagd, die
plötzlich verstummte. Bei einem Baum fanden wir, um dessen

Stamm und Wurzeln herumgebaut, einen mehrere Schuh hohen, aus Ästen verfertigten, biberbauähnlichen Turm; man kann diese Konstruktion vorzüglicher Tier-Architektur nicht anders bezeichnen; auf zwei Seiten waren runde Eingänge. Als die Beduinen diese Behausung erblickten, wichen sie ängstlich zurück.

Salim postierte mich nun neben dem einen Ausgang, während er seinen Leuten befahl, bei dem anderen ein Feuer anzulegen. Als die Flammen hell aufloderten und das Gebäude schon zu prasseln begann, kroch ein eigentümliches lindwurmartiges Tier von gelb rötlicher Färbung, wohl über vier Schuh lang, behutsam hervor und wollte sich eben in einen höchst komischen Zotteltrab versetzen, als ein wohlgezielter Schuss seinem Leben ein Ende machte. Meine interessante Beute war eine Eidechse. Ich kenne mich unter den Reptilien nicht gut aus, doch so viel ich glaube, lag eine jener großen Waran-Eidechsen vor uns da. Nun hieß es, das seltene Exemplar unversehrt nach dem Lager zurückzusenden und da die Araber sich energisch weigerten, das kalte Tier mit den Händen zu berühren, mussten wir eine kleine Tragbahre aus Stäben konstruieren, den großen Toten darauflegen und nun durch einen Beduinen heimwärts schicken. Wir setzten die Jagd indessen fort; doch bald bemerkten wir, die Hühner seien durch die vielen Schüsse verscheucht, und mit Wildschweinen schien uns diesmal kein Glück beschieden zu sein; daher suchte die ganze Jagdgesellschaft unter einem großen Baume eine schattige Stelle, wo sich alles, durch die drückende Hitze ermattet, im Grase niederlegte; die Beduinen sogar und ihre stämmigen Hunde keuchten nach Wasser lechzend. Im Bach war nur wenig und eben kein sehr reines vorhanden, doch der treffliche Achmed hatte wie immer einige Flaschen Limonade bereit, die er in einem Hochgebirgs-Rucksack am Rücken schleppte.

Nach halbstündiger Rast forderte uns Salim zu einem neuen Jagdzug auf. Der Großherzog mit Hoyos, Eschenbacher und Ráth beschlossen, jagend nach dem Lager zurückzukehren. Chorinsky und ich waren noch tatendurstig und folgten den Beduinen in die Steppe hinaus. Nach langem Marsch kamen wir zu einigen kleinen Gebüschen, denen bald eine feuchte Stelle und ein runder, nur einige hundert Gänge langer Rohrkomplex folgte. Salim postierte uns auf der einen Seite, während er auf der anderen die Treiber anstellte; was in diesem Verstecke lag, musste, sobald es dasselbe verließ, zu Schusse kommen.

Achmed ist ein braver Mann, doch wilde Kämpfe mit wehrhaften Tieren liebt er nicht und als er die Situation überblickt hatte, bat er mich, sich in einer gewissen Entfernung hinter einem Busch ausruhen zu dürfen, und eine Antwort nicht abwartend, verschwand er eiligen Schrittes. Ich hatte mich bei einem stark ausgetretenen Schwarzwildwechsel aufgestellt.

Kaum waren die Hunde in das Rohr eingedrungen, als auch schon eine wilde Hatz begann. Jagd- und Standlaut wechselten in rascher Folge und das Gebell der Hunde vermengte sich mit dem infernalischen Geschrei der Treiber; endlich nach einer langen, aufregenden Viertelstunde brach ein starkes Wildschwein aus dem Dickicht hervor und nahm in voller Flucht den Wechsel an, an dem ich stand. Hohlgeschossen mit einer Kugel unter dem Kreuz brach es auf meinen Schuss im Feuer zusammen, erhob sich gleich wieder und setzte wutschnaubend den Weg fort.

Der gute Achmed, die Tragweite eines Wildwechsels nicht erkennend, hatte sich quer über denselben niedergelegt; nun kam das angeschossene Tier dahergebraust und griff in blinder Wut den armen Mann an. Zum Glück war ich, so schnell ich nur laufen konnte, gefolgt; ich fand auch Achmed schreiend, mit hochgeschwungenem Taschenmesser nur mehr auf einem Beine stehend, das andere streckte er wie zur Wehr dem bösen Tiere entgegen. Das Schwein rüstete sich zum entscheidenden Angriff, doch ehe es noch unseren Helden erreicht hatte, lag er schon flach am Boden. Die große Gefahr erkennend, sandte ich der starken Bachin, die eben die weiten Beinkleider Achmeds mit dem Wurf untersuchte, eine glücklicherweise momentan tödliche Kugel. Nun lagen Schwein und Ägypter friedlich nebeneinander, Letzterer grün vor Angst und an allen Gliedern schlotternd; für einige Minuten hatte er die Sprache verloren. Bald erschienen auch die Beduinen mit vor Freude funkelnden Augen am Platze. Das Wildschwein, den unseren, besonders jenen mächtigen Exemplaren aus den ungarischen Wäldern sehr ähnlich, ist grundverschieden vom nordafrikanischen, viel kleineren und feiner gebauten pechschwarzen Eber.

Mein Jäger weidete das Tier regelrecht aus, worauf die Araber es auf ihre zusammengebundenen Stöcke legten, und vier Mann trugen nun die schwere Beute zurück. Ein weiter Weg stand uns noch bevor.

Zwischen den Gebüschen fehlte Chorinsky einen echten Wüstenhasen, jenes kleine gelbe Tier, das wir in Afrika kennen gelernt hatten. Der Marsch durch die Steppe bei sengenden Sonnenstrahlen war eben nicht allzu angenehm. Als die Sonne zwischen rötlich gelben Dünsten hinter den Randgebirgen unterging, hatten wir die Wälder und Gebüsche erreicht, wo uns noch ein einstündiger Weg erblühte. Wachteln flogen auf Schritt und Tritt auf, doch wir waren zu müde, um zu schießen, und dachten nur an das Lager; ein lustig plätschernder Bach mit ziemlich reinem Wasser gewährte momentane Labung, dann ging es wieder weiter. Die Nacht war vollkommen hereingebrochen, einige Feuer funkelten zwischen den Gebüschen, es war das Lager der uns zugeteilten Beduinen; gespenstisch nahmen sich die hohen Gestalten in ihren langen, weißen Burnusen im matten Schein verglimmender Feuer aus, hoch ragten die Lanzen, raue arabische Kehllaute und schwermütiger Gesang klangen durch die Nacht, die Pferde wälzten sich im Grase und kläffend sprangen uns die Hunde entgegen. Chorinsky und ich gingen mitten durch die uns freundlich begrüßenden und frischen Trunk reichenden Wüstensöhne hindurch. Noch eine Viertelstunde und wir kamen zu unseren bunten Drusen, den Dienern Howards und den Mauleseln; daneben lagerte die türkische Kavallerie. Hundert Schritte und wir hatten unsere Zelte erreicht.

Das Diner wurde gleich eingenommen; nach Sonnenuntergang nahm die schwere Hitze dermaßen zu, dass selbst des Nachts jeder von uns wie im Schweiß gebadet lag; auch waren einige der Herren und Diener durch die dicke ungewohnte Luft unwohl geworden.

Trotz der höchst interessanten Erlebnisse des Tages und der schönen Jagderfolge herrschte eine unleugbar gedrückte Stimmung in der Reisegesellschaft, die in den nächsten Tagen noch zunehmen sollte. Das Klima der Jordan-Niederung wirkt beängstigend auf jeden Europäer ein.

Am 6. früh nach dem Frühstück beschlossen wir uns jagend zu verteilen, mehrere der Herren gingen nach derselben Richtung, wo wir tags zuvor waren, der Großherzog und ich ritten, begleitet von Salim und seinen Leuten, durch die üppige Gartenlandschaft gegen Jericho. In der Nähe des Ortes fließt ein Gießbach vom Gebirge durch die Ebene zum Jordan. Abermals steile Lehmufer, große Feldblöcke, plätscherndes Wasser und noch viel dichtere Vegetation als an jenem Bach, den wir gestern durchstöbert hatten.

Der Großherzog blieb am linken, ich stieg an das rechte Ufer. Die Beduinen drangen in die Dickichte ein und ein lustiges Jagen begann. Nach wenigen Minuten hatten wir schon einige Hühner erlegt, doch bald gaben wir die niedere Jagd auf, da die Beduinen viele frische Wildschweinspuren fanden. Kurz darauf schlagen die Hunde an, ein starkes Stück Schwarzwild poltert durch die Gebüsche weg, doch nur auf einen Blick sichtbar, kein Schuss kann angebracht werden. Ihm folgt bald ein zweites, wie ein Hase im hohen Gras vor den Treibern aufspringend; der Großherzog streckt es mit einer Kugel nieder. Eine mittelstarke Bachin wird aus dem Bach herausgezerrt und auf einem Esel in das Lager zurückgesendet. Wir setzen die Jagd fort, noch einige Wildschweine entkommen uns, entweder im dichten Unterwuchs zwischen den Treibern zurückbrechend oder zu weit vorauseilend. Der Großherzog fehlte eines inmitten des Baches.

Bald darauf geben die Hunde wieder Laut. Mit lautem Poltern und Brechen erklimmt ein sehr starker Becker, geschmückt durch lange blendend weiße Waffen, die Lehne zwischen mir und den Treibern und versucht in die Steppe zu entwischen; ein glücklicher Blattschuss streckt ihn zu Boden. Hocherfreut sende ich die herrliche Beute nach dem Lager zurück.

Nun begannen wir wieder auf das in großer Menge vertretene niedere Wild zu schießen. Rot- und Klippenhühner, Purpur- und Nachtreiher sowie auch Wachteln und Bekassinen wurden erlegt, einige Adler in zu großer Entfernung gefehlt. Da die Mittagshitze sich recht fühlbar zu machen begann, beschlossen wir die Jagd zu unterbrechen; in den Bach hinabsteigend, entdeckte ich allsogleich auf lehmigen Stellen Hyänen-, Wolfs- und Schakalfährten, auch jene von Luchsen und kleineren Katzen. Die hundeartigen Tiere kommen nach Ausspruch der Beduinen nur des Nachts aus den Gebirgen zum Wasser, während die katzenartigen in den dichten

Gebüschen und hohlen Bäumen hausen, doch niemals, selbst durch Hunde nicht aus ihren Verstecken zu jagen sind.

Die Fährten der Stachelschweine waren auch in bedeutender Zahl vertreten, einmal jagten sogar die Hunde bis zu einem Bau, vor welchem wir die frische Spur dieses komischen Tieres und einige Stacheln fanden.

Nun beschlossen wir das Stachelschwein in seiner Wohnung aufzusuchen und schickten daher meinen Jäger auf einem guten Pferde mit dem Auftrage, die Dachshunde und einige Schaufeln zu bringen, in das Lager zurück. Indessen lagerte sich die Jagdgesellschaft im Schatten einiger Bäume nieder, wo Limonade getrunken und Zigaretten geraucht wurden. Der Großherzog hatte an diesem Morgen ein eigentümliches Tier, nämlich die känguruhartige Springmaus erlegt. Als die Dackel kamen, ließen wir sie gleich in den Bau.

Alsbald vernahm man Knurren und Bellen, doch leider eilten die sonst so tapferen Hunde mit eingeklemmter Rute ängstlich an das Tageslicht hervor, wollten auch nicht wieder in die Röhre hinein. Nun befahlen wir den Beduinen zu graben, was aber bei der sengenden Hitze nicht eben allzu rasch vonstatten ging; freie wilde Jagd ist mehr ihrem Geschmack angemessen als knechtische Erdarbeit.

Die Erfolglosigkeit unserer Bestrebungen erkennend, brachen wir diese Unterhaltung ab, nachdem wir denn doch einen interessanten Fund gemacht hatten. In der Röhre des Baues wurde ein wahrscheinlich vom Tier, nach Art vieler Höhlenbewohner, hineingeschlepptes protestantisches Psalmbuch aufgedeckt. Die echten evangelischen Lieder und Psalmen: »Eine feste Burg« und ein Gebet für den Kaiser Wilhelm standen darinnen; im Ganzen war alles, Einband sowie Text, gut erhalten, nur klebten einige rote, blutige Flecken am Papier. Weiß Gott, wie dieses europäische Werk in jene öden Gebiete gekommen war und wie es dessen Besitzer verloren hatte; vielleicht dörren seine Gebeine auch wo in der Nähe in undurchdringlichen Gebüschen.

Auf unseren Pferden traten wir die Heimreise an, voran ritt Salim im gestreckten Galopp; ohne Sattel und Decke saß er am nackten Rücken eines kleinen Braunen, das lustige Tier nur durch einen einseitig angebrachten Strick leitend.

Jordan-Beduinen

Unmittelbar neben Jericho bemerkte ich einen Schlangenadler, der sich im Bache badete; durch die überhängenden Ufer gedeckt war ein glückliches Anschleichen ermöglicht, was ich auch allsogleich tat und das prächtige Exemplar nach wenigen Minuten erbeutete. Nach diesem kurzen Intermezzo setzte ich den Ritt fort und erreichte, dank der großen Geschwindigkeit meines Schimmels, gar bald unser Lager.

Die anderen Herren hatten auch eine ansehnliche Zahl, doch nur niederen Wildes erlegt; eine regelrechte Strecke wurde hergerichtet und hierauf das Frühstück eingenommen, leider bestand dies mehr im Wegjagen der Fliegen als im Essen; von dieser Masse der gegen unsere Speisen einstürmenden Insekten kann man sich keine Vorstellung machen. Die heißesten Stunden brachten wir im Lager zu, der Ruhe pflegend; leider gestaltete sich dies bei der schrecklichen Hitze zu einer unausgesetzten Qual und nur mit Mühe konnte man insoweit seine Gedanken sammeln, um die notwendigen Notizen zu Papier zu bringen und einige Briefe in die Heimat zu schreiben. In den Mittagsstunden genossen wir alltäglich im Jordan-Tale die angenehme Temperatur von 40 Grad Réaumur.

Gegen 5 Uhr nachmittsgs brach ich wieder auf, diesmal allein in Gesellschaft Salims und einiger Beduinen; anfänglich jagte ich zwischen den Bäumen auf Girrtauben, dann durchstreiften wir einige wilde Haferfelder, wobei ich eine ausgiebige Portion Wachteln für die Küche erlegte, was schon recht notwendig war, da die Vorräte bereits ziemlich übel rochen und besonders die vielgepriesenen Konserven eine perfide Ausdünstung im Lager verbreiteten. Durch Gebüsch und Haag streifend hatte ich Gelegenheit, die herrliche Vegetation dieses Landstriches zu beobachten. Am meisten fielen mir auf die Arten: *Zizyphus Lotos* und *Spina Christi*, aus deren Früchten unsere, jedem zu Katarrhen neigenden Europäer wohlbekannten Jujuben gemacht werden, ferner der Zakkûm- oder Balsambaum und *Solanum Sanctum*; die berühmten Jerichorosen *Anastatica Hierochuntica* findet man nur knapp an den Ufern des Toten Meeres. Mit Sonnenuntergang kehrte ich in das Lager zurück, wo bald gespeist und dann zur Ruhe gegangen wurde.

Des anderen Morgens vor Sonnenaufgang brach die große Karawane auf, die Zelte wurden verladen und unter dem üblichen Lärm und Geschrei setzte sich die Karawane in Bewegung.

Kurz nach dem Frühstück folgten auch wir, geführt von einem Beduinen mit langer Lanze und fliegendem Mantel; auf einem schönen Fuchshengste reitend, konnte er als Muster eines echten Arabers gelten. Jener Schêch, der von Bethlehem bis hierher als Wegweiser gedient hatte, war vom Pascha weggejagt worden; die Gründe, weshalb dies geschah, sind mir nicht bekannt.

Anfänglich ritten wir am Fuße des Randgebirges an der Vegetationsgrenze; zwischen dichten Gebüschen kamen wir hindurch
und unter niederen Bäumen, die alle förmlich bedeckt waren mit
eben erst vom Schlummer erwachenden Störchen. Nach einiger
Zeit verschwanden die Sträucher und die wilde Gartenlandschaft
des Quellengebietes von Sultan-Aïn und die echte Steppe nahm
uns wieder auf. Im Ganzen war der Reitboden gut und man konnte fast immer galoppieren, nur hie und da mussten steinige Stellen
und alte Wasserrisse in der Nähe des Gebirges passiert werden.
Nach zweistündigem Ritt eröffnete sich zu unserer Linken der Eingang in ein ziemlich breites Gebirgstal; im Inneren, weit am Beginn desselben, liegt die Quelle von El-Andje. Ein Bach, fruchtba-
res Land spendend und erhaltend, fließt im Tale und aus demselben heraus durch die Ebene nach dem Jordan.

Der Kamm des Höhenzuges war bald erstiegen; ein herrlicher
Blick in ein eben nicht breites, aber an Vegetation aller Art, an Büschen, Wiesen und hohen Bäumen reiches Tal bot sich mir dar. Auf
der gegenüberliegenden Seite erhoben sich ebenfalls steile Erdwän-
de als Abschluss des Bildes. Die Fortsetzung desselben Wechsels
verfolgend, eilte ich sehr steil bergab, die Rotfährte einhaltend,
nach der Talsohle; daselbst angelangt, führte mich die Spur über eine Wiese zwischen Gebüschen einem steinigen Bach und lehmigen Stellen hindurch an den Rand dichter Gestrüppe.

Dort wartete ich die Ankunft meiner beiden Begleiter und der
Beduinen ab. Die Hunde wurden nun gleich auf der Fährte gelöst
und wenige Augenblicke darauf vernahm ich den erfreulichen
Klang eines sicheren Standlautes und eifrigen Gefechtes. Durch
den dichten Unterwuchs eilend erreichte ich eine kleine, von Wald
und Gesträuchen eingeschlossene Wiese, inmitten derselben tobte
ein heißer Kampf. Die Hunde hielten sich wacker, zerrten und bissen unter wütendem Geheul den sich tapfer und noch recht frisch
wehrenden Eber. Einen günstigen Augenblick erhaschend sandte
ich dem starken und durch schöne Waffen geschmückten Wildschwein den tödlichen Fangschuss.

Erst jetzt hatte ich Gelegenheit, die nächste Umgebung zu betrachten; zwischen hohen Bäumen und dichtem Gesträuch hindurch glänzte in unmittelbarer Nähe vor mir ein blinkender Wasser-

spiegel und das Rauschen eines Flusses drang an mein Ohr. Schnell rief ich meine Gefährten, um ihnen die freudige Entdeckung mitzuteilen. Dank der Verfolgung des kranken Ebers war unser Wunsch in Erfüllung gegangen und wir hatten den noch in weiter Ferne geglaubten heiligen Fluss, den vielgepriesenen Jordan erreicht.

Durch die üppige Vegetation hindurch, ein brüchiges Ufer hinab, eilten wir an eine Sandbank, um von nächster Nähe das Wasser und die hübsche Umgebung betrachten zu können. An beiden Gestaden blühen dichte Auen mit hohen Laubgängen, Weidengebüschen, blumenreichem Unterwuchs und einer im Ganzen an die Auwälder Europas erinnernden Flora. Der Fluss selbst trägt den Charakter eines echten Gebirgsgewässers, reißend, schnell, zwischen Felsblöcken und Steinen lustig plätschernd; man hätte sich an die Ufer der Enns oder Traun, in unsere schönen Alpen versetzt denken können. Während die Beduinen tranken und dann das Wildschwein auf den Rücken eines Esels luden, den sie zu diesem Zwecke mitgeführt hatten, ruhten wir im Schatten der Bäume aus, allmählich eine Hülle nach der anderen ablegend. Das Wasser des Jordans ist, im Vergleiche zur heißen Temperatur der Luft, sehr frisch und so wird ein vorsichtiges Auskühlen vor dem Bade absolut notwendig. Nach einer halben Stunde beiläufig gingen wir in die herrlichen Fluten, bis weit in die Mitte des Flusses hinein. Es war nicht nur eine außerordentlich wohltätige Labung, sondern auch zugleich eine interessante Reise-Episode.

Hier setzte das Volk der Israeliten, durch ein Wunder geschützt, über den reißenden Strom; David kehrte mit Barsillai in einem Boot in sein Gebiet zurück und Elia schlug mit seinem Mantel die Fluten, sodass sie sich zerteilten.

Später trug der große Christoph das Jesuskind durch dasselbe Gewässer; und was dem Christen am nächsten steht, ist die Taufe des Heilandes durch Johannes, der im härenen Gewande in diesen Wüsten von Heuschrecken und wildem Honig lebte, den Jesus von Nazareth besuchen kam, sich von dem frommen Einsiedler und Vorläufer des neuen Glaubens taufen zu lassen. Und in diesen Auwäldern erscholl die Stimme des Herrn: »Du bist mein vielgeliebter Sohn, an dem ich mein Wohlgefallen habe.« Alljährlich kommen große Züge gläubiger Pilger, um im Jordan zu baden, dessen

Wasser in die Heimat zu bringen, um ihre Kinder damit taufen zu lassen. Die orthodoxen Griechen tauchen in demselben Hemde in die heiligen Fluten unter, das sie in ihrer Todesstunde wieder anlegen.

Nach dem Bade eilten wir gestärkt und erfrischt, von den Beduinen gefolgt, denselben Weg über den Wildschweinwechsel, dann durch den Talkessel und hinauf an den Rand des Plateaus, den wir früher herabgekommen waren.

Die Pferde wurden bestiegen und unter Salims Führung ritten wir querfeldein in gestrecktem Galopp über die Steppe. Nahe vom Eingange in das enge Tal von El-Andje kam uns der Gouverneur mit einigen Gendarmen entgegen; das lange Ausbleiben und die Richtung, die wir nach dem Jordan eingeschlagen hatten, ängstigten ihn sehr und so war er auf die Suche ausgezogen. Die Stelle, an der wir des Morgens zu jagen begannen, musste passiert werden, worauf wir bald in das Innere des Tales eindrangen.

Die Sohle ist mit üppiger Gartenlandschaft bedeckt, die einschließenden Höhen tragen den stets gleichbleibenden Charakter jener Randgebirge, lange, steile, nur spärlich mit Gras bewachsene Lehnen. Durch dichte dornige Gebüsche und mehrmals über einen steinigen Bach Ufer wechselnd, führte unser schmaler Weg endlos lange im Tale fort. An den Hängen standen Störche in ganz unglaublichen Mengen. Ich habe noch niemals solche Massen dieser Vögel in einer Gegend vereinigt gesehen, wie besonders hier in dem Tale von El-Andje und überhaupt in der ganzen Jordan-Ebene.

Nach weitem Ritt erreichten wir endlich unseren Lagerplatz; die Zelte standen am Fuß der Berge, doch noch am Steppengras und wildem, stachligem Hafer, dicht neben dem Rande der üppigen Vegetation und an den Ufern eines kleinen Baches. Wir waren schon nahe vom Schluss des Tales, das in Form eines von hohen Lehnen eingeschlossenen malerischen Kessels endete. Mit Heißhunger fielen wir über ein Gabelfrühstück her; es war 3 Uhr und seit 5 Uhr früh hatten wir keinen Bissen mehr gegessen, dabei aber recht ausgiebige Bewegung gemacht.

Die Nachmittagsstunden wurden im Lager zugebracht; das Leben mit der Karawane im Freien und unter Zelten hat seine großen

Reize und einen vom Einerlei des schablonenhaften europäischen Lebens abweichenden Charakter.

Leider bescherte uns der Lagerplatz von El-Andje einige Unannehmlichkeiten. Die Zelte standen nämlich auf dem dürren, höchst feuergefährlichen Haidegras und eine weggeworfene Zigarette entwickelte im Zeitraum weniger Augenblicke einen Brand, der nur durch rasches Eingreifen gelöscht werden konnte. Bei dem großen Reichtum an Munition musste dieser Frage doppelte Aufmerksamkeit geschenkt werden und so blieb nichts anderes übrig, als das Rauchen sehr einzuschränken. Ferners versiegte der für die Karawane so unentbehrliche Bach gleich nach ihrer Ankunft; man forschte nach und fand dessen Lauf durch Böswilligkeit gehemmt und abgelenkt. Erst gegen Abend konnte er wieder in seine alte Bahn geführt werden und den nach Trank lechzenden Maultieren und Pferden Labung gewähren.

Nicht ohne Grund hegten die Paschas den Verdacht, der am vorigen Tage aus unserer Karawane verstoßene Beduinen-Schêch sei der Urheber dieses Racheplanes gewesen. Des Abends gingen mehrere der Herren hinaus, um noch einen kurzen bewaffneten Spaziergang zu unternehmen. Mir gelang es, einen balzenden Steinhuhn-Hahn und einen nach den Schlafplätzen ziehenden Storch zu erlegen. Tausende dieser Langschnäbel kamen an unserem Lagerplatz vorbeigezogen, so viele als Platz fanden, schwangen sich auf den niederen Bäumen ein, um da der Ruhe zu pflegen. Mit Sonnenuntergang kehrten wir alle zum Speisen zurück und bald herrschte Ruhe im Lager; einschlafend vernahm ich noch dicht neben den Zelten das Geheul hungriger Schakale.

Am 8. April in früher Stunde brachen die Diener die Zelte ab und bald darauf setzte sich die Karawane in Bewegung. Anfänglich musste der langweilige Weg durch das Seitental zurückgelegt werden; im Hauptal ging es dann besser, und über guten Steppenboden, stets am Fuße der Gebirge galoppierend, erreichten wir nach zweistündigem Ritt eine sumpfige Niederung. Einzelne Gebüschparzellen und ein leider nur allzu großer Rohrbruch kennzeichneten diese Gegend als Jagdterrain. Salim und seine schnellfüßigen Leute waren schon zur Stelle, da aber hier sein Bezirk zu Ende ging, harrte auch ein anderer Trupp Beduinen, gefolgt von großen

Hunden und unter Führung eines sehr schönen Schêchs unserer Ankunft.

Das Fußvolk war ebenso gekleidet wie Salims Leute, doch der Anführer schien vermögender zu sein; dafür sprachen ein guter Fuchshengst, geschmückt mit reichem Sattelzeug, bunter Gewänder, ein großer, farbiger Turban, hohe gelbe, aus Saffianleder erzeugte Stiefel und ein schöner krummer Türkensäbel. Der ganze Mann hatte mehr den Typus der innerasiatischen Volksstämme an sich und nicht mehr jenen der echten Araber. Mit großer Höflichkeit geleitete er den Großherzog, Hoyos und mich zu unseren Ständen an der entgegengesetzten Seite des Schilfdickichtes; die anderen Herren sowie die ganze Karawane setzten einstweilen den weiten Marsch fort.

Auf das hin bestiegen wir unsere Pferde und folgten den anderen nach; ein vorspringender Höhenrücken mit steinigem schlechten Boden musste überritten werden; vom Nordabhange genossen wir einen herrlichen Blick über die weite Ebene, die graugrünen westlichen Randgebirge und die hohen Felsenberge des östlichen Jordan-Ufers. Vor uns lag auch schon die Ausmündung des Tales und Quellengebietes von Abd-el-Kader, dem nächsten Ziel unserer heutigen Reise; man sieht weit in jenen Ebenen und erreicht langsam die heiß ersehnte Station, das mussten wir an diesem Tage gründlich kennen lernen. Unaufhörlich führte uns der Weg über die Steppe, stets am Fuß der Berge bleibend. Wohin man blickte, nichts als Störche; auf wenige Schritte ließen sie die Reiter vorbei, ohne sie nur eines Blickes zu würdigen. In den Lüften gaukelten auch einige Raubvögel und ein Pärchen jener großen, echt asiatischen Steppenadler strich mir niedrig über den Kopf; rasch riss ich das Gewehr von der Schulter, doch nur Kugelpatronen, keine Schrote waren in meinem Sack zu finden. Die Sonne brannte fürchterlich; die graue Wolkendecke, welche in den Morgenstunden das Firmament verdunkelte, war leider vollkommen gewichen. Die Karawane hatte ich bald eingeholt. Sie bot ein jämmerliches Bild; einige hundert Gänge trennten ein Maultier vom anderen, nur mühsam schleppten sie sich, von ihren Führern weiter geprügelt, von der Stelle; die große Hitze, die angestrengten Märsche seit Latrun noch vor

Jerusalem und der Wassermangel des letzten Tages ließen sich deutlich erkennen; fast alle hatten wunde, vom schweren Gepäck aufgedrückte Rücken und zerschlagene Knie.

Nach mehrstündigem Ritt erreichte ich den Eingang des sich zwischen hohen Bergen in nordwestlicher Richtung erstreckenden Tales von Abd-el-Kader; wie gewöhnlich rieselte ein Bach in dessen Mitte, an den Ufern wucherte eine ganz besonders üppige Vegetation, die sich längs des Wasserlaufes von da durch die Ebene wie ein grünes Band bis zum Jordan hinabzog. Da der Bach nur an einer Stelle durchritten werden konnte, mussten wir am Südrand des Tales weit in das Innere desselben hineinwandern, um dann die nämliche Distanz am Nordrande bis zur Ausmündung in die große Ebene zurückzureiten, wo unter einem eigentümlich geformten Felskegel an der Vegetationsgrenze das Lager aufgeschlagen werden sollte.

Die Herren waren schon zur Stelle, doch die Karawane noch lange nicht und so hatten wir das Vergnügen, in einer kleinen, etwas Schatten gewährenden Höhle die Ankunft der Tragtiere abzuwarten. Einige von uns benützten diese Zeit, um einen Badeplatz zu suchen. Der große Bach war dermaßen von saftigem Pflanzenwuchs, weit über mannshohen, aromatisch riechenden Oleanderbäumen mit großen, roten Blumen überwuchert, dass man kaum bis zum Wasserspiegel gelangen konnte. Auch trug diese ganze theaterdekorationsartige Staffage den Typus einer südländischen Schlangengegend an sich, und vor den giftigen Reptilien jener Zonen habe ich großen Respekt; ich zog es daher vor, in einem engen, etwas schmutzigen Seitenbach, wo ich aber früher die Umgebung gut visitieren konnte, in Gesellschaft einiger unschuldiger Kröten und Frösche zu baden.

Aus den Fluten zurückkehrend fanden wir bereits ein Zelt und die Küche an Ort und Stelle, konnten daher bald darauf ein Frühstück bei fürchterlicher Hitze und umschwärmt von ekelhaften, dicken Fliegen einnehmen. Die Nachmittagsstunden beschlossen wir der Jagd zu widmen; ein Teil der Herren sollte längs des Baches hinaus in die große Ebene, während der Großherzog und ich gegen das Innere des Tales vordringen wollten. Unter Salims und des anderen Schêchs Führung versuchten wir die dichten Ufergebüsche

Baisân

zu durchstöbern; einige Wildschweinfährten bestärkten uns noch in diesem Vorhaben.

Von Salim und seinen Leuten nahmen wir herzlich Abschied, die braven Gesellen kehrten in ihre Heimat zurück. Nach dem Speisen ergötzte ich mich am malerischen Anblick unseres Lagers; die Feuer warfen schöne Reflexe auf die Felswände und die daneben sich umhertreibenden bunten Gestalten der Diener und Beduinen. Für den nächsten Tag stand eine große Marschleistung bevor, denn wir beabsichtigten, zwei Stationen in einem Zuge zurückzulegen.

Vor Sonnenaufgang, noch bei vollkommener Dunkelheit, herrschte schon reges Leben im Lager. Die Zelte wurden abgebrochen, alles verpackt und die große Karawane setzte sich in Bewegung. Bald folgten auch wir nach und gelangten, um den Felskegel reitend, in das Steppengebiet. Das Tal verengt sich in dieser Gegend, die westlichen Randgebirge treten in die Ebene hinein und steile Lehnen, tiefe Schluchten und steinige Stellen mussten überritten werden.

Wir genossen schöne Überblicke auf die hier durch Racheln und Gebirgsbäche stark durchschnittene Jordan-Niederung und die herrlichen Gebirge des anderen Ufers mit ihren hohen, grauen Felswänden und malerischen Konturen. Auf einem dieser Berge steht ein alter Turm; ich konnte nicht erfahren, aus welcher Zeit derselbe stammt und wer dieses Bauwerk in jener nur von wilden Stämmen bewohnten Gegend errichtete. Nirgends im Jordan-Tale fanden wir eine so kupierte und zugleich vegetationsarme Strecke als in den ersten Reisestunden dieses Tages. Sehr viele große Raubvögel kreisten in den Lüften; ein Steppenadler zog mir nahe über den Kopf; durch einen glücklichen Schuss holte ich ihn herunter, so dass er zwischen die Pferde mit schwerem Schlage herabfiel. Ein schmaler, aus den Randgebirgen hervorreichender Höhenrücken musste mühsam erklommen werden. Am Kamm angelangt, lag ein herrliches Bild vor uns ausgebreitet.

Das Jordan-Tal erweitert sich von da an immer mehr und man sah die grüne Ebene bis zu dem Hügellande an den Ufern des Tiberias-Sees, rechts und links die schön geformten Randgebirge und im Norden, als Abschluss, die hohen Spitzen des Libanon und die weiten Schneefelder des Hermon; ein in der Tat merkwürdiger Kontrast; wir schmachteten in der fürchterlichsten Hitze, wie sie nur das Jordan-Tal bieten kann, und vor uns in weiter Ferne glänzte der Schnee kristallhell auf den Gebirgen.

An diesem interessanten Aussichtspunkte wurde gehalten und etwas gerastet. Wir beschlossen, während die Karawane den langen, beschwerlichen Weg fortsetzt, hinab nach dem Jordan zu reiten, um einige Stunden an den Ufern des heiligen Flusses zuzubringen. Der Beduine im fliegenden Mantel, den langen Speer in der Hand, hatte uns bisher gut geführt, doch den nächsten Weg zum Jordan hinab konnte er nicht, erklärte dies auch ganz offen, und so verteilten wir uns, die kürzeste Richtung suchend, gegen Osten. Ich galoppierte über die Steppe, musste einige Racheln durchklettern, kam dann an eine Stelle, wo zwischen kleinen Felswänden und einem wahren Garten üppiger Büsche und Blumen eine kleine Quelle lustig hervorsprudelte; am oberen Rande der Felsen, dem Wasserlaufe folgend, erreichte ich den Rand des Plateaus; eine steile Lehne fiel vor mir ab. Unter derselben gewahrte ich zu meiner großen Freude grünende Wiesen, dichte Auen und zwischen denselben das Silberband des Jordans.

Gar bald war ich am Ufer des Flusses angelangt. Die Herren kamen nun nacheinander alle an und wir suchten einen günstigen Bade- und Rastplatz. Der Jordan bildet an dieser Stelle ein ziemlich bedeutendes Knie; die dadurch entstandene Halbinsel ist mit einem Auwald ausgefüllt, der so dicht und üppig emporwuchert, wie ich bisher etwas ähnliches noch niemals gesehen habe.

Am Rande dieser Au, im Schatten der letzten Bäume und Büsche, doch schon auf Wiesenboden ruhten wir uns aus, ließen die Pferde grasen, packten ein bescheidenes Frühstück, bestehend in Brot und kaltem Fleisch, aus und badeten noch früher in den rauschenden kühlen Wogen. Wie überall, so auch hier, trägt der Jordan den vollen Charakter eines Gebirgsflusses an sich und schäumt zwischen Felsen und großen Steinen brausend hindurch.

Nach der frugalen Mahlzeit beschloss ich den Auwald zu untersuchen, um vielleicht eine kleine Treibjagd zu inszenieren.

Die erste Hälfte dieser Halbinsel ist bedeckt mit etwas über mannshohen Gebüschen; der Boden von großblätterigen Pflanzen aller Art wild überwuchert, die Gestrüppe durch Schlingpflanzen eng verbunden, und dieses ganze Gemenge so dicht und üppig, dass man kaum durchdringen kann und jeder Schritt nach vorwärts die Anspannung aller Kräfte erfordert.

Ist dieser erste Teil der Au glücklich passiert, dann gelangt man auf eine den Wald in zwei Hälften teilende Lichtung; daselbst fand ich im Lehmboden eine unglaubliche Menge frischer Fährten; die Spuren des Panters, des Luchses, der Wildkatze, des Wild- und Stachelschweines, des Wolfes, des Schakales und zweier Hirscharten waren da vertreten; die Fährte eines kleinen, rehartigen und eines größeren damwildartigen Tieres interessierten uns sehr, insbesondere, da Herr Ráth beim Herabreiten zum Jordan in einer jener Racheln mit einem, wie er sagte, kleinen Hirsch, geschmückt durch kurze Geweihe, zusammengetroffen war.

Der zweite Teil der Au bestand aus einem echten hochstämmigen Laubwald von ganz tropischem Charakter und ebenfalls fast undurchdringlichem Unterwuchs. Den vielen Fährten zulieb drängte es mich, einen Trieb aufs Geratewohl versuchen zu lassen; die Herren stellte ich in der Lichtung an den am meisten abgetretenen Wildwechseln an und ließ nun die türkischen Gendarmen und einige Diener, unter Führung meines Jägers, durch den Wald gehen. Von einer geordneten Treiberkette war in jenem Unterwuchs keine Rede und gar bald mussten wir einsehen, dass hier alle Versuche, ein Wild aus den Dickungen herauszujagen, vergebliche Mühe seien. Von Vogelwelt bemerkte ich in dieser Au nur einige Pärchen des Triel und mehrere Milane.

Nun eilten wir zu unseren Pferden zurück, ließen sie satteln und ritten denselben Weg, den wir gekommen waren, nach dem Rande des Plateaus empor. Schon von unten hatten wir eigentümliche, dunkle Nebel beobachtet, die in den Lüften emporwirbelten, doch konnten wir uns die Ursache davon nicht erklären.

Als wir oben anlangten, genossen wir den Anblick eines sehr merkwürdigen Schauspieles. Die ganze Steppe, vom Jordan bis an den Fuß der östlichen Randgebirge, war in eine Rauchwolke gehüllt, aus deren schwarzem Qualm hie und da helle Flammen aufloderten; das Gebiet, welches wir des Morgens durchritten hatten, war nun ein Rauch- und Feuermeer. Das Steppengras brennt ganz unglaublich rasch und wir konnten von Minute zu Minute die Fortschritte des Brandes wahrnehmen, wie die Rauchsäulen sich uns verfolgend näherten. Jussuf, ein türkischer Kavallerie-Offizier, aus Turkestan gebürtig, ein rüstiger alter Mann mit grauem Bart, die Lederknute als Zeichen der Gewalt um die Hand geschlungen, ritt voraus, den kürzesten Weg weisend; es war ein schöner Galopp durch die Steppe, querfeldein gefolgt vom großen Brande, ein Schauspiel, das nur die Großartigkeit der anderen Weltteile bieten kann. Ein ebenfalls vor den Flammen fliehendes Wildschwein lief nur auf wenige Schritte neben meinem Pferde vorbei.

Ein langer, ausgiebiger Galopp brachte uns rasch über die Steppe und durch ein Gebiet, bewachsen mit hohen, langstacheligen Disteln, welche uns und die Pferde arg peinigten. Nach zwei Stunden begann der Charakter der Gegend sich zu ändern. Das Tal wurde immer breiter und in dessen Mitte erhoben sich niedere grüne Hügel mit Gebüschen und Zwergeichen bedeckt.

Im Norden war das Bild durch schöne Gebirge abgeschlossen; die Ausläufer des Carmel, die Berge um Nazareth, der hohe Tabor mit seiner eigentümlichen Form, der Anti-Libanon, der schneebedeckte Hermon, die Randgebirge des Sees Genezareth, dem Tabarïyc der Araber, und in nordöstlicher Richtung die Höhen des Djebel-Adjlûn konnten, alle in effektvollen Beleuchtungen prangend, beobachtet werden. Unser Weg führte uns an einem kleinen Beduinen-Friedhof vorbei; zwei uralte wundervolle Sikomoren verliehen dem düsteren Ort einen noch schwermütigeren Anstrich. Allmählich näherten wir uns dem Ziel der heutigen Reise, dem Dorfe Baisân. In weitem Kreise um diesen Ort erstreckt sich dessen berühmtes Quellengebiet; allenthalben rieseln kleine Wasserläufe vom Plateau herab und dichte, niedere Gebüsche, hohes Riedgras, Rohrbrüche und sumpfige Stellen bedecken die ganze Umgebung. Überall erschallt der Ruf der hier massenhaft hausenden schwarzen Hühner.

Alte behauene Steine und Trümmer inmitten der jetzt wild wuchernden Sumpfvegetation zeugen in unmittelbarer Nähe des jetzt elenden, aus einigen Steinhütten bestehenden Dorfes, für eine längst vergangene Kultur und Größe dieses Ortes. In altbiblischer Zeit hausten hier die Kanaaniter, später wurde die Stadt von David erobert; von den Skythen dann unterworfen, erhielt sie bei den Griechen den Namen Scythopolis. In den Tagen der Römer war es ein blühender reicher Platz und Cleopatra hatte hier ihre Zusammenkunft mit Alexander Jannaeus; Pompejus rückte durch Baisân nach Judäa. In altchristlicher Zeit war es der Sitz eines Bischofes und berühmt als Geburtsort von Basilides und Cyrillus. Saladin eroberte die Stadt, und den Flammen preisgegeben verlor sie für immer ihre Größe und frühere Macht. Die letzten Überreste eines alten Theaters, einiger Tempel und viele, von Gebüschen und Sumpfgras fast verdeckte Basalt-Säulen sind noch übrig geblieben.

Es ist ein eigentümlich düsterer, morastiger Platz; feucht und ungesund, vom unaufhörlichen Geschrei der Kröten und Unken erfüllt. Im erbärmlich schmutzigen Dorfe lungerten verkommen aussehende Leute an den nasskalten Steinmauern und Kinder und Hunde wälzten sich am sumpfdurchtränkten Boden umher. Unser Lager fanden wir bereits aufgeschlagen und in bester Ordnung auf einer grasigen Fläche am Nordrande des Dorfes; gleich daneben fiel eine Schlucht steil ab, in deren Innerem eine Quelle zwischen Felsplatten, dichten Gebüschen und breitästigen Sikomoren lustig plätscherte. Daselbst sahen wir die Spuren in den Fels gehauener römischer Bäder. Über dem Lager, westlich vom Dorfe, befindet sich das Plateau und Quellengebiet.

Gleich nach unserer Ankunft ging ich mit einem Jagd-Beduinen, der mich schon bei meinem Zelte erwartet hatte, nach den versumpften feuchten Strecken. Überall rieselte Wasser, der Boden glich einem Schwamm; Rohr, Schilf und Gesträuche entsprossten morastiger Erde. Viele Wildschweinfährten und vollkommen ausgetretene Wechsel bewiesen den jagdlichen Reichtum der Gegend; eine alte römische Säule war ganz abgewetzt vom Schwarzwild; allabendlich kamen sie hin, um sich da in Ermangelung von Bäumen nach ihrer Art zu reiben.

Der Beduine forderte mich auf, hinter einem Gebüsch versteckt die Ankunft der Tiere abzuwarten; doch ich verspürte nicht die geringste Lust, inmitten jener mephitischen Sumpfatmosphäre den gefährlichen Moment des Sonnenunterganges zuzubringen, und kehrte rasch nach dem Lager zurück.

Die große Karawane bot einen traurigen Anblick dar; Pferde und Maulesel lagen todmüde herum und auch die Menschen waren eben nicht in gehobener Stimmung, wozu der in der Tat ungemein lange Marsch und die beängstigend wirkende Luft dieses sumpfigen Ortes beitrugen. Nach dem Speisen zogen sich bald alle schlaftrunken in ihre Zelte zurück.

Am 10. April, dem Palmsonntag, waren wir mit Sonnenaufgang munter; das größte Zelt hatten wir als Kapelle hergerichtet und so gut es ging geschmückt; der Burgpfarrer las die Messe und weihte hierauf die Palmzweige, welche an alle christlichen Mitglieder der Karawane verteilt wurden. Nach dem Frühstück beschlossen wir einen Jagdzug. Ein Teil der Herren beabsichtigte nördlich des Lagerplatzes die Gegend zu durchstöbern, während der Großherzog und ich mit einem Trupp hiesiger Jagdbeduinen, schönen, wild aussehenden Gesellen, gegen den Jordan zu auf Wildschweine jagen wollten. Durch das Dorf gelangten wir an die Osthänge des Plateaus; zwischen dicht bebuschten, sumpfigen Stellen erreichten wir einen Bach, dessen üppig grüne Sohle und steile Ufer eine Jagd in der Art, wie wir sie in den unteren Jordangegenden mit Salim unternommen hatten, erhoffen ließen; doch leider merkten wir nach langen vergeblichen Versuchen, dass weder die Beduinen, noch ihre Hunde in die dichten Gesträuppe eindringen wollten, und so unternahmen wir eine lange Streifung über die Steppe bis zu einem von dem Schêch als ausgezeichneten Platz geschilderten Rohrbruch.

Im Steppengras jagten wir anfänglich nur einige Wachteln auf, später einen Flug Triel; je näher wir dem schon in weiter Ferne sichtbaren Rohre kamen, desto häufiger wurden die Gebüsche; zwischen denselben sprangen zwei höchst merkwürdige kleine Tiere auf, kleiner als Rehe, von gelblicher Färbung, mit rehartigen Gehörnen, den hüpfenden Bewegungen und langen Wedeln des Damwildes; leider waren sie zu weit, um einen sicheren Schuss anbringen zu können. Die Ränder des Rohrbruches sind mit sumpfigen Stellen und hohem, saftig grünem Riedgras bedeckt; wir erlegten in diesem feuchten Terrain einige schön gefärbte Frankolin-Hähne und eine Henne im schlichten braunen Kleid, ähnlich der Fasan-Henne.

Nun wurde der Großherzog an den entgegengesetzten Rand des lichtgelben Rohrwaldes geschickt, während ich mit den Beduinen in das Innere desselben eindringen sollte. Übermannshohes Schilf und Rohr schloss sich über unseren Köpfen; bis an die Waden wateten wir im Moor, Sumpf und Kot, im Moder verwesender Pflanzensubstanzen. Nach langem Marsch durch dieses ekelhafte Terrain, das von Kröten wimmelte, erreichte ich eine Lichtung, wo ich auf Wunsch der Beduinen, im Wasser stehend, den weiteren Verlauf der Jagd abwarten sollte. Massen von ekelhaften Sumpfinsekten umschwirrten mich und es war ein in der Tat höchst unangenehmer Platz, den ich nicht so bald vergessen werde. Die Araber versuchten nun das Rohr nach allen Richtungen durchzutreiben, doch blieb alle Mühe vergeblich; wir hörten die Wildschweine durch das Dickicht brechen, doch keines verließ das schützende Versteck, nur einige Purpurreiher umflatterten uns matten Fluges. Ich trachtete so bald als möglich diesen schrecklichen Platz zu verlassen, denn ich fühlte, wie sehr ich schon das Sumpfmiasma und den Geruch verwesender Stoffe eingeatmet hatte; abends sollte ich auch die bösen Folgen davon kennen lernen.

Auch der Großherzog kam bald, von der schlechten Luft vertrieben, vom anderen Rande des Rohres zurück und so bestiegen wir die vom trefflichen Ferdinand nachgebrachten Pferde und schlugen den Heimweg ein. Mehrmals scheuchten wir im dichten Riedgras Frankoline auf und erlegten noch einige derselben. Über Steppengras reitend wollte ich versuchen, wie schnell ein Brand entstehen könne und warf brennende Streichhölzchen vom Pferde herab; nach einigen Sekunden schlug eine hohe Flamme empor, sich so rasch verbreitend, dass wir gezwungen waren, in Galopp einzusprengen.

Den nächsten Morgen sahen wir noch aus der Ferne jene Teile der Steppe weithin in Rauchwolken gehüllt. Bald hatten wir Baisân wieder erreicht, wohin auch die anderen Herren mit einiger Beute zurückkehrten. Ein Gabelfrühstück wurde eingenommen und nach demselben produzierte sich eine halb verhungerte ägyptische Seiltänzerfamilie, die eben am Durchzuge war. Unter vielen mehr oder weniger missglückten Kunststücken bekamen wir auch den von Ägypten her wohlbekannten Bienentanz, von einer Frau am Seil ausgeführt, zu sehen.

In den Nachmittagsstunden verließen wir alle wieder das Lager und verteilten uns in den mit hohem Riedgras bewachsenen Stellen, neben dem Dorfe, in denen die Frankoline den ganzen Tag über ihre Stimme erschallen ließen. Dieses schöne große Huhn ist leicht zu jagen und zugleich ein außerordentlicher Braten, daher für den wandernden Waidmann in doppelter Hinsicht ein recht erwünschtes Wild. Jeder von uns nahm einige Beduinen oder Diener mit, um einen bestimmten Raum abzujagen. Wir hatten die besten Plätze in der Nähe des Dorfes in vollkommene Rayons eingeteilt, damit nicht einer den anderen störe. Ich war eben im besten Jagen, als mich plötzlich ein heftiger Schwindel befiel; ein Gefühl ähnlich einer Lähmung erschlaffte die Füße, heftige Kopfschmerzen und trotz der Hitze eisige Kälte am ganzen Körper zwangen mich, so gut es ging nach Hause zu schleichen. Ein Fieberanfall, wie er so rasch im Zeitraum weniger Minuten nur in jenen Klimaten auftreten kann, hatte mich aus dem besten Wohlbefinden plötzlich recht krank gemacht. Alle Muskeln schmerzten, jeder Schritt war eine Pein. Im Lager angelangt, musste ich viel Chinin schlucken, worauf ich in jämmerlichem Zustand in mein Bett kroch. Die anderen Herren kehrten mit Frankolin-Hühnern recht reich beladen zurück. Während der Nacht wurde der arme Chorinsky und später auch Sachs von ein und demselben großen Skorpion gebissen; Ersterer erhielt noch die volle, ungeschwächte Giftdosis von dem ekelhaften Tiere und musste darauf unter echten Vergiftungserscheinungen die besorgniserregendsten Zustände erdulden.

Am nächsten Morgen herrschte eine trübe Stimmung im Lager; niemand fühlte sich wohl; alle hatten etwas an den Folgen der schlechten Luft zu leiden. Chorinsky und ich, noch matt und elend, mussten in die Rubrik der Kranken gezählt werden; auch unter der Dienerschaft waren Opfer des Klimas; jede Stunde konnte neue Fieberanfälle bringen und besonders die Erfahrungen mit den asiatischen Skorpionen brachten eine gewisse Panik in die Karawane.

Der ursprüngliche Plan war, diesen Tag noch in Baisân zuzubringen, hierauf eine Expedition an den See Genezareth zu unternehmen, von dort aber nach Nazareth zu wandern, um daselbst an den Feiertagen der Karwoche bis zum Ostermontag teilzunehmen. Um nun dem Fieber zu enteilen beschlossen wir, die nächste Nacht schon in der Gebirgsluft des Berges Tabor, auf dessen Spitze zuzubringen und tags darauf nach Haifa zu reisen, wohin wir augenblicklich die in Beiruth vor Anker liegende »Miramar« bestellen wollten. Ein langer Weg stand daher bevor und gleich nach dem

Frühstück brach alles auf. Ich konnte mich vor Mattigkeit kaum noch auf dem Pferde erhalten und werde diesen Ritt lange nicht vergessen; bei sengender Hitze musste eine höchst langweilige Gegend passiert werden.

Der Steppen-Charakter der Jordan-Niederung ist gewichen; lang gestreckte flache Rücken, endlose Täler sind an dessen Stelle getreten. Steinige, mit wenig Gebüsch bedeckte Flächen wechseln mit schlecht kultiviertem Land, an Kamel- und Ziegenherden kamen wir vorbei. Das Beduinen-Gebiet liegt hinter uns; die Menschen sind hier noch bunter und ich möchte sagen nördlicher und asiatischer gekleidet als in Jaffa. Große Turbane, bunte Burnuse, pelzverbrämte Jacken, ganz eigentümliche rote Schuhe fallen uns auf. Die Reise zieht sich sehr in die Länge, da die Kranken nur Schritt reiten können, das einzig Erfreuliche ist der Blick über die nächste trostlose Umgebung hinaus, nach den schönen Hochgebirgen.

Endlich haben wir den Fuß des kegelförmigen, überall gleich steilen und nirgends mit anderen Höhen zusammenhängenden Tabor-Berges erreicht, dessen Lehnen bis hinauf mit Steinplatten, Geröll und verkümmerten Eichen bedeckt sind. Durch ein elendes kleines Dorf, aus steinernen Hütten bestehend, schlängelt sich der Weg empor; nichts als blanker Fels und steile Platten; man begreift es kaum, wie die armen Pferde da hinaufkommen können; zwischen den Felsen wachsen immergrüne Gebüsche und die niederen knorrigen Eichen bieten auch keinen schönen Anblick dar. Der Typus der Flora ist ganz und gar jener der Mittelmeer-Küsten; die weitaus interessantere asiatische Flora lag schon hinter uns.

Nach langer Reise ist als Schluss in den Nachmittagsstunden der Ritt auf den hohen Tabor-Berg hinauf ein sehr fragliches Vergnügen; rutschend und stolpernd langten wir endlich auf den todmüden Pferden an der äußeren Umfassungsmauer des kleinen Klosters an; ich konnte vor Mattigkeit kaum mehr die Augen offen halten und litt noch sehr an den Folgen des Fiebers. Der Großherzog war während des langen Rittes unwohl geworden und in den Abendstunden stellte sich auch bei ihm dasselbe Leiden, aber noch in ärgerem Maße, als ich es den Tag zuvor erdulden musste, ein. Ein Zelt war auf den Tabor vorausgeschickt worden; die ganze an-

dere Karawane blieb in Nazareth, da man die wenigsten der vielge-
prüften Maultiere lebend hinaufgebracht hätte. In dieses Zelt legten wir uns hinein, um bis zum Speisen abends zu schlafen. Wie
mit einem Male hatten wir die drückend schwere Jordanluft, die
Atmosphäre der unter dem Meeresspiegel liegenden Gegenden
verlassen. Frische Gebirgsluft, ein empfindlich kühler Abend und
scharfer Luftzug folgten der Hitze des Tages.

Eine herrliche Fernsicht genießt man von der Spitze des Tabor-
Berges. In südöstlicher Richtung breitet sich die weite Jordan-Ebene, in Dünste der heißen Luft gehüllt, aus; zu beiden Seiten die
Randgebirge, die westlichen graugrünen, mit ihren unzähligen
Kuppen und Kegeln, die östlichen hoch, kahl und ernst, das Gebiet der freien, edlen Beduinenstämme; im Nordosten erglänzt der
Spiegel des großen Genezareth-Sees von freundlichem Hügelland
umschlossen, im Norden erheben sich die schneebedeckten Häupter des Libanon und Hermon. Dicht unter uns, am Fuß des Tabor
beginnend, zieht sich ein hügeliges Land, von Tälern und Schluchten durchzogen, bis zu den Hochgebirgen, alles ist mit Steinen und
Eichenwäldern bedeckt; im Westen reicht eine wellige, eigentlich
unschöne Gegend bis zu dem freistehenden hohen Gebirgsstock
des Djebel-Mar-Eliâs- oder Carmel-Gebirges.

In den Abendstunden genossen wir dieses schöne Bild. Über
den ruhigen, waldreichen Tälern kreisten einige Kaiseradler und
Kuttengeier schwebenden Fluges; vollkommene Stille herrschte,
nur die hellen Glocken des kleinen Klosters trugen das Ave-Maria
in die einsame Gegend.

Nun erst war ich imstande, langsam auf der Spitze des Berges
herumzuschleichen, um die interessanten Bauten und Ruinen zu
betrachten. Ein griechisches Kloster steht gegenüber dem lateinischen, in dessen Hofe wir unser Zelt aufgeschlagen hatten. Zwischen diesen beiden Gebäuden und um dieselben herum liegen
halb verschüttete Mauern, Steinhaufen und die Reste eines alten,
jetzt von Pflanzen wild überwucherten Schlossgrabens. Ein spitzer, noch recht gut erhaltener Torbogen fesselte meine Aufmerksamkeit; neben demselben werden Trümmer aller Art als Überreste einer aus dem arabischen Mittelalter stammenden Burg gezeigt.

Im alten Testament schon spielt der Berg Tabor eine Rolle als Grenzpunkt zwischen den Stämmen Issaschar und Sebulon. Debora ließ hier ein Heer sammeln; von da aus zogen auch die Hebräer in die Ebene und schlugen Sisera, den Feldhauptmann des Königs Jabin von Hazor.

Unter Antiochus dem Großen stand eine Stadt namens Itabyrion auf dem Gipfel des Berges. Im Jahre 53 nach Chr. Geb. wurde unter Gambinius den Juden hier eine Schlacht geliefert. Josephus ließ später den Tabor befestigen und unter Vespasian erschlug dessen Feldherr Placidus daselbst viele Israeliten. Seit den ältesten Zeiten des Christentums wird dieser Berg als die Stelle der Verklärung bezeichnet und verehrt. Schon Origenes und Hieronymus schildern ihn in dieser Weise. Die Kreuzfahrer bauten die ersten Klöster auf dem Tabor, welche aber dann von den Muslimen wieder zerstört wurden. Im Jahre 1212 errichtete daselbst Melik-el-Adil, der Bruder Saladins, eine Festung, die später von den Christen vergeblich belagert wurde, aber dann im Laufe der Zeiten, als sie ihren Wert verloren hatte, von den Muslimen selbst wieder geschleift ward. Die jetzigen Klöster stammen aus keiner alten Epoche und sind nur auf den Überresten der ersten hier gestandenen errichtet worden.

Die ganze Gegend ist voll historischer Reminiszenzen und daher doppelt interessant. In der Nähe des Tabors erhebt sich aus den grünen Tälern ein runder Felshügel, unter welchem Saladin am 3. und 4. Juli 1187 seinen größten Sieg errang. Die Macht der Kreuzfahrer wurde da für immer gebrochen, König Guido von Lusignan mit vielen anderen gefangen, die Ritter als Sklaven verkauft, die Templer und Hospitaliter alle hingerichtet. Den Großmeister der Templer erschlug Saladin mit eigener Hand. Derselbe Hügel wird auch als der Platz der Bergpredigt und der wunderbaren Speisung der fünftausend Menschen bezeichnet. In den Abendstunden speisten wir im größten Gemach des Klosters und gingen dann bald zur Ruhe. Der Großherzog war recht leidend am Fieber und musste, so wie ich tags zuvor, viel Chinin zu sich nehmen.

Am 12. April erwachten wir mit Sonnenaufgang. Die letzte Nacht im Zelte lag hinter uns und nicht ohne wehmütige Gefühle verließ ich meine luftige Behausung. Vom Kloster aus stiegen wir zu Fuß den Berg hinab, da das Reiten hier kaum durchführbar wäre. Nur langsam bewegte sich die Kolonne mit den Kranken und kaum Genesenen über all die Steinplatten, das Geröll und durch die Eichenwälder hinunter. Die Luft war kühl und angenehm und von den Strahlen der Morgensonne vergoldet, erglänzten die umliegenden Hochgebirge in den schönsten Tinten.

Nach einem mühsamen Fußmarsch hatten wir endlich das Tal erreicht, wo die Pferde bestiegen wurden. Eine zweite Hügelkette mit Steinplatten, Gebüschen und Eichenwäldern konnte überschritten werden und von der entgegengesetzten Lehne genossen wir den ersten Blick auf das tief in einem steinigen, öden Tale liegende Nazareth. Durch einige sehr schlecht gepflasterte enge Gassen gelangten wir an das andere Ende der kleinen Stadt. Wegen des Fiebers hatte mir der Arzt verboten, in kühle kellerartige Räume zu gehen, daher konnte ich auch die Kirchen, die berühmte Verkündigungskapelle und die anderen heiligen Stätten nicht besuchen. Die Bauart des Ortes erinnerte mich an Bethlehem; die aus sehr vielen verschiedenen Religionssekten zusammengesetzte Bevölkerung trägt einen anderen Gesichtstypus als im südlichen Palästina. Die Hautfarbe ist noch lichter, die Kostüme der Männer und Frauen sehr bunt und malerisch. Auf einem freien Platz stand unser Speisezimmer-Zelt aufgeschlagen und ein Teil der Karawane lungerte am Grase umher; die größere Hälfte der Maultiere war mit unserem Gepäck bereits voraus nach Haifa marschiert. Ein kurzes Frühstück wurde eingenommen und hierauf bestiegen wir einige bereitgehaltene niedere Wagen, von kleinen Pferden gezogen. Ein schweizer Unternehmer gründete vor mehreren Jahren die Wagenverbindung zwischen Haifa und Nazareth.

Der Weg, wenn man dies so nennen darf, den wir fahren mussten, spottet jeder Beschreibung. Über Geröll, Felsplatten, an steilen Berglehnen hinauf und hinab, wurden wir ganz erbärmlich durchgerüttelt. Einige Hügelketten, mit verkümmerten Eichenwäldern und immergrünen Büschen bedeckt, passierte der Wagen. In den dazwischen liegenden Tälern breiteten sich sumpfige Wiesen aus, in denen die Kutschen stecken zu bleiben drohten. Das Wetter war zum Glück schön, aber nicht allzu heiß und die Gegend hat einen freundlichen Charakter, manche der Wälder sind sogar ziemlich üppig und blumenreich.

Nach langer Fahrt gelangten wir in eine weite Ebene, die sich längs der Bucht erstreckt, deren Nordkap durch die bekannte Stadt Akká oder Ptolemaïs, hingegen das Südkap mit dem hohen, in das Meer steil abfallenden Carmel-Gebirge durch Haifa begrenzt ist. Die Fläche selbst ist recht gut bebaut und längs der Ufer des Flüsschens Nahr-el-Mukatta sogar ziemlich fruchtbar. Ein schrecklicher Weg mit tiefen Geleisen quälte uns noch in der letzten Stunde, die wir in Asien zubringen sollten. Schwere Wolken stiegen am Horizont auf, die Sonne verfinsterte sich und eine recht kühle Brise vom Meere her erschien wie der erste Gruß aus dem kalten Europa, dem wir nun bald wieder zuwandern sollten.

Die letzten Kamelherden, die langohrigen Ziegen, arabischen Pferde, die schönen Männergestalten in ihren Burnusen, den bunten Gewändern und großen Turbanen, die orientalischen Häuser und Friedhöfe, das ganze so eigentümlich anziehende Getriebe des morgenländischen Lebens, welches uns durch lange Zeit so sehr interessierte und freute, an das wir uns gewöhnt und es liebgewonnen hatten, wird noch einmal mit Gier betrachtet, jeder will es durch den letzten Blick ins Gedächtnis eingraben, damit später, in kalten grauen Wintertagen, wenn die Nordstürme den armen Europäer martern und peinigen, jene Bilder wie im Traume am geistigen Auge vorbeiziehen und man sich versetzt denkt in die Wiege des Menschengeschlechtes, dorthin, wo das Paradies stand, in den heiligen, goldenen, farbenprächtigen Orient.

Durch eine enge Gasse der kleinen Stadt Haifa, die staffelförmig an den steilen Hängen des Carmel-Gebirges angebaut ist, gelangten wir rasch zur Uferstiege. Noch ein Schritt auf morgenländischem Boden, der letzte Blick in das farbige Menschengewühl, und der harte Abschied vom Orient, den wir bewundern und lieben lernten, lag hinter uns. Ein Boot der »Miramar« trug die Reisegesellschaft über die schaukelnden Wellen zu dem verankerten Schiff.

Vor Einbruch der Nacht setzten wir uns in Bewegung. In nebelhaften Konturen verschlang die Abenddämmerung die hochragenden Gebirge der asiatischen Küste. Die Wogen schlugen mächtig empor und unruhige Stunden begannen.

Der ganze 13. wurde auf offenem Meere zugebracht; die Witterung war kühl und die See nicht hold gestimmt. Schwere Wolken hingen am Firmament und Ruhe herrschte am Verdeck der »Miramar«. Viele waren recht leidend und die wenigen Gesunden beobachteten das Spiel der Wellen, in Gedanken im herrlichen Orient weilend. Nach einem so interessanten, an wechselvollen Bildern reichen Leben tritt eine gewisse Abspannung ein und lange noch zehrt man an der Erinnerung der schönen Tage.

Der 14. April glich in allem und jedem seinem Vorgänger.

Der 15. brachte uns ruhigere See und den Anblick der an landschaftlichen Reizen so reichen Insel Candia. Nahe der Küste fuhren wir vorbei, die herrlichen Hochgebirge, den schneebedeckten Mons Ida bewundernd.

Am 16. sahen wir Cap Matapan, die griechischen Berge und nachmittags Zante. Zwischen der im vollen Frühlingsschmuck prangenden Insel und dem griechischen Festland nahmen wir den Kurs an dem ernsten Gebirgseiland Kephalonia vorbei, passierten im prächtigen Mondschein den berühmten Kanal von Ithaka, die Heimat des Odysseus, sahen den Sappho-Felsen und all die hochragenden Inselberge, geweiht durch althellenische Göttersagen.

Am 17. früh lief die »Miramar« im Hafen von Korfu ein. Lautes Glockengeklingel begrüßte uns, es war Palmsonntag der Griechen und eine Prozession mit Fahnen und reich gekleideten Popen, gefolgt von buntem Landvolk in den malerischen Kostümen der Inselbewohner, zog am Strande vorbei.

Der Kohlenvorrat musste ergänzt werden und so benützten wir diese Zeit, um einen Ausflug nach der Bucht von Ipsa zu unternehmen. Bei einem kleinen Landhause legte das Boot an und durch blühende Gärten und üppig grünende Eichenhaine stiegen wir empor auf eine Anhöhe, von da die Fernsicht über die schöne Insel und die gegenüberliegenden albanischen Hochgebirge genießend.

Nach kurzem Aufenthalte kehrten wir zur »Miramar« zurück und setzten die Reise fort. Der Nachmittag war ruhig, die Luft warm und schöne Küstenbilder glitten an uns vorüber.

Am 18. erwachten wir vor Punta d'Ostro. Da die meisten meiner Reisegefährten die Bocche di Cattaro noch nicht kannten, fuhr die »Miramar« zwischen all den hohen, grauen Felswänden hindurch nach dem traurig, aber großartig schön gelegenen Städtchen Cattaro. Auf einem kurzen Gang durch die Stadt betrachteten wir die bunten und so malerischen Trachten der Landbevölkerung. Ein eigentümlicher Reiz ruht auf diesem rauen, felsigen Hochgebirgsland, bewohnt von einem ritterlichen, starken Bergvolk. Nach einer Stunde beiläufig wurde die Fahrt fortgesetzt. Nachmittags langten wir vor Lacroma an und gingen gleich auf meine kleine, ganz zaubervoll schöne Insel. Alles grünte und blühte und zum letzten Mal konnten wir eine wahrhaft südländische Luft, erwärmende Sonnenstrahlen eines echten Frühlingstages genießen. Im Boote wurden wir nach Ragusa, dem alten Dubrownik der Slaven, hinübergerudert und unternahmen einen Rundgang durch die an Palästen und schönen Bauten so reiche Stadt. Im Hafen von Gravosa brachten wir die Nacht auf der »Miramar« zu.

Der 19. bescherte uns bewegte See, trüben, düsteren Himmel, Regenschauer und empfindlich kühle Luft; die sonst so schöne Fahrt durch die dalmatinischen Inseln bot demzufolge wenig Genuss. In Zara wurde der Abend und die Nacht über geblieben.

Am 20. reisten wir in sehr früher Stunde von der Hauptstadt Dalmatiens weg und trafen bei Regen und dicht umwölktem Himmel nachmittags in Triest ein. Nach einem daselbst angenehm zugebrachten Tage verließen wir am 21. nachmittags diese Stadt, nachdem vom Kommandanten, den Offizieren und der treuen »Miramar« ein rührender Abschied genommen wurde. Vom Karst winkten wir den letzten Gruß dem schönen Meere zu, um für lange wieder dem Festlande anzugehören. Die Nacht verging schnell, wir träumten von Beduinen auf arabischen Hengsten, von schlanken Minaretts, von hochragenden Gebirgen, endlosen Wüsten, vom heiligen Nil, von rauschenden Palmen- und Sikomoren-Wäldern und geheimnisvollen Isis-Tempeln! Bald kam die nackte Wirklichkeit; am Semmering erwachend, begrüßten uns eine leichte Schneedecke, Eis und rauer Nordsturm.

Auch in Wien war es nicht viel besser; schwere Wolken hingen am Himmel und nasskalte Luft durchfröstelte die an die Sonne des Südens gewöhnten Wanderer.

Die Expedition war zu Ende, die Reisegesellschaft trennte sich und unwillkürlich schwebten die Gedanken zurück nach dem fernen Osten.

Sei gegrüßt, du goldener, farbenprächtiger, sonnendurchglühter Orient!

Anhang A

Heinrich Brugsch-Pascha

»Meine Ägyptenreise mit Kronprinz Rudolf«

Während ich mitten in der besten Arbeit war, um meinen Schülern die Pforten der Wissenschaft zu öffnen und sie in den Tempel derselben eintreten zu lassen, traten fast wöchentlich Hindernisse ein, die mich mehr als mir lieb war von der Schule entfernten und mich in das Hofleben hineinwarfen. Ich erhielt Aufträge aller Art, die mit der Schule nicht das Geringste zu schaffen hatten, und in erster Reihe zählten dazu die Pflichten, die ich als offizieller Begleiter fürstlicher Personen auf ihren Reisen nach Oberägypten und Nubien und nicht selten auch der Sinaihalbinsel zu erfüllen hatte. Drei und mehr Wochen, ja selbst Monate lang blieb ich von Kairo entfernt und musste mich damit begnügen, das Schicksal meiner Schule erprobten deutschen Lehrern anzuvertrauen. Meine Reisen in das Oberland auf vizeköniglichen Dampfern boten mir freilich die Gelegenheit dar, die Denkmälerwelt aufzusuchen und wie alte Bekannte wieder begrüßen zu können, allein die hohen und höchsten Herrschaften, denen ich als wissenschaftlicher Wegweiser diente, konnten nicht mir zuliebe Stunden und Tage an einem und demselben Orte weilen, und so musste ich mich schon damit zufrieden geben, in stiller Nacht oft bis über die Geisterstunde hinaus den Überresten der Vorzeit meine Besuche abzustatten, um die mithilfe von Kerzen erleuchteten Inschriften in meine Kopierbücher einzutragen. Trotzdem war es mir vergönnt, in dieser Verborgenheit manch schönen Fund zu machen und mein bereits im Druck befindliches Wörterbuch seinem Umfange und seinem Inhalte nach wesentlich zu vermehren.

Die fürstlichen Personen, die ich die Ehre hatte zu begleiten, gehörten fast durchweg dem deutschen Stamme an, sodass ich niemals in die Lage kam, in der Unterhaltung mich einer anderen als meiner Muttersprache zu bedienen. Die Expeditionen, welche ich Gelegenheit hatte zu führen, waren im Laufe der Jahre folgenden fürstlichen Personen zur Verfügung gestellt worden: Dem österreichischen Erzherzog *Rainer* und seiner Gemahlin *Marie*, außerdem dem Bruder des Ersteren, dem Erzherzog *Ernst*; dem regierenden Großherzog von Mecklenburg-Schwerin *Franz Friedrich* und seiner erlauchten jugendlichen Gemahlin *Marie* (unter den Begleitern der Herrschaften befand sich damals Baron *von Schack*, dessen persönliche Bekanntschaft ich hier zu machen das Glück hatte); den Erbgroßherzögen von Mecklenburg-Schwerin und von Oldenburg; dem österreichischen Erzherzog *Johann Salvator*, dem Kaiser von Brasilien Dom *Pedro d'Alcantara* und seiner Gemahlin, dem Kronprinzen *Rudolf* von Österreich usw. Man wird es erklärlich finden, dass der bescheidene Gelehrte im Umgange mit so hohen Persönlichkeiten und ihren vornehmen Begleitern einen Einblick in die große Welt erhielt, wie es nur wenig Sterblichen gestattet ist. Ich habe aus den täglichen Berührungen mit ihnen die Erfahrung gewonnen, dass selbst in den obersten Kreisen der menschlichen Gesellschaft, in denen Stellung und Etikette eine so einflussreiche Rolle spielen und das äußere Auftreten dem Gesetze eines strengen Zeremoniels unterworfen ist, das Herz sich an dem stillen Glück weidet, auf einem fernen schönen Stück Erde menschlich mit allen Übrigen zu fühlen und die Gedanken in ungeschminkter Sprache auszusprechen. Ernst und Scherz treten in ihr volles Recht und äußern sich ungezwungen, ohne Rücksicht auf höfische Formen. Wie glücklich fühlten sich die Großen dieser Welt, dem Parkettboden der Paläste entronnen zu sein und an den schwarzen Ufern des Nilstromes sich frei von allem lästigen Zwange zu wissen!

Wenige Monate waren seit dem Tode *Mariettes* verflossen, als auf telegraphischem Wege Kronprinz *Rudolf* von Österreich die Anfrage nach Kairo an mich richtete, ob ich zusagen wolle, ihn auf seiner bevorstehenden Nilreise nach Oberägypten zu begleiten. Eine solche Ehre auszuschlagen konnte mir um so weniger beifallen, als mir die Erinnerung an den Aufenthalt seines Vaters in Ägypten und an meine schwachen Dienste während desselben die schuldige Pflicht wärmster Dankbarkeit auferlegte. Der Ruf der hohen geistigen Begabung und der Liebe für die Wissenschaft, der sich an die Person des Kronprinzen knüpfte, konnte nur meine eigenen Wünsche steigern, dem jungen Fürsten näher zu treten, dessen erste Bekanntschaft ich das Glück hatte bereits in der Zeit der Wiener Weltausstellung zu machen. Unvergesslich war mir die letzte Stunde geblieben, in welcher Kronprinz *Rudolf* und der junge Prinz *Wilhelm*, mein jetziger kaiserlicher Herr und Gebieter, auf dem Hofe meiner ägyptischen Bauten mit den Worten herzlichster Freundschaft voneinander Abschied nahmen mit dem gegenseitigen Versprechen eines häufigen Briefwechsels in Zukunft.

Die ägyptische Reise des Kronprinzen ist von ihm eigenhändig niedergeschrieben und im Druck veröffentlicht worden. Sie bildet den ersten Band seines lebendig und in edler Sprache abgefassten Werkes »Eine Orientreise«, das in Wien im Jahre 1881 veröffentlicht wurde. Die Worte, die der Kronprinz auf das erste Blatt des für mich bestimmten Exemplars eigenhändig niederschrieb: »Dem treuen Wegweiser und Lehrer im Lande der Pharaonen, dem hilfreichen Mitarbeiter in dankbarer Freundschaft! *Rudolf*« liefern den sprechendsten Beweis, mit welcher Güte und Nachsicht der liebenswürdige Fürst meine geringen Dienste anzuerkennen verstand. Eine Reihe von Briefen, welche er später an mich richtete und die ich, besonders nach seinem Abscheiden von dieser Erde, nicht ohne die tiefste Rührung lese und immer wieder lese, bestätigen den bescheidenen Sinn und die nüchterne Weltanschauung ihres fürstlichen Urhebers, der nur in dem rein Menschlichen seine höchste Befriedigung und in der geistigen Arbeit den reichsten Genuss fand.

Für die Reise nach Oberägypten bis zu ihrem Endpunkte, der Insel *Philä*, an der südlichen Grenze hin, war dem kaiserlichen Prinzen ein vizeköniglicher Dampfer zur Verfügung gestellt worden. Zu den Begleitern des hohen Herrn gehörten sein Oheim, der Großherzog von Toskana, der General Graf *Waldburg*, einem württembergischen Geschlecht angehörend, der Burgpfarrer Abt *Mayer*, der Major *von Eschenbach*, ein bildschöner Kavalier, ferner der ungarische Graf *Josef Hoyos* und der Maler *Pausinger* aus Salzburg. Sämtliche Mitglieder der Expedition, nur meine Wenigkeit davon ausgeschlossen, waren vorzügliche Jäger, und der Kronprinz selbst erfreute sich des Rufes, als einer der glücklichsten Schützen zu gelten.

Die Jagd auf Raubzeug allein schien ihm eines wirklichen Jägers würdig, da sie dazu beitrage, schädliche Tiere auszurotten und vor allen Dingen die bebauten Felder des Landmannes und seine Viehherden zu schützen. Er versicherte mich, auch nicht das geringste Vergnügen bei den Jagden auf Rotwild und Gemsen zu empfinden, da ihm das Töten, am allermeisten aber ein Massenmord unschuldiger Tiere geradezu einen Widerwillen bereite. Seine Neigung für das Studium der Tierwelt, besonders der geflügelten Bewohner der Lüfte, hatte eine reiche Nahrung durch seine Bekanntschaft mit dem *Tier-Brehm* gewonnen. Der rühmlichst bekannte Gelehrte dieses Namens, dessen zoologische Arbeiten und Bücher sich noch heutzutage eines Weltrufes erfreuen, war bereits seit mehreren Jahren der Person des Kronprinzen *Rudolf* näher getreten. Er hatte dazu beigetragen, in dem jungen Fürsten eine kaum glaubliche Neigung für seine eigenen Untersuchungen zu erwecken, und ich selber kann es bezeugen, mit welchem Eifer der gelehrige Schüler es sich angelegen sein ließ, nach einem vollendeten Jagdzuge die heimgebrachte Beute nach Dr. *Brehms* Tafeln wissenschaftlich zu untersuchen. Weder Müdigkeit noch Hunger und Durst konnten für ihn einen Grund abgeben, seine Beute auch nur auf einen Augenblick liegen zu lassen. Er maß die Körper- und Fügellängen der geschossenen Geier, Adler und Falken, er trug die Zahlen in sein Jagdbuch ein, fügte sonstige Eigentümlichkeiten in dem Körperbau oder in der Färbung des Geflügels bei und hielt ein so genaues Register, als ob der Kronprinz von Österreich das Muster eines grundgelehrten Zoologen abgäbe.

Auf der anderen Seite offenbarte sich sein Sinn für die Wissenschaft in dem Eifer, mit dem er meinen täglichen Vorträgen über altägyptische Geschichte, Geographie, Mythologie, Baukunst usw. lauschte. Seine Bemerkungen, die er hier und da einstreute, hatten, wie man zu sagen pflegt, Hand und Fuß, und Vergleichungen mit anderen Gebieten der Geschichte der Völker des Altertums oder der Neuzeit zeigten den Kenner, der seines Gegenstandes sicher war. Ein besonderer Zug, den ich mit wahrer Freude in dem Charakter des Kronprinzen entdeckte und täglich bestätigt fand, war die Einfachheit seiner Sitten und eine wahre Bedürfnislosigkeit, die nur selten eine Eigenschaft der Großen dieser Erde bildet. Fern von dem Hofparkett des Palastes bot ihm der Aufenthalt in Ägypten einen unglaublichen Genuss dar, da ihm auf Schritt und Tritt in den Landesbewohnern die einfachsten Menschen gegenübertraten, mit denen er sich durch meine Vermittlung in der gemütvollsten Weise unterhielt und stets freundliche Antworten und Auskünfte auf ihre Fragen gab. Sein schlanker Körper war gestählt und die größten Anstrengungen vermochte er mit Leichtigkeit zu ertragen. Stundenlange Jagdzüge im Sande der Wüste oder auf den vegetationsleeren, mit Geröll bedeckten, steilen Wegen der Felsgebirge, meist in der brennendsten Sonne, bereiteten ihm nicht die geringste Mühe, während mir selber der Atem ausging, sodass ich ihm häufig die Bitte ausdrückte, ein langsameres Tempo einschlagen zu wollen.

In der mündlichen Unterhaltung offenbarte der Kronprinz Verstand, Scharfsinn und Witz. Dabei behauptete er eine Ruhe, die selbst dem älteren Manne imponieren musste. Befand er sich in offizieller Gesellschaft, so wandelte sich sein Wesen wie durch Zauber plötzlich um, seine ganze Haltung zeigte eine steife Förmlichkeit, die ihm sonst durchaus nicht eigentümlich war. Vom Scheitel bis zur Sohle verriet er den Kronprinzen, den künftigen Kaiser, und seine Unterhaltungen waren gemessen und kurz in ihren Wendungen.

Als er Ägypten verließ, musste ich ihm das Versprechen geben, bei meiner Anwesenheit in Europa ihm jedes Mal einen Besuch abzustatten und längere Zeit als Gast bei ihm zu verweilen. Die erste Gelegenheit dazu bot sich dar, als ich im Jahre 1881 in der Frühjahrszeit nach meiner Heimat zurückgekehrt war und in meinen Briefen ihm die Mitteilung machte, dass ich bereit sei, ihm bei der Veröffentlichung seines Reisewerkes von ihm gewünschte Beiträge zu liefern. Auch die kleinsten Mitteilungen wissenschaftlichen Inhalts, die auf unsere gemeinschaftliche Wanderung Bezug hatten, wurden vom Kronprinzen wörtlich und mit Anführung ihres Urhebers abgedruckt, und er fand dies so selbstverständlich, dass auch nicht eine Stelle in seinem Werke zu finden wäre, in der er stillschweigend meine eigenen Kenntnisse ausgenutzt hätte.

Wie man weiß, fand unmittelbar nach seiner Rückkehr aus Ägypten in die Heimat seine Vermählung mit der Prinzessin *Ste-*

phanie, der Tochter des Königs der Belgier, statt. Das kronprinzliche Paar siedelte bald nach der Hochzeit nach Prag, der Hauptstadt des Königreichs Böhmen über, um hier in dem alten Schlosse des Hradschin für einige Zeit seine bleibende Residenz aufzuschlagen. Einer eigenhändigen Einladung meines fürstlichen Gönners folgend, nahm ich auf ein paar Wochen meinen Aufenthalt in dem Prager Schlosse, wobei ich die Ehre hatte, täglich mit dem hohen Fürstenpaare zu verkehren. Ich hatte dadurch die Gelegenheit gewonnen, beide in ihrer Häuslichkeit kennen zu lernen und die Herzlichkeit ihres gegenseitigen Verkehres zu bewundern. Die damals erst siebzehnjährige kronprinzliche Gemahlin entzückte nicht nur durch die Anmut ihrer vornehmen jugendlichen Erscheinung, sondern noch vielmehr durch die Bescheidenheit, fast Schüchternheit ihres Wesens, eine Folge ihrer klösterlichen Erziehung im elterlichen Hause, fern von dem rauschenden Vergnügen der großen Welt. In den gemeinschaftlich zu Wagen oder auf der Eisenbahn zurückgelegten Ausflügen war es weder Dorf noch Stadt, weder Wald noch Berg, die meine Aufmerksamkeit fesselten, als vielmehr der traute Umgang des jungen kronprinzlichen Paares, dem ich beizuwohnen das Glück hatte.

Im Prager Schlosse wurden die Stunden der Arbeit und der geselligen Zusammenkünfte streng voneinander geschieden. Jede freie Zeit benutzte der Kronprinz, sich seinen wissenschaftlichen Studien und seiner schriftstellerischen Tätigkeit mit ganzem Eifer hinzugeben. Es ist allgemein bekannt, dass seine Leistungen ebenso fruchtbar ihrem Inhalte nach als in ihrer Form geschmackvoll und gefällig gewesen sind. Das großartig angelegte Werk über die Völker Österreichs ist unter seiner Ägide entstanden und manche Beiträge aus seiner Feder haben demselben einen hervorragenden Schmuck verliehen.

Nicht selten geschah es, dass der Kronprinz noch gegen Mitternacht in meinem Zimmer erschien und oft an meinem Bette niedersaß, um bei dem Genusse einer guten Zigarre – er rauchte nämlich viel und gern – stundenlang von den ernstesten Dingen zu reden und meine eigene Meinung über die schwierigsten Fragen einzuholen. Wissenschaft und Kunst, Politik und Religion gaben den Stoff dazu her und ich war erstaunt, bei dem unter strengster

Obhut aufgewachsenen Prinzen den freisinnigsten Ansichten zu begegnen, die er in seinen »akademischen« Zwiegesprächen mit aller Wärme vertrat.

Die Erinnerungen an die Tage unseres Zusammenseins rufen mir manche unvergesslichen Stunden zurück, von denen ich keine als eine verlorene bezeichnen könnte. Selbst das gewöhnliche Leben und Treiben der Menschen und ihre soziale Lage entlockte dem Kronprinzen Urteile, die den scharfen und guten Beobachter erkennen ließen und seinen Blick in die Weite bezeugten.

Meine späteren Beziehungen zum Kronprinzen *Rudolf* erloschen bei meiner Versetzung nach Persien. Als ich wieder der Heimat zurückgegeben, den im Jahre 1889 erfolgten Tod des unglücklichen Fürsten aus den Zeitungen erfuhr, fühlte ich es wie einen Stich ins Herz hinein. Welches auch immer die Ursachen seines tragischen Endes gewesen sein mochten, er starb jedenfalls als Opfer eines unseligen Verhängnisses, dessen Geheimnis niemals gelüftet werden wird. Es erfüllt mich bis zur Stunde mit tiefster Trauer, in dem Kronprinzen einen aufrichtigen Gönner und Freund verloren zu haben, trotzdem die Unterschiede der Stellung und des Lebensalters eine unüberbrückbare Kluft zwischen uns geschaffen zu haben schienen.

Anhang B

Kronprinz Friedrich Wilhelm von Preußen

»Die Besteigung der Cheopspyramide«

Cairo, den 6ten Dezember 1869

Schon um drei Uhr begann heute unser Tag, weil wir die ältesten und größten Pyramiden bei Gizeh besteigen wollten.

Die Einbildungskraft vermag sich keine genügende Vorstellung von jenem Steingebäude, das sich die Könige als Grabkammern erbauen ließen, zu machen, und staunend wirft man auch hier wieder die Frage auf, wie es die Ägypter vermochten, angesichts ihrer gänzlichen Unkenntnis im Maschinenwesen, derartige Bauten auszuführen. Schön kann ich freilich die Pyramiden in der Nähe nicht finden, zumal bei solcher nahen Betrachtung die Zerstörung mehr in die Augen springt, als der noch vorhandene Gesamtbau seine Wirkung zu üben vermag. Für die Landschaft hingegen nehmen sich die Pyramiden malerisch aus, namentlich wenn die Morgen- oder Abendsonne ihre Spitzen beleuchtet.

Die Besteigung der Pyramiden gehört zu denjenigen Dingen, die man unternimmt, um sagen zu können, dass man dabei gewesen, die aber sonst keinerlei Anspruch auf Zweck oder Annehmlichkeit haben. Je zwei Araber spannen sich vor einem und ziehen den Fremden stufenweise von Stein zu Stein, denn die äußere Bekleidung der Pyramiden gleicht einer aus unregelmäßigen, verwitterten Quadern erbauten Treppe, deren Stufenabsatz oft eine Höhe von drei bis vier Fuß beträgt. Die Knie versagen einem allmählich den Dienst, man verliert den Atem und kommt endlich schlotternd am ganzen Leibe oben an. Dort hat man natürlich eine weite Aussicht; uns aber war der Schabernack aufgespart, dass gerade heute die Sonne ausnahmsweise »nicht aufging«, und die Morgenbeleuchtung also auch ausblieb.

Das Hinuntersteigen bot fast ebenso viel Unannehmlichkeiten wie das Hinaufsteigen, nur dass sich noch Schwindel hinzugesellte. – Um das Maß der Genüsse voll zu machen, begab ich mich mit Lepsius in das Innere der Pyramide. Diese Expedition lässt sich vollends nicht beschreiben, denn jedes Bauwerk ist bequemer zu durchkriechen als diese Höhlungen. Alle erdenklichen Stellungen und Biegungen des menschlichen Körpers werden angewendet, um vorwärts zu kommen und doch musste man außerdem noch zwei bis drei Mann zu Hilfe nehmen, die einen vorwärts schoben, zogen oder trugen. Es geht bald bergauf, bald bergab, bald rutscht man oder muss auf allen vieren kriechen. Endlich erreicht man die Grabkammer mit dem steinernen Sarkophag, sieht den regelmäßigsten Granitquaderbau, den der Steinmetz schaffen kann, und schwitzt wie in einem russischen Dampfbade. Es war so heiß, dass wir triefend unsere Röcke ausziehen mussten; *dabei waren Lepsius und die anderen drei Herren, die mich kühn begleiteten, wie ich selbst durch diesen wunderlichen Beförderungs-Prozess in eine so ausgelassene Lachstimmung geraten, dass auch dieser Zustand noch mehr dazu beitrug, uns in eine ungewöhnliche Erhitzung zu versetzen.*

Die Pyramiden sind von Grab- und Tempelresten umgeben, die größtenteils von Lepsius entdeckt worden sind, und da sein Name überhaupt hier sehr verbreitet und untrennbar mit allen Entdeckungen in Ägypten verbunden von den Einwohnern gedacht wird, so zeigte man ihm heute das »Grab des Professors Lepsius«! zu seiner eigenen und unser aller großen Ergötzung!

Der Khedive hat einen Pavillon, Chausseen, Viadukte und Dämme bauen lassen, um den Fremden den Besuch und auch das Herankommen durch die feuchten Nil-Umgebungen zu erleichtern – gewiss einer der groteskesten Gegensätze zu dem bereits vor dreitausend Jahren unternommenen Pyramidenbau!

Das von Mariette in Boulac eingerichtete Museum ward besucht und in seinen Schätzen ganz einziger Art bewundert. Mich überzeugten einzelne in dem Museum befindliche Statuetten und Goldfabrikate, dass die Ägypter einen wahren, ja geradezu erhabenen Kunstsinn besessen haben.

Dann besuchten wir die neueste Schöpfung Ismail-Paschas, den ganz im maurischen Stil durchgeführten Palast Gezireh; *an dem un-*

ser Landsmann von Diebitsch seine Studien zur Geltung gebracht, leider ist derselbe darüber gestorben. Pracht und unglaubliche Verschwendung sind hier wenigstens endlich einmal im National-Charakter angewendet.

Mandarinen von den Bäumen pflücken und im Freien verzehren zu können, und zwar anfangs Dezember, war für uns Nordländer ein höchst angenehmer, ungewohnter Genuss.

Anhang C

Kaiser Franz Joseph I. von Österreich

»Der interessanteste Tag der Reise«

Der 24. November war einer der interessantesten Tage der ganzen Reise, denn wir bewegten uns größtenteils auf einem Boden, wo vor sechs bis siebentausend Jahren die erste Kultur begann und einen hohen Grad erreichte und zwischen den Bauten aus jener, nun durch die Forschungen der Wissenschaft ziemlich genau bekannten Vorzeit.

Ehe wir uns um 7 Uhr auf dem Nildampfer einschifften, ging ich noch in das Harem unseres Schlosses, in welchem ein Teil meines Gefolges untergebracht war, um den im Hofe gelegenen, sehr hübschen Garten und die prächtigen Salons desselben anzusehen. Es ist ein unglaublicher Luxus auf diesen Harem verschwendet, nur ist er, wie alle, mit einer hohen Mauer umgeben und sind die Fenster vergittert. Daher die Damen in einem prächtigen Gefängnisse. Um 7 Uhr dampften wir den Nil hinauf und es waren die grünen Ufer und die höher gelegenen Punkte der Stadt von der aufgehenden Sonne herrlich beleuchtet, während in der Ferne die Pyramiden, gleich unseren Alpen glühten. Der Nil wurde immer breiter und wir fuhren an mehreren Inseln vorbei, auf deren einer eine genaue Schar großer weißlicher Geier saß, die ich für Bartgeier ansprach. Weiter sahen wir eine Schar riesige Pelikane schwimmen, die man ganz gut sehen konnte. Bald kamen wir an den, am rechten Ufer gelegenen Steinbrüchen und Höhlen von Tourah und Massarah vorbei, die in eine lange Hügelkette der Wüste gehauen sind und aus denen die Steine genommen wurden, um die Pyramiden und andere Bauten aufzuführen, während sie auch noch jetzt den Bedarf Kairos an Bausteinen decken. Man sieht an den Bergwänden die zahlreichen Eingänge zu den Höhlen, die in ungeheurer Ausdehnung und Höhe in den Berg gehauen sein sollen und

307

Hieroglyphen und Bilder aus altägyptischer Zeit enthalten. Am linken Ufer dehnt sich ein lang gezogener Palmenwald aus, der einen sehr schönen Effekt macht. An beiden Ufern sieht man zahlreiche Dörfer. Nach zweistündiger Fahrt landeten wir am linken Ufer beim Dorfe Bederscheni und fanden dort einige Reitpferde und Kamele und viele Esel zur Weiterreise. Auch sollte uns dort ein Frühstück erwarten, das uns für den langen Ritt sehr wohltätig gestärkt hätte, allein da Ägypten überhaupt das Land der Unpünktlichkeit ist, was wir beständig zu unserem Nachteile erfahren mussten, so war das Dampfschiff mit dem Frühstücke erst spät nach uns von Kairo abgefahren und nachdem wir über eine Stunde fruchtlos gewartet hatten, ritten wir mit leerem Magen ab. Ich und einige Herrn ritten Pferde, vier saßen auf Kamelen, die sehr gut gingen, und die Übrigen alle auf Eseln, was sehr spaßig aussah. Herr Pruksch begleitete uns, um uns alles zu erklären, was er mit sehr viel Talent und Kenntnis tat. Wir ritten durch Palmenwälder und Dörfer, bei den besten Feldern vorbei, die aber jetzt zum Teile überschwemmt waren, über die Stelle, wo in der Vorzeit die ungeheuere Stadt Memphis lag, von der aber nur mehr große Schutthaufen, einzelne Mauerreste, Steine mit Inschriften und Bruchstücke von Statuen zu sehen sind und die am Gesicht liegende, kolossale Statue des Königs Ramses, der Koloss des Ramses genannt, von dem wir aber leider nur den Rücken sahen, weil er, der Überschwemmung wegen, im Wasser lag. Wir sahen überall viele Geier und ich schoss einen gelben Adler, der großen Distanz wegen leider nur an. Nach 1½-stündigem Ritt kamen wir an die Grenze des kultivierten Landes und der Wüste bei dem Dorfe Sakkarah. Das bebaute Land ist ganz eben, während die Wüste gleich in Hügeln ansteigt und, so weit das Auge reicht, ein flaches Hügelland bildet, auf dem nur Sand und nicht ein Grashalm zu sehen ist. Ein trostloses Bild und doch schön und großartig in der warmen, südlichen Sonnenbeleuchtung. Die Grenze zwischen bebautem Lande und Wüste war in der Vorzeit die Grenze zwischen der Stadt Memphis und der Gräberstadt, den Pyramiden und alle anderen Bauten, die man dort findet, sind lauter Gräber, die alle in der Wüste gelegen sind. Jeder König baute sich seine Grabespyramide zu seinen Lebzeiten selbst und je nachdem er länger oder kürzer lebte, fiel dieselbe größer oder kleiner aus. Einige sind schon so zerstört, dass sie nur mehr große Schutthaufen zeigen, einige aber vollkommen erhalten, nur fehlt die äußere Steinverkleidung, die ganz glatt war, und es liegen daher die Steine, wie sie aufeinander gemauert sind, frei und bilden Stufen, was es möglich macht, die Pyramiden zu besteigen. Der ganze Boden, über den man zwischen denselben in der Wüste reitet, ist voll Gräber, die unterirdisch in regelmäßigen Straßen angelegt sind und von denen viele bereits aufgedeckt und durchforscht wurden. Nachdem alles merkwürdige, was in denselben gefunden wurde sowie die Mumien in die verschiedenen Museen gewandert, sind dieselben von dem immer treibenden Sande der Wüste in der kürzesten Zeit wieder verschüttet worden, sodass man kaum mehr die Spuren der gegrabenen Trichter sieht. Sehr viel ist noch nicht entdeckt und durchsucht, doch sind die Kosten der Arbeit so groß, dass nur sehr langsam vorgegangen werden kann. Zwei große und einige kleine Pyramiden, die für uns zu weit waren, links liegen lassend, ritten wir den steilen Rand der Wüste hinan, bei den Pyramiden von Sakkarah vorbei, die nicht sehr hoch sind, deren eine aber die älteste aller existierenden Pyramiden ist und die einzige ist, die in Stufenform gebaut ist, nämlich so:

während alle anderen grade Flächen haben, nämlich so:

Nicht weit von diesen Pyramiden etwas tiefer in der Wüste kamen wir zu einem kleinen Haus, in welchem die Gelehrten wohnten, die die Ausgrabungen leiteten. Herr Pruksch hat in diesem sehr einfachen Hause, mitten in der Wüste, über ein Jahr gelebt. Ganz in der Nähe dieses Hauses liegt das so genannte Serapium, nämlich ein unterirdisches, sehr ausgedehntes, in Stein gehauenes Grabgebäude, in welchem die heiligen Apis-Stiere begraben wurden. Wir stiegen in die mit Lichtern beleuchteten unterirdischen Räume, zuerst durch ziemlich schmale Gänge in einen sehr langen, breiten und hohen Gang, an dessen beiden Längenseiten sich sechsundvierzig kapellenartige Räume befinden, in deren jedem ein kolossaler, steinerner Sarkophag mit steinernem Deckel sich befindet, in welchen die Stiere begraben waren. Man staunt über die enormen Steinblöcke, aus denen die Särge gemacht sind, und fragt sich, wie sie in die unterirdischen Gänge gebracht wurden. Dann sahen wir noch zwei aufgedeckte Gräber reicher alter Ägypter an, die sich durch die vollkommenen, zum Teil selbst in der Farbe erhaltenen Wandskulpturen und Inschriften auszeichnen. Man sieht da in in die Wände gehauenen Bildern eine Menge Beschäftigungen der Menschen, die vor vielen tausend Jahren da gelebt haben, und eine Menge ihrer Haustiere und Gerätschaften abgebildet, wozu die Hieroglyphen-Inschriften die Erklärung geben. Diese Gräber enthalten Zimmer und Gänge und sind ziemlich ausgedehnt. Wir ruhten uns dann ein wenig in dem Hause aus und aßen, um unseren Hunger zu stillen, arabisches Brot und Topfenkäse und einige Datteln. Gut war es nicht, aber der Hunger war groß. Einige Beduinen zeigten uns eine lebende junge Hyäne, die sie an dem Tage in einer Falle gefangen hatten und die sie uns gebunden vorführten. Nach kurzer Rast setzten wir unseren Ritt fort an den ziemlich verfallenen Pyramiden von Abousir vorbei und dann am Rande der Wüste fort gegen die großen Pyramiden von Gizeh. Mit dem El-nök und Bechtolsheim machte ich einen langen scharfen Galopp und traf lang vor den andern nach 3 Uhr bei den Pyramiden ein, wo wir Prokesch mit seinem Sohne fanden. Die höchste dieser wohlerhaltenen Pyramiden, die zugleich die höchste überhaupt existierende ist, ist das Grab Cheops und so hoch wie der Stephansturm; daneben steht eine zweite, beinahe ebenso hohe, die besonders dadurch interessant ist, dass die Spitze noch die ursprüngliche glatte Verkleidung hat. Dann ist noch eine dritte bedeutend kleinere und noch eine ganz kleine Pyramide da, alles von einer Menge unterirdischen Gräbern umgeben, die fast alle schon aufgedeckt und durchsucht wurden und nun wieder verschüttet sind. Vor der größten Pyramide stehen drei schöne Bäume, die mitten im Sande einen wohltuenden Eindruck machen, und liegt der kolossale aus einem Felsblock gehauene Sphinx, dessen langer Körper in Form eines Löwen zur Hälfte unter dem Sande liegt, während der menschliche Kopf, der das Portrait eines Königs sein soll, hoch emporragt und noch ziemlich gut erhalten ist bis auf die Nase, die von den Mamelucken mit Kanonen weggeschossen wurde. Gleich neben dem Sphinx geht man in einen unterirdischen, aus enormen Rosengranit- und Alabasterblöcken gebauten Tempel, der mehrere kolossale Granitsäulen und einige Gänge, Seitengemächer und tiefe Nischen enthält, alles ohne jegliche Verzierung oder Inschrift, aber sehr gut erhalten. Neben diesem Tempel ist noch ein besonders tief gelegenes, noch ganz aufgedecktes Grab zu sehen, das aus einem in den Felsen gehauenen viereckigen, sehr großen und 70 Fuß tiefen Schacht besteht, in welchem man einen steinernen Sarkophag und unter dem zurückgeschobenen Deckel desselben einen steinernen, schwarzen, eine menschliche Figur vorstellenden Mumiendeckel sieht. Der einzige Eingang zu diesem Grabe ist eine Art senkrechter Kamin ohne Stufen, in welchem die Beduinen wie Affen ohne Strick die 70 Fuß hinunterklettern. Es ist haarsträubend! Im Schatten der großen Pyramide ruhten wir ein wenig, bis unsere ganze Karawane nach und nach eintraf, und nahmen etwas Obst und Wein, um uns für die bevorstehenden Strapazen zu stärken, und dachten mit einiger Befangenheit daran, dass wir diese so hohe und steile Pyramide besteigen sollten. Endlich setzten wir uns in Bewegung und als wir zu dem Punkte kamen, wo man die Besteigung beginnt, stürzten dreißig bis vierzig Beduinen auf uns und besonders auf mich los, denn jeder wollte mich führen. Ich war in Gefahr, zerrissen zu werden, und wir machten uns durch ausgiebige Benützung unserer Stöcke Luft, bis es gelang, insoweit Ordnung in die Sache zu bringen, dass jedem von uns zwei bis drei Beduinen zugeteilt wurden, um uns hinaufzuhelfen. Nun begann die Ascension in ziemlich scharfem Tempo, indem je ein Beduine eine meiner Hände ergriff, während der dritte folgte, um bei den höheren zu ersteigenden Steinblöcken hinten nachzuschieben, was aber bei mir nur fünf- bis sechsmal notwendig war. Meine Übung im Bergsteigen kam mir sehr zugute und es sind die Beduinen sehr geschickt, stark und sicher. Sie haben meist nur ein Hemd an, sodass man beim Steigen viel sieht, was der Grund sein soll, dass die Engländerinnen die Pyramiden so gerne und viel besteigen. Anfangs frappiert die Expedition etwas, besonders wenn man über die steile Fläche hinuntersieht und die Leute und Gegenstände immer kleiner erscheinen, bald gewöhnt man es aber und bei der immer zunehmenden Geschwindigkeit des Steigens ist man zu sehr mit dem richtigen Auftreten beschäftigt, um an Schwindel denken zu können. Am halben Weg ist ein kleiner Raum von Steinblöcken freigemacht, wo wir einige Minuten ausruhten und die Frage diskutierten, ob wir weitersteigen sollten. Ich entschied dafür und erreichte mit meinen Beduinen unter Hurrageschrei derselben in rasender Geschwindigkeit als Erster die Spitze. Die ganze Besteigung hatte siebzehn Minuten gedauert. Oben ist eine Fläche, die Raum für ungefähr vierzig Personen bietet, und die Aussicht sehr schön, auf der einen Seite gegen Cairo, das man gut sieht, und über dasselbe hinaus, dann den Nil hinunter bis über das Barrage, auf der anderen Seite weit in die Wüste hinein und auf die anderen Pyramiden, während zu den Füßen die Sphinx und die Spuren der vielen Gräber liegen. In der Richtung gegen den Nil sieht man noch Reste des Dammes, auf welchem die Steine für den Bau von Nil und den über demselben gelegenen Höhlen gebracht wurden. In fünfzehn Minuten vollführten wir das Heruntersteigen und fanden unten den Khedive, der während unserer Abwesenheit gekommen war. Auf einer durch die Überschwemmung entstandenen Wasserfläche sahen wir eine große Schar Pelikane, die in der untergehenden Sonne rosenrot schimmerten und bald näherte sich hoch in der Luft eine noch zahlreichere Schar dieser Riesenvögel und fiel zu den anderen auf dem Wasser ein. Ein schöner Anblick! Wir erlebten dann einen Sonnenuntergang, wie man ihn nicht für möglich halten sollte. Ein dunkelrotes Glühen der Wüstenberge hinter Cairo und unter denselben violetten Tinten, wie man es in unseren Gegenden nie sehen kann, dabei warf die große Pyramide ihren scharf abgegrenzten Schatten bis Cairo, was einen frappanten Eindruck machte. In einem sehr garstigen kleinen Haus, das der Khedive neben der Pyramide hat, speisten wir mit ihm und dann wurde die große Pyramide in ihrer ganzen Höhe mit bengalischem Feuer beleuchtet, was einen herrlichen Effekt machte. Nun gingen wir wieder gegen die Pyramide, um in das Innere derselben zu steigen. Abermaliger Überfall der Beduinen und abermalige Anwendung der Stöcke, was umso notwendiger war, als der Eingang in die Pyramide sehr eng ist und die nachdrängenden Araber mich fast erdrückt hätten. Mit Lichtern versehen und unter Führung der Beduinen ging es nun hinein, zuerst steil bergab auf glattem Steinboden und in tief gebückter Stellung, weil der schmale Gang sehr nieder ist, dann geht es ein Stück eben, dann kommt eine ziemlich hohe Steinwand, über die man von den Beduinen hinaufgehoben wird, dann geht es steil bergauf in einen ziemlich hohen Gang, wo man nur mithilfe der bloßfüßigen Beduinen fortkommt, da man sonst beständig abrutschen würde, und endlich nach vielen Mühen und noch mehr Schwitzen kriecht man durch einen niederen Eingang in ein in Stein gehauenes Zimmer, in welchem der steinerne Sarkophag des Königs steht. Bald war der Raum mit uns allen und den Beduinen angefüllt, eine Hitze und ein Dunst zum Ersticken, und nun führten die Beduinen unter großem Geschrei und Händeklatschen einen Nationaltanz, eine Art Cancan auf.

Nun ging es den nämlichen Weg zurück, wobei mich die Beduinen über die steilsten und glattesten Stellen auf ihren Rücken trugen, was kein angenehmes Gefühl war. Mit Freude atmeten wir wieder die freie Luft und gleich darauf fuhr ich mit dem Khedive in einer starken Stunde in das Palais von Gesvieh zurück, wo wir um 9 Uhr ankamen und ich gleich schlafen ging.

Editorische Notiz

Der Text dieses Buches beruht auf dem Reisebericht des Kronprinzen Rudolf von Österreich über seine Reise nach Ägypten und Palästina, der 1884 unter dem Titel »Eine Orientreise« erschien. Weggelassen wurde dabei das 1. Kapitel des Originalwerkes, das nur die Anreise von Wien nach Ägypten schildert, einige wenige Jagdszenen und die meisten der durch den Autor eingeschobenen Briefe über ägyptische Altertümer von Heinrich Brugsch, da diese in ihren historischen Aussagen teilweise etwas überholt sind. Als Probe dient nur der Bericht dieses berühmten Archäologen über die Sinai-Halbinsel. Zur Ergänzung wurde aber seine kurze Schilderung über die Begegnung mit Kronprinz Rudolf aus den Lebenserinnerungen aufgenommen.

Das kurze 10. Kapitel des Originals wurde dem vorangegangenen direkt angefügt, sodass die vorliegende Ausgabe acht statt zehn Kapitel enthält.

Zum Vergleich bringt der Anhang noch einen Auszug aus den Tagebuchaufzeichnungen des preußischen Kronprinzen Friedrich Wilhelm über seinen Ägyptenbesuch 1869 und einen Brief Kaiser Franz Josephs I. über dessen Ägyptenbesuch im gleichen Jahr.

Die Texte sind nur in der Rechtschreibung modernisiert, die Namensschreibung wurde beibehalten. Die Illustrationen entstammen ausnahmslos dem prächtig ausgestatten Originalwerk.

Weiterführende Literatur

Brugsch, Heinrich: Mein Leben und mein Wandern. Berlin 1894

Clayton, Peter, A.: Das wiederentdeckte alte Ägypten in Reiseberichten und Gemälden des 19. Jahrhunderts. Bergisch-Gladbach 1983

Hamann, Brigitte: Rudolf. Kronprinz und Rebell. Wien-München 1978

Hansen, Walter (Hrsg.): Wanderung nach dem Orient im Jahre 1838. Unternommen und skizziert von dem Herzoge Maximilian in Bayern. Pfaffenhofen 1978

Keller, Ulrike: Reisende in Ägypten. Ein kulturhistorisches Lesebuch. Wien 2001

Morenz, Siegfried: Die Begegnung Europas mit Ägypten. Zürich-München 1969

Nostitz-Rieneck, Georg (Hrsg.): Briefe Kaiser Franz Josephs an Kaiserin Elisabeth 1859–1898. Wien-München o.J.

Rothfels, Hans (Hrsg.): Tagebuch einer Reise nach dem Morgenlande 1869. Bericht des preußischen Kronprinzen Friedrich Wilhelm über seine Reise zur Einweihung des Suez-Kanals. Berlin o.J. (1971)

Kronprinz Rudolf von Österreich: Eine Orientreise vom Jahre 1881. Mit Holzschnitten von Franz von Pausinger. Wien 1884

Solé, Robert – Walter, Marc – Arqué, Sabine: Legendäre Reisen in Ägypten. München 2004

Wolf-Crome, Editha: Pilger und Forscher im Heiligen Land. Giessen o.J.

Anmerkungen

Anachoret – Einsiedler, in der Einsamkeit lebender christlicher Asket

Apis-Gräber – Die Gräber der mumifizierten Apis-Stiere im Serapeum im heutigen Gräberfeld von Sakkara

Bubastis – Die in Katzengestalt verehrte ägyptische Göttin Bastet

Champsun – Chamsun. Heißer Wüstenwind

Circassierin – Aus dem Kaukasus stammende Sklavin bzw. deren weibliche Nachkommen

Dampf-Mouche – (Mouche = franz. »Fliege«) Kleines schnelles Dampfboot

Dragoman – Dolmetscher bei den Landesbehörden, Fremdenführer

Fatimiden – Islamisch-schiitische Herrscherdynastie (909–1171)

Gott erhalte – Anfangsworte der österreichischen Kaiserhymne

Hieronimus – Christlicher Heiliger und Kirchenlehrer (etwa 340–420)

Janitscharen – Elitetruppe der türkischen Sultane, die aus übergetretenen Kriegsgefangenen und später aus den Eltern weggenommenen christlichen Knaben rekrutiert wurde.

Kawasse – (türk. »Bogenschütze«) Polizeisoldat

Khedive – Offizieller Titel des ägyptischen Vizekönigs

Kopte – Christlicher Ägypter

Levantiner – In der Levante (Vorderasien u. ägyptische Küste) geborene Abkömmlinge von Europäern und orientalischen Frauen

Lloyddampfer – »Österreichischer Lloyd« hieß seit 1836 eine Aktiengesellschaft für Dampfschifffahrt in Triest

Mahmudiye-Kanal – Etwa 80 Kilometer lange Wasserstraße im Nildelta, die den Rosette-Nil mit dem Mittelmeer verbindet

Mameluken-Gräber – Gräberfeld in Alt-Kairo

Mariette – Auguste Mariette (1821–1881). Französischer Archäologe, Chef der ägyptischen Altertümerverwaltung

Mekka – Heilige Stadt des Islam in Arabien

Mohammed Ali – Mehemet Ali (1769–1849) Statthalter von Ägypten und Begründer der z. Zt. Rudolfs herrschenden Dynastie

Mokattam – Dschebel Mokattam. Etwa 200 Meter hoher kahler Tafelberg südöstlich von Kairo

Mudir – (arab. »Verwalter«) In Ägypten Provinzgouverneur

Muski – Sharia al-Muski. Hauptverkehrsstraße im Zentrum Kairos

Menkera – Pharao Mykerinos (4. Dynastie)

Nargile – (pers. »Kokosnuss«) Wasserpfeife

Omar – Der zweite Kalif (um 592–644)

Pascha – Türkischer Titel für höhere Offiziere und Beamte

Pepi – Pharao Phiops (6. Dynastie)

Pompejus-Säule – Fälschlicherweise so bezeichneter Rest einer glanzvollen Tempelanlage in Alexandria

Ragusa – Heute Dubrovnik. Kroatische Hafenstadt an der Adria

Reaumur-Skala – Thermometerskala mit 80 Grad (40 °R = 50 °C)

Said Pascha – Mohammed Said Pascha (1822–1867). Seit 1854 Vizekönig von Ägypten

Schibuk – Tschibuk; (türk. »Pfeifenrohr«); die typische türkische Tabakpfeife mit langem Rohr und kleinem Pfeifenkopf

Sultan – (arab. »Macht«) Höchster Titel der osmanischen Herrscher bis 1922

Wursteltheater – Wiener Bezeichnung für Kasperltheater (Wurstel = Hanswurst)

BIBLIOTHEK ARABISCHER KLASSIKER